财经法治

破产法文库
总主编　王欣新

茶座系列

BANKRUPTCY
LAW
TEAHOUSE

破产法茶座

第四卷

徐阳光　张婷　主编

法律出版社
LAW PRESS · CHINA

《破产法文库》编审委员会

总　序

现代破产法融清算退出与挽救更生程序于一体，是警醒正常市场主体“向死而生”之法，是帮助困境企业“涅槃重生”之法，是促使失败企业“规范退出”之法。破产法律制度是市场经济法律体系不可或缺的重要组成部分，甚至被称为市场经济之“宪法”。市场经济社会的基本法则乃公平竞争、优胜劣汰。故，凡市场经济之法治国家，无不将破产法视为其法律体系不可或缺之重要组成部分，并将其作为评价一国市场经济地位和营商环境水准的重要标志。

中国自改革开放以来，高度重视营商环境建设。1986 年 12 月 2 日第六届全国人民代表大会常务委员会审议通过了《企业破产法（试行）》，于 1988 年 11 月 1 日起施行。2006 年 8 月 27 日第十届全国人民代表大会常务委员会第二十三次会议审议通过了《企业破产法》，自 2007 年 6 月 1 日起施行，《企业破产法（试行）》同时废止。2013 年 11 月《中共中央关于全面深化改革若干重大问题的决定》指出：“健全优胜劣汰市场化退出机制，完善企业破产制度。”2014 年 10 月《中共中央关于全面推进依法治国若干重大问题的决定》指出：“社会主义市场经济本质上是法治经济。使市场在资源配置中起决定性作用和更好发挥政府作用，必须以保护产权、维护契约、统一市场、平等交换、公平竞争、有效监管为基本导向,完善社会主义市场经济法律制度。"2018 年 9 月第十三届全国人大常委会立法规划发布,《企业破产法》的修订纳入立法规划,属于"需要抓紧工作、条件成熟时提请审议"的项目。2018 年 11 月中央全面深化改革委员会第五次会议审议通过了《加快完善市场主体退出制度改革方案》,将加快以破产法为核心的市场主体退出制度建立健全的步伐,以更好地服务供给侧结构性改革和营商环境优化建设。

我国破产法的历史虽然短暂,但也已走过了 30 余个春秋,《企业破产法》及其司法解释构成了较为完整的破产法制度体系,全国各地各级法院组建了约 100 家破产审判庭,北京、上海、深圳三地更是在最高人民法院的批准下组建了破产法庭,破产审判的法治化、专业化建设取得了长足的进步,破产案件数量逐渐上升,破产法的理念、文化与制度规则也得到了更广泛的传播和认可。

破产法律制度的建立健全和破产审判的法治化、常态化推进,是市场经济可持续发展、营商环境优化建设的重要保障,市场经济之发展亦注定离不开破产法学研究之繁荣。中国人民大学破产法研究中心和北京市破产法学会自成立以来,始终坚持学术为本、理论联系实际和以问题为导向的研究理念,不遗余力地创办"中国破产法论坛"及其专题研讨会等权威交流平台,多年来持续编辑出版《破产法论坛》等图书,凝聚了中国破产法理论与实务界之顶尖研究力量,致力于破产法治事业之发展与进步,赢得了全体"破人"之赞誉与支持。

为进一步整合中国破产法理论界与实务界之研究力量,经与浙江省高级人民法院民四庭庭长章恒筑法官、中国人民大学破产法研究中心副主任郑志斌律师、中国人民大学破产法研究中心副主任兼秘书长徐阳光教授、法律出版社法治与经济出版分社社长沈小英编审反复商议,中国人民大学破产法研究中心、北京市破产法学会决定联合法律出版社创办"破产法文库",面向国内外同仁开放。

"破产法文库"设置 5 个子系列,其中,学术系列希冀广纳中国学界高水准之破产法专著;译著系列拟推介域外之经典破产法文献与法典;论坛文集系列继续推出"中国破产法论坛"及其专题研讨会之优秀论文;实务系列侧重出版破产法实务经验总结之佳作;茶座系列则旨在分享破产法实施中的趣闻轶事以及破产法同仁办理破产案件的心得体会。

从历史上看,中国缺乏破产法文化传统与理论实务研究积淀。“破产法为一重要之法律,然学者研究之者,远不如研究民刑之法之夥;良以向者适用较少,兴趣遂减。”民国法学家吴传颐先生数十年前之感慨,仍让今人有现实之叹。而今,破产法的社会调整作用日益得到人们的认可与重视,破产法的研究也日益深入。破产法是一个综合性的法学领域,破产法治建设是我们共同的事业追求。但愿“破产法文库”之创办能够团结更多法学同仁来关注和研究破产法理论与实践之重点难点问题,并将自己高水平的研究成果纳入文库中出版,共同推动中国破产法学术之繁荣、立法之完善与司法之进步。

是为序!

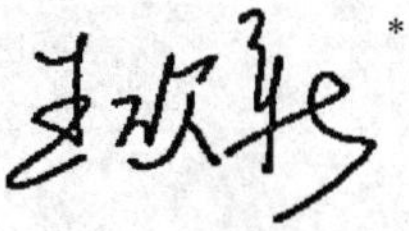*

2016 年 7 月 16 日撰写

2019 年 2 月 26 日修订

---

* 中国人民大学法学院教授、博士研究生导师,中国人民大学破产法研究中心主任,北京市破产法学会会长。

序　言

庚子鼠年的“上半场”深受山火、疫情、蝗灾、洪灾之害，全球经济下行压力不断加大，企业和企业主面临着前所未有的压力。债券违约、信托“暴雷”，转折阵痛期可能意味着不破不立抑或否极泰来，方正、森工、东旭、天物，越来越多的行业面临着新一轮的洗牌。2020，时间无法倒流，我们必须坚强面对残酷的现实和复杂的社会。

我们必须面对新形势下的企业危机，通过完善破产重整与和解制度，建立健全繁简分流与简易破产机制，大力培育破产重整融资市场，更好地发挥企业破产法的拯救功能，落实“六稳六保”，助力企业纾困复工，进一步优化营商环境，更好地服务市场经营主体。我们必须面对新形势下的企业主困境，及早推出中国的个人破产制度，建立健全个人破产所需要的配套规则和制度环境，有效发挥个人破产制度的规范分配和破产免责功能，实现执行与破产的衔接、破产与经济的互动。我们必须面对新形势下的全球破产立法变革，关注域外制度修改，加强破产文化交流，吸取破产立法经验，去芜存菁，让破产理念在危机转变中得到普及，让破产制度在转型发展中得到淬炼，提升跨境破产处理和破产制度改革的国际化水准。

随着《加快完善市场主体退出制度改革方案》《关于新时代加快完善社会主义市场经济体制的意见》等中央文件的出台,国家层面日益重视破产制度改革的顶层设计,最高人民法院制定的《关于推进破产案件依法高效审理的意见》《全国法院民商事审判工作会议纪要》《全国法院审理债券纠纷案件座谈会纪要》等文件明确了破产法实施的阶段性任务和中长期发展目标。然而,制度的改革与完善都需建基于文化理念的更新和普及。我国破产法市场化实施不彰不畅,虽有制度不够健全的原因,但根本上还是因为认识层面的主体差异性,某些地方或部门的人士仍存在落后甚至错误的破产文化观念,严重影响和制约了破产制度的充分有效实施。

正是基于这种客观现实,我们决定继续推出"破产法茶座"系列,致力于通过立法和司法实践的探讨,梳理问题、总结经验、传递思想、普及理念,让破产制度的文化观念"飞入寻常百姓家"。我们坚信,只有"破产"二字不再被视为惩戒和耻辱,破产现象不再被排斥和限制,债权人和政府部门不再"谈'破'色变",市场主体的"退出"如同"准入"一样成为常态,《加快完善市场主体退出制度改革方案》的理念和思路才能真正落实到位,社会主义市场经济制度的优势才能更好地发挥。

《破产法茶座》第四卷保留了传统的"破产文化""困境拯救""'破人'感悟""成长手札""'破案'剖析"等经典栏目,内容既有从理论层面分析破产法的发展与变革,也有从个案探讨大型企业涅槃重生之路和营商环境优化建设之道;既有资深法官和管理人对与重整制度的理性思考,也有管理人执业中的履职风险防范和专业立身之道;既有"前浪"的酸甜苦辣,又有"后浪"的成长收获。透过这些专栏文章,我们可以感受到破产文化的发展和破产制度的进步,也可以观察到破产法专业人才在实践中得到的淬炼和"破人"队伍的可持续发展。

《破产法茶座》第四卷还创设了"破产'税痛'"栏目,通过比较分析、实证研究,关注和思考破产涉税问题的处理。设置了"个人破产"专题,关注浙江个人债务清理实践和域外个人破产立法经验。开设了"跨境破产"栏目,记录了王欣新教授多年来在联合国国际贸易法委员会破产法工作组的工作情况和对跨境破产规则协调的思考;就跨境破产与不良资产处置主题采访了上海市律师协会会长季诺律师;收录了《企业破产法》实施以来我国香港特别行政区第一次承认内地破产程序效力案件裁决书的中文译本；特邀王芳法官翻译介绍我国香港特别行政区法院审理公司清盘案件情况。

市场的准入与退出、企业的困境与复苏、法官的压力与挑战、“破人”的悲欢与梦想，这些都是《破产法茶座》力图囊括的元素。我们希冀通过茶座的形式，通过有意识的编排，为破产法圈里圈外的朋友们“调制”一杯研习破产法、运用破产法、改进破产法的精神之茶，让品茗者尽享茶香茶韵，各自体会属于破产法的“味道”。

徐阳光　张婷

2020 年 7 月 1 日

目　录

一、破产文化

姜荣坤　破产文化语境下破产法的发展与变革　/ 003

王斐民　营商环境“办理破产”指标的数字解析　/ 013

郑志斌　张　婷　东北大型企业涅槃重生之路与营商环境优化建设　/ 026

二、困境拯救

荣　艳　预重整:困境企业挽救的新期待　/ 035

邹明宇　我国预重整的本土化实践及模式比较　/ 041

许胜锋　舒金旭　美国预重整制度探析　/ 047

三、“破人”感悟

潘剑丽　管理人履职与法院指导监督之间的障碍及现实进路　/ 059

董　璐　管理人履职风险漫谈　/ 071

邓　涛　破产管理人的立身之道　/ 076

冯建华　服务管理人:我们走在不断探索的路上　/ 083

四、成长手札

白田甜　我们与破产法共同成长　/ 091

赵坤成　胡荣杰　渤钢集团重整的苦辣酸甜　/096
王建业　扭动房地产公司破产的“魔方”　/106

五、“破案”剖析

徐根才　中小微民营企业“向死而生”的破产挽救探索
——浙江富德漆业有限公司破产清算转重整案速记　/117
程顺增　曾祺玮　当破产撤销权遇上第三人物保
——基于一起破产衍生诉讼的思考　/127
李乐敏　丁天甲　破产程序中债务人自行管理制度的探析
——以浙江雅迪纤维有限公司破产案为切入点　/136
陆　诚　朱强和　从南方系合并破产清算案看清算程序实现重整效果　/144

六、破产“税痛”

王　静　破产涉税协调联动机制的“破冰”之旅　/153
徐战成　破产税务的现实图景与未来展望　/159
高文忠　朱　浩　徐战成　英国破产程序税收优先权的回归及其启示　/170

七、个人破产

钱为民　中国个人破产制度萌芽与台州实践
——以切实解决执行难为切入点　/183
徐阳光　英国个人破产法立法及其实践概要　/196
杉本和士(Sugimoto Kazushi)　著　张茑文　金　春　译
日本的个人破产免责制度及其滥用防止措施　/204
季中旭　法国商法典中的商自然人破产保护制度及其启示　/218

八、跨境破产

王欣新　跨境破产国际规则:联合国国际贸易法委员会破产法工

作组工作纪实 / 233
季　诺　热点聚焦:跨境破产与不良资产处置 / 241
香港德辅大律师事务所　译　香港高等法院承认上海华信国际集团有限公司破产程序的裁决书及命令 / 251
乔纳森·夏利士(Jonathan Harris)　著　王　芳　译　香港法院审理公司清盘案件情况综述 / 265

一、破产文化

破产文化语境下破产法的发展与变革

姜荣坤*

经济全球化趋势下,各国商事法律制度处于不断竞争、发展与变革中,但任何一种法律制度的呈现都因不同国家的社会实践情况而表现各异,倘若忽略了渗透于各民族血脉的文化要素,立法与司法价值目标将无法实现。基于此,本文以破产文化在破产法发展变迁中的基础性作用为核心,探讨了破产特有的耻感文化对各国法律制度所产生的负面效应,提出以拯救理念来转变人们固有的陈旧观念,促使各国现代破产法律制度平衡各方利益,实现自身变革与创新。

一、破产文化在破产法发展变迁中的基础性作用

文化之于法律的重要性不言而喻,通常扮演基础性的角色引导法律的发展,这一点从东西方文化的差异上就可知悉。中国一直以来强调感性、注重人伦的文化基础,塑造了以德为主的传统法律。而偏重契约精神的西方则决定了其强调理性的法律规则,可以说不同的文化底蕴孕育出了不同的法律体系。从文化这一大范围来看,人们生活在普遍的交易活动中,除了"以物易物"和"即时交易","欠债"和"还钱"便成了最基本的社会经济活动,信用交易的出现使每个人都有成为债务人的可能,由此催生出了各个地域不同的破产文化。它是每个国家经济发展史的一面镜子,反映了各国公民对待金钱与债务的观念,可以说破产文化代表了一个国家及其国民的价值观。面对随时

* 青岛大学法学院 2018 级法律硕士研究生。

可能出现的负债情况,各个国家都会根据自己地区的特殊情况建立相应的制度规则。鉴于文化对法律的制度性功能与基础性作用,有必要从破产文化的角度出发研究各国破产法律制度的发展与变革,这不仅可以减少对制度设计初衷的理解偏差,帮助我们全面理解现行制度,更有助于揭示当前法律的制约因素及路径依赖,为当下的制度设计及法律发展提供理论基础。

守信作为信贷能够赖以生存的基础,保障了社会稳定和经济市场的有效运行,世界上大部分国家都遵循保护债权人而对债务人实行惩戒主义的理念。比如,中国古代受儒家文化的影响以及“重刑”的政策使破产被视为一种犯罪行为,日本将法律与道德视为一体的传统文化也将破产看作耻辱与犯罪。而与此相对,美国因自身的独特文化产生了截然不同的制度理念——债务人重生主义。19世纪初,美国进行西部大开发,为建立一个充满活力的市场经济,获取更多的人才,美国并没有将债务人在经济活动中遇到财务困境视为过错,相反,为保护他们不轻易被市场淘汰,美国法采取了诸多宽容的破产政策。在他们的理念中,国家理应对这些甘冒商业风险的债务人负责,给他们一次重新开始的机会。英国与美国有着相似的法律传统,美国第一部《破产法》近乎照搬了英国的条文,然而如今两国的破产法律却截然不同。英国的发展历史十分悠久,因此它无须同美国一样追求商业发展的速度,但英国的等级观念比较严重,传统欠债还钱的思想根植于血液,这使他们对待债务人的态度十分严格。英国最早的破产法序言甚至将破产债务人形容为一个反社会的不道德的经常利用其他人的人。① 1542年议会起草的第一部英国《破产法》干脆设计成了债权人的利益而存在,并且达到了刑法的惩戒效果,甚至有些债务人被处以死刑。在这种残忍的破产法律制度下,对债务人施以监禁的刑罚已成为家常便饭。② 我们暂且不讨论这一破产文化语境下的破产法律所带来的不良影响,仅从制度的设置上便可以看出英国人对债务人存在一种明显的人格否定。

随着世界各国对破产这一退出机制的关注,为适应市场自由贸易的发

---

① 参见[美]娜塔莉·马丁:《历史与文化在破产和破产制度发展中的作用:法律移植的危险》,谢琳译,载陈夏红主编:《中国破产法》,中国大百科全书出版社2018年版,第386页。

② See Charles Jordan Tabb, *The History of the Bankruptcy Laws in the United States*, *ABI Law Review History of Bankruptcy Law*, Vol. 3, No. 5, 1995, p. 7.

展，很多国家在破产政策的价值趋向上逐渐向保护债务人的理念靠拢，但自身根深蒂固的文化观念依然影响着他们制度的选择与构建。

二、破产耻辱文化在破产法发展中的负面效应

虽然破产制度的建立日渐成熟，但实践中，以重整为主导的破产程序却依然未能得到各国的普遍使用。笔者认为，这在很大程度上是由于惩戒理念所带来的严重的破产耻感所导致的。债务人心中的内疚、羞愧和耻辱感极大地阻碍了他们考虑寻求破产救济。另外，在企业破产方面，债权人对参与重整程序的犹豫、不信任也是阻碍重整文化传播的主要因素之一。

目前，破产耻感这一概念已经被越来越多的学者所关注，简单来讲，我们可以将其理解为一个社会心理学概念，由于人类所天然具有的社会属性，抛开那些极为个性的群体，一般人都会因自己所处的文化环境，价值观念而对破产造成的自身名誉损毁作出不同的反应，通常情况下是不同程度的内疚与羞愧。在一项主要研究中，社会心理学家们对复杂的“破产耻感”进行了一个结构化定义，更有助于我们理解。他们认为，可以从情感、认知与行为三个基本方面来理解耻感，分别对应恐惧、成见以及社会控制三个基本要素。① 若从破产法的角度来理解社会控制，笔者认为耻感可以理解为债务人对破产可能引发的与自身社会关系有负面影响的一种认知与感受。

尽管现在中国和欧洲大部分国家都面临着破产制度改革的重大转变，却似乎都忽略了“耻感”对这一进程的影响。虽然我们很难对破产耻感进行量化或是下一个准确的定义，但即使破产制度最为先进的美国也将耻感作为其制度设计的考量因素。可见，破产耻感是普遍存在的，只是基于历史原因、不同的社会制度以及经济状况，各国破产耻感的程度会存在很大差异。这从侧面表明无论哪个国家，破产耻感都会不同程度地影响破产制度的运作。我们可以将破产耻感程度比作一图谱，②中国和欧洲位于该图谱的高端，而大部分

---

① 参见[匈]蒂伯·塔基提:《破产耻感与再生政策》，李泽民译，载李曙光、刘延龄主编:《破产法评论》(第1卷)，法律出版社2018年版，第60页。

② 同上书，第65页。

经济发达的盎格鲁—撒克逊体系的国家则会更接近于图谱的底端。德国虽然与美国同属发达经济体,但却对破产有着很强的情感抵触,没有管理者愿意在无力偿债后进行破产申请,因为这将代表着对自己失败的承认,除非有充分的理由说服他们才会选择重整。这些都表明德国是一个破产耻感程度非常高的国家。这一点上,与美国同属普通法系的英国也十分相似。曾经的日不落帝国一直以来是以土地为基础的传统社会,与将金融业与服务业作为支柱产业的美国不同,英国将信贷视为一种道德上不光彩的行为,因此破产的人不但不会受到社会的接纳反而会遭到排斥,这种"一朝破产,永远破产"的观念仍深深根植在那些传统的英国绅士心中。

值得一提的是,现在对于耻感问题的研究分析还是主要集中在一些发达的西方国家,但其实绝大部分的亚洲国家才是破产耻感图谱最高层级的集中地,其中贯穿其历史文化的伦理道德就是问题的关键因素。在中国,自古以来做生意的人都十分讲求运势,因此破产这一概念通常就会被解读成"运气不佳",需要在社会交往中避讳。再者,我国一直以来有"父债子偿"的传统,一人欠债,往往会牵涉家庭几代人的命运,这样的风气让百姓一直不敢破产,因此破产制度在中国一直欠缺存在与发展的文化根基。

与中国存在强烈破产耻感的还有同处东亚的日本,为了快速恢复第二次世界大战后衰败的经济,也为了保护企业获得新生,日本大量移植了美国的破产制度,还同时效仿了美国的消费习惯并开始普遍使用信贷。然而,日本破产文化观念的根深蒂固,使移植而来的破产制度施行时总是不尽如人意。在日本人的观念里,国家的制度不是权利与责任的法律体系,而是源于义理这种概念。[①] 虽然这个义理并没有法律的强制执行力,但它却渗透在日本人的血液之中,是面对选择时作出的本能反应,所以若是移植的法律中有违反义理的内容,那么此项制度便无法在日本这块文化土壤中生长。其实,日本的这个义理概念与我国孔子所强调的"仁义礼智信"有异曲同工之妙,他们本质上都属于道德的范畴,法律与道德的教化不能分开,这种对道德极高的要求会加强人们的"羞恶之心",如有欠债不还的情况出现,社会就自然会把此

---

① See Ken R. Minami, "A Tangential View of the Japanese Bengoshi and the Japanese Attorney", 301 *Japanese Thought and Western Law* 8, 1986, p. 306.

人归类于个人品行的败坏,这样恶性的社会耻辱甚至会让债务人选择以自杀的方式得以解脱。这种提倡道德净化的文化与西方的法治理念形成了强烈的反差,西方学者通常对人性持一种悲观态度,宁愿用法律来惩治人的恶性,这样一来,在采用法律时,个人负罪感就会相对减少很多。再者,中西方在司法思想上的差异也是重要因素之一。在中国古代司法思想中,大都宣扬一种朴素的司法人道主义精神。[①] 中国思想家将最高的司法目标视为“无刑”,这其实有一种把法律当作消极社会力量的思想倾向;而西方的思想家却将最高的司法目标视为“正义”,把法律看成是一种推动文明发展,促进社会进步的不可或缺的积极力量。另外,与个人主义至上的美国不同,传统的中国社会发达的小农经济使我们一直处于熟人社会当中,集体优于个人、共性优于特性的民俗风情,让老百姓在出现问题时不愿意迅速诉诸法律。

正如前文所提及的,早期社会不少国家其实都将破产视为一种犯罪行为并科处刑罚,这种政策会让民众认定破产是不好的行为,为避免牢狱之灾,他们会尽可能避免破产的发生。久而久之,“破产”成了贬义的代名词而被避之唯恐不及,从这个角度就不难理解为什么在各国破产制度耻感更为温和的今天,之前的观念还依然根深蒂固,因为这种潜移默化的影响是很难改变的。想要尽可能消除“破产”所带给我们的耻辱感,笔者认为先要从字义上改变之前这一词汇所带给我们的挫败感。从前“破产”无论在何种文化语境中都是一个贬义词,它代表着之前的财富全部付诸东流,不管是否还有其他的救济方式,之前的失败都已板上钉钉,这个词汇的存在,会让身边的人记住你有过这样一段糟糕的经历。语言是由文化赋予其含义,既然之前的经历已经给“破产”根植了不好的含义,那么为了降低破产耻感文化,先从法律术语上改变会是一个最便捷高效的方式。如 1978 年美国《破产法》不再区分破产清算程序和重整程序中的人,而是统一将他们称为债务人(debtor)。又如,日本《公司再生法》这一名称的表达也是一个极好的例证。

---

① 参见崔永东:《中西法律文化比较》,北京大学出版社 2003 年版,第 63 页。

三、破产拯救文化在破产法变革中的保障功能

比起之前在制度层面上单纯惩罚还不起债的债务人,现在对“破产”这一语义的理解,法律更倾向于给破产者新的希望,由此诞生了现代背景的“拯救文化”,这一表述既适用于公司也适用于个人。就公司而言,相对于人们之前理解的破产即是清算分配公司资产,拯救文化让人们明白更好的选择其实是想办法让公司实现可持续经营。拯救文化有利于整个社会的进步,它不仅有利于继续经营企业的雇员,而且相对采用清算程序的债权人而言,若是企业能够重新被拯救,债权人可以得到更高的清偿率。美国《破产法》的典范作用,使企业重整程序成为各国改革的方向。重整努力的目标要么是拯救债务人企业实体,要么是留住债务人的经营业务。[①] 前者是企业重整制度最初的立法目标;后者则是近年来企业重整制度改革与实践的新方向。美国《破产法》第 11 章重整制度适用于企业,一直以来都取得了非常好的效果。虽然有人以企业重整成功率较低来质疑是否值得付出这么大的成本,但为保证经济的活力,美国依然相信企业继续经营,是可以给债权人带来更大收益的。

与其他国家的破产拯救文化的管理模式不同,美国在重整期间原来的经营控制权并不发生变化,还是由债务人自行管理。英国则需要将债务人企业的管理权交给一名具有法定资质的破产执业者,称为“管理人”。法国与荷兰通过分析上述两种模式的利弊,总结了另外一种两者相结合的模式:首先法院要选定一个重整管理人,他享有关于管控债务人资产和营业的职权和义务。但如果债务人的原管理层不同意法院指定的这个管理人,法院有权终止此次重整程序。虽然在制度设计上各国破产管理模式存在差异,但在实践中,为达到最优的效果,各国也在学习其他管理模式中的优势。如在美国企业破产实践中,在特定情况下也允许法院指定管理人来替代原来的债务人管理层;英国《破产法》下的重整管理人也会寻求债务人管理层的支持与配合。但需要注意的是,目前在相互的借鉴学习中也会存在一些还不相融合的地

① 参见[美]杰伊·劳伦斯·韦斯特布鲁克等:《商事破产:全球视野下的比较分析》,王之洲译,中国政法大学出版社 2018 年版,第 101 页。

方，比如，英国在新的重整制度框架下，债权人和债务人会就管理人的选任产生新一轮的冲突。

想要稳定并维系债务人的营业，使其顺利实现重生，企业重整程序中的债务人融资问题也是关键一环，如果债务人在重整程序中无法获得新注入的资金，重整努力往往会功亏一篑。但为了确保向债务人提供新资金的当事人得到充分的受偿，往往会带来对既有债权人利益的冲击。为了削弱两者的利益之争，法国规定只有在新借债务确实是债务人持续经营所必需的前提下，且管理人或债务人的举债决定并未超出其重整职权范围，破产法才会承认新债权人的优先受偿顺位。英国为确保债务人资产的灵活运用，使债务人获得更加充分的重整资源，在充分保护担保债权人利益的前提下，允许债务人处置已构成担保物的财产，例如，允许重整管理人在重整程序中使用或处置担保物。

虽然重整计划具有普遍的拘束力，但不可否认的是，司法重整也存在一定的局限性，单是企业负面信息的公开就会让很多公司望而却步，更不用说还要承担重整失败后直接转入破产清算的风险。按照国际通行惯例，困境企业的拯救方式以司法介入程度为标准，可分为庭外重组与司法重整两类。与司法重整相比，庭外重组在法庭外通过当事人自愿协商进行重组，对企业商誉和商业秘密的影响较小，具有一定的优越性，但它不具强制性的弊端也显而易见。如何发挥庭外重组与司法重整各自的制度优势呢？欧美和东亚国家都在认真对待并思考这个问题。在此背景下，美国创设了“预重整”制度，东亚各国创设了“混合重组方式”。“预重整”制度抑或“混合重组方式”尽管名称不同，但都融合了庭外重组与司法重整的优点，代表了世界范围内企业重整模式的主流发展方向，不仅能够保障“债权的公平分配及分配额的最大化”，还能实现重组企业自身的保护，这种灵活变通的重组程序，能够切实减少企业价值损毁，实现企业重整成功。我国浙江、深圳等地区的人民法院对“预重整”制度展开了积极探索，形式灵活多样。越来越多的企业采用预重整制度，中国第二重型机械集团公司破产重整就是实施预重整的经典成功案例。①

① 参见丁燕：《构建与完善多层次企业债务重组法律机制》，载《中国社会科学报》2019年8月28日，第5版。

最高人民法院2018年3月印发的《全国法院破产审判工作会议纪要》已体现了鼓励践行的司法政策取向,如对重整程序启动前各方当事人协商的重组方案作了规定。

除企业之外,自然人破产的免责制度在新近的改革中也同样值得关注。该制度的主要目的就是重建债务人的经济能力,以前为了使债务人从过度负债中解脱出来与非债务人享有平等的救济,一般会采用直接免责,即不制定清偿方案而直接从债务中解脱出来。现在债务人的免责不再那么"直接",如果债务人试图不用未来收入向债权人提供清偿而获得免责,需要经受仔细审查,有清偿能力的债务人现在需要按照清偿方案偿还部分债务后才能获得免责。[①] 除在制度上对免责制度进行规制外,还要考虑免责在破产程序结束后的社会效果。为充分实现免责利益,通过加强金融教育向债务人灌输更好的信用使用习惯,使其更健康负责任地使用信贷,才是这种债务救济程序最终想要达到的目标。

就我国而言,由于改革开放的新政策要求我们迅速完成从计划经济到社会主义市场经济的转型,这使我国企业破产制度的发展经历过一些波折。1986年12月颁布的《企业破产法(试行)》更像是一部为了适应当时的政策而出台的象征性法律,其大部分规定只侧重于处理国有企业的破产,并没有形成一个完备的破产法律框架来解决当时的系统性经济问题。此法的颁布只是为了解决当时国企大面积亏损的燃眉之急,立法者并没有将市场经济所带来的优胜劣汰纳入制度的考量范围。但随着改革开放的不断深入,多年市场经济转型的经验以及金融风暴的影响催生了2007年6月施行的《企业破产法》,这是我国目前最重要的破产立法,该法体现了对许多发达国家破产法的积极探索。这一立法的出台本应顺应金融危机的出现为我国破产实践提供一个良好的环境,但出人意料的是,相较于2008~2010年全球大范围破产企业的增长状况,同样遭受重创的中国经济却没有带来企业破产案件的增加,反而有直线下降的趋势。根据统计数据,2007年记入卷宗的破产案件有3207件,2008年和2009年的数据就已下降到了2955件和2434件。2010年更是

---

① 参见自然人破产处理工作小组起草:《世界银行自然人破产问题处理报告》,殷慧芬、张达译,中国政法大学出版社2016年版,第141页。

降到了1995年以来的历史新低，仅1973件。[①] 一方面，由于企业破产会对当地政府形象产生负面影响，诱发社会不稳定因素，政府对此瞻前顾后；另一方面，由于我国很多企业对破产法律制度的不认同，导致绝大多数危困企业选择注销或者吊销，避免进入破产程序。

近10年来，为了结束旧破产法机制下的政策性破产，开启一个新的时代，向市场化破产过渡，我国无论是在制度还是实践中都在做着不同的尝试，试图转变社会各界对破产制度的偏见与傲慢。根据最新数据显示，2018年全国法院新收强制清算与破产类案件已达到18,823件，同比增长97.3%；审结11,669件，同比增长86.5%。[②] 全国破产案件的大幅增长，说明我国现在对破产的态度更加开放与包容，社会愿意通过破产程序来实现企业再生和债权人整体利益最大化，拯救困境中的债务危机企业。这种观念的巨大转变，虽然离不开整个金融市场的大环境，但国家的政策支持显然起到了决定性作用，使破产法近些年呈现出快速发展的态势。为提高破产审判能力建设，全国法院作出了诸多开拓性的努力。2019年，最高人民法院先后批准在深圳、北京、上海、天津、广州、温州、重庆、杭州8个城市设立破产法庭；在政府的大力支持下，截至2019年12月30日，全国各地总共成立破产管理人协会59家。为建立完善合理的执行案件退出机制，公平保护债权人和债务人合法权益，2015年2月最高人民法院发布《关于适用〈中华人民共和国民事诉讼法〉的解释》，对执行转破产制度作出规定。相关行政部门也加大了对破产领域的关注，开始强调对司法活动的必要配合。2018年11月，发改委、财政部等11个部门联合发布《关于进一步做好“僵尸企业”及去产能企业债务处置工作的通知》，明确提出建立政府法院协调机制，完善重整企业信用修复机制。为进一步提高破产案件的审判质量，2019年最高人民法院又推出了两项重要成果：其一，最高人民法院《关于适用〈中华人民共和国企业破产法〉若干问题的规定（三）》的出台，进一步推动“僵尸企业”出清，改善营商环境；其二，《全

---

① 参见张宪初：《中国特色的“大到不能倒”》，涂晟译，载陈夏红主编：《中国破产法》，中国大百科全书出版社2018年版，第6页。

② 参见《完善民事程序规则规范破产案件审理　最高法发布优化营商环境两个司法解释》，载中华人民共和国最高人民法院网：http://www.court.gov.cn/shenpan-xiangqing-148882.html，最后访问日期：2020年1月13日。

国法院民商事审判工作会议纪要》就审判实践中遇到的一些问题提出解决方案,它的发布在民商事审判领域统一全国法院的裁判思路方面发挥了积极作用。

四、结　　语

我国2007年《企业破产法》实施至今已逾十几载,然而若从清末那部过早夭折的1906年《大清破产律》开始起算,我国近现代破产法律制度历经了百余年风雨飘摇的发展历程。在这期间,我们从完全照搬西方法律,到不断寻求适合我国企业破产文化的制度法规,正是不断坚持与我国的特色文化相融合,我国的破产法才取得了如此显著的成效。纵观我国五千年的历史文明,先辈们也早已在更朝迭代中为我们提供了成功的范本,先有北魏孝文帝全盘汉化改革导致政治危机,后有元代忽必烈少数民族封建化改制得以促成大一统,再到清朝满汉文化互通交流造就康乾盛世,这些无不警醒我们制度的设立唯有在与文化的互动融合中方能相得益彰。借古论今,将破产制度放到今天的国际大环境下,道理也是相通的。但是,这并不代表各国要在制度的设立中极力凸显文化的差异。笔者之前曾读到过这样一句话:“文化是存异,而文明则是趋同。”虽然不同的民族传统让我们存在差异,但作为人类却一定会有共同的追求所在,经济全球化的发展,使我们有机会不断汲取他国破产法的良好经验,不断变革、创新与重塑自我,从而优化我国营商环境。

营商环境“办理破产”指标的数字解析

王斐民*

2019年10月24日，世界银行2020年《营商环境报告》（Doing Business 2020，以下简称“DB2020”）发布，中国的营商环境前沿距离得分是77.9分，[①] 排名跃升至全球190个经济体第31名，取得了重大进步。但是，在10项评估主题（topics）中，“缴纳税费”“获得信贷”“跨境贸易”“办理破产”仍在全球排名50名之外。“办理破产”指标的分项得分、总得分和排名在近5年未取得实质性进步。2020年排名由第61名上升至第51名的主要原因，是破产框架力度指数得分由11.5提升至13.5。据“DB2020”的记录与分析，中国破产框架力度指数上升是因为中国在2019年通过“提供破产程序启动后融资优先权规则”和“提升债权人在破产程序中参与程度”的立法改革而使“办理破产”更容易。[②] 本文拟对“DB2020”有关中国“办理破产”的总得分、排名以及各分项指标得分、前沿距离分数等数字进行分析，对改进中国版营商环境“办理破产”评估指标和完善中国破产法律制度提出一些浅见。

一、中国“办理破产”的前沿距离得分与总排名分析

在“DB2020”中，中国“办理破产”前沿距离得分是62.1，排在第51名。

---

* 北方工业大学文法学院教授，中国人民大学破产法研究中心兼职研究员。

① 按照世界银行的评分计算方法，一个经济体的营商环境分别计算总得分、每项主题（分为：开办企业、办理建筑许可、获得电力、登记财产、获得信贷、保护中小投资者、缴纳税费、跨境贸易、执行合同、办理破产）得分。

② See The World Bank, *Doing Business* 2020, *Business Reform*, Accessed Jan. 15, 2020, https://www.doingbusiness.org/en/reforms/overview/economy/china.

世界银行《营商环境报告》以两种度量方法及其分数呈现评价结果:前沿距离分数(distance to frontier score,DTF)和以前沿距离分数为基础的营商便利度排名(ease of doing business ranking),前者分数为1～100,后者则是1～190。营商便利度整体排名可以比较不同经济体的营商环境的好与坏;前沿距离分数则可以检测一个经济体与营商环境最好的经济体之间的差距。除总体排名与前沿距离分数外,10个主题各自的排名与前沿距离分数,也具有同样的功能。如以“办理破产”为例,一个经济体“办理破产”主题的排名显示该经济体的破产法律环境相对于历史和另外一些经济体发生了多大的变化,而“办理破产”的前沿距离分数可以显示该经济体与最佳表现经济体在该项指标上的绝对距离和破产便利度随着年度推移发生了多大的绝对变化。在此需要简单解释一下世界银行计算前沿距离分数的方式。譬如,我国“办理破产”的前沿距离分数,是根据“回收率”“破产框架力度指数”的前沿距离分数为基础加总平均计算出“办理破产”的前沿距离分数,“回收率”“破产框架力度指数”则又根据我国在该项指标的具体得分(假设是Y)与前沿水平的差距计算得出,公式是:DTF=(worst-Y)/(worst-best)。在这个公式中,该指标最高得分代表着最佳监管表现(best),最低得分代表着最差监管表现(worst),这些最佳或最差监管表现数据每5年更新一次(下一次更新是2021年),最佳监管表现数据与最差监管表现数据均从2005年以来或者某项数据自收集以来第3年之后的数据中选取。一个经济体营商环境的整体前沿距离分数是根据10个评估主体下的41项组成部分指标(component indicator)得分(总税费率除外)用前沿距离分数公式重新换算后得出来的。因此,前沿距离分数是需要给予更多关注的一个数字,它更能准确地反映一个经济体与前沿水平的绝对差距和一个经济体随着年度发展而发生的绝对变化。

根据“DB2020”,计算中国“办理破产”的前沿距离分数的具体做法是把中国两个最大的城市上海和北京分别进行“办理破产时间(年)”“办理破产成本”“债权人回收率(百分比)”“破产框架力度指数”分项指标评估算分,之后按照上海权重占55%、北京权重占45%计算中国在该主题上的得分(见表1)。由于北京、上海在“办理破产”的主题得分及其分项指标得分都一致,所以本文不再作两个城市的分别分析。

表 1 "DB2020"中国"办理破产"主题各组成部分分项指标得分情况

项目/主体	北京(45%)	上海(55%)	中国
前沿距离得分	62.1	62.1	62.1
办理破产时间(年)	1.7	1.7	1.7
办理破产成本(占资产价值百分比)	22	22	22
债权人回收率(百分比)	36.9	36.9	36.9
破产框架力度指数	13.5	13.5	13.5

注:根据"DB2020"整理。

表2将中国"办理破产"的前沿距离分数与最佳表现的5个经济体作了比较。年度最佳表现的前5个经济体分别是芬兰、美国、日本、德国、挪威,得分分别为92.7、90.5、90.2、89.8、85.4。

表 2 "DB2020"中"办理破产"最佳表现的排名与前沿距离得分情况

经济体/项目	"办理破产"排名	"办理破产"得分
芬兰	1	92.7
美国	2	90.5
日本	3	90.2
德国	4	89.8
挪威	5	85.4
中国	51	62.1

注:根据"DB2020"整理。

190个经济体的前沿距离分数从0到100不等,其中0为最差绩效,100表示"前沿"。在2019年,有23个经济体没有破产法实践,所以其在"DB2020"中的DTF为0。年度最佳表现的芬兰DTF为92.7,中国与年度最佳表现的差距是30.6,与历史最佳表现差距是37.9。这个可以清晰显示中国与最佳表现的距离,即中国"办理破产"监管实践的水平。

一个经济体随着时间推移而发生的"办理破产"监管实践的改进,也可以通过前沿距离分数的年度排列得到显示。世界银行《营商环境报告》的使用者不仅可以看到某个经济体与最佳表现在任何时间点的差距,并且能评估经济体随着时间推移在"办理破产"监管环境上的绝对改进。中国近5年"办理破产”排名与分项指标得分如表3所示。得分换算成前沿距离分数(DTF)并从年度纵向分析,可以清晰看到一个经济体在该主题上的变化。例如,2019年中国“办理破产”的DTF是55.82分,最佳表现的芬兰是92.8分,表示中国与年度最佳表现相距36.98%(与历史最佳水平相差44.18);2020年中国“办理破产”的DTF是62.1分,与最佳表现的芬兰(92.7)相距30.6个百分点(与历史最佳水平相差37.9)。这个数字变化表示中国在“办理破产”主题上与最佳表现经济体缩小了差距以及缩小了多大的差距。前沿距离分数的横向比较和纵向比较,可以清晰观察到中国提升年度“办理破产”便利度的不同侧面。

表3 2016~2020年中国“办理破产”主题的前沿距离分数与排名

项目/年度	2016	2017	2018	2019	2020
前沿距离分数	55.4	55.8	55.8	55.8	62.1
排名	55	53	56	61	51

注:根据世界银行2016~2020年《营商环境报告》历史数据整理。

有媒体分析,中国在2017~2019年的前沿距离得分均为55.8,但是排名却向下波动,主要不是因为中国“办理破产”下降所致,而是其他国家“办理破产”能力提升所形成。① 也有专家分析2019年排名下降5位的原因时认为,由于其他经济体进步了,中国排名反而退步了。② 这些说法有一定道理。但需要注意的是,前沿距离分数与排名所分析的内容与侧重点稍有差异。如前所述,前沿距离分数的方法论原理是以某一个经济体“回收率”“破产框架力度指数”的前沿距离分数为基础加总平均计算出“办理破产”的前沿距离分数。由于最佳表现与最差表现的数据每5年更新一次,所以即使一个经济体在某项具体指标上有进步,但是前沿距离分数有可能不变(不过,与当年最佳表现相比,还是可以发现进步),排名则主要反映与其他经济体相比年度“办理破产”的便利程度发生了多大变化,有不进则退的问题。笔者认为,在关注世界银行《营商环境报告》时,不仅要看排名,更要看前沿距离得分。前沿距

① 参见资料来源:https://baijiahao.baidu.com/s?id=1617199658929284352&wfr=spider&for=pc,最后访问日期:2020年1月30日。

② 参见罗培新:《世界营商环境评估:方法·规则·案例》,译林出版社2020年版,第472页。

离得分是以“回收率”“破产框架力度指数”的前沿距离分数为基础计算出来的，所以，北京、上海改善营商环境“办理破产”的实践时，除全面推进便利破产的改革外，还应重点关注能够促进提升“回收率”各种便利措施，从国家层面而言，应进一步通过修改《企业破产法》和制定相关司法解释，在“破产框架力度指数”上争取取得最佳表现。

二、债权人回收率：36.9%

如前所述，债权人回收率及其得分是非常重要的指标（indicator）。按照世界银行《营商环境报告》描述数据属性的元数据（metadata），回收率（recovery rate）按照百分比计算（cents on the dollar，即1美元债权可以回收多少美分），有担保债权人通过司法重整、破产清算或债务强制执行（抵押品赎回权终止或接管）等司法程序收回债权占其债权的百分比。这个指标计算时考虑司法程序结束后的结果：商业是继续运营还是被分割出售，继续运营得1分，分割出售得0分。债权人回收率前沿距离得分（score-recovery rate）是该经济体相对于最佳破产监管实践的测试基准点。这个分数从0到100不等，其中0表示最差监管表现，100表示最佳监管表现，一个经济体的前沿距离得分则显示其与最佳监管表现之间的差距。

需要注意的是，这个回收率是针对有担保债权人通过破产程序（破产清算、司法重整等）和债务执行程序（抵押品赎回权终止或接管程序）收回自己担保债权的百分比，所以有学者认为将“resolving insolvency”翻译为“办理破产”并不恰当，而应翻译为“解决债务清偿”。[①] 笔者认为，翻译为“办理破产”不仅已经广为接受，而且也更符合实际情况：（1）世界银行的企业假设与案例假设也是以该假设企业的市场价值正好与有担保债权（占企业总债务的74%）相等，但是已经不能清偿无担保债权人的债权（占企业总债务的26%），该企业已经处于资不抵债状态，而且由于债权人太多无法协商一个非正式的庭外解决方案；（2）破产程序是债务清偿的极端表现，尤其是在企业资不抵债或停止清偿的状态下，破产程序不仅公平协调各方利益，而且在一些经济体

① 罗培新：《世界营商环境评估：方法·规则·案例》，译林出版社2020年版，第445页。

它具有中止其他程序的效力。也就是说,在一些经济体,抵押品赎回权终止会被启动的破产程序吸纳或者接管程序可能会转化为正式破产程序。因此,就实质意义上而言,翻译为“办理破产”并无不当。“回收率”标志着有担保债权人在企业实际处于资不抵债的状态下(但企业市场价值可以基本覆盖有担保债权)可以采取的法律程序以及通过这些法律程序实际获得的清偿率,这对于任何一个经济体来说,是其破产法以及相关法律制度保障有担保债权人利益的试金石。通过对比表4与表5可以发现,中国最近5年的清偿率、前沿距离得分与表现较佳的挪威相比有较大差距。

表4 2016~2020年中国“办理破产”回收率及其前沿距离得分

项目/年度	2016	2017	2018	2019	2020
回收率	36.2	36.9	36.9	36.9	36.9
回收率得分	38.99152	39.77308	39.77308	39.77308	39.77308

注:根据世界银行2016年至2020年《营商环境报告》历史数据整理。

表5 2016~2020年挪威“办理破产”回收率及其前沿距离得分

项目/年度	2016	2017	2018	2019	2020
回收率	92.5	92.9	93.1	92	91.9
回收率得分	99.53602	100	100	99.01446	98.91136

注:根据世界银行2016~2020年《营商环境报告》历史数据整理。

针对中国提升回收率的问题,专家提出了多项建议:在破产程序中合理梳理和确定担保债权在整个优先权体系中的位置;避免为拯救企业过度拉长重整期限而损害有担保债权人利益;以提升中国营商环境为基准,改革税收债权优先程度的立法;通过府院联动扫除影响回收率的堵点与痛点;通过破产案件的集中管辖提升立案与审理效率;破产案件繁简分流,简化破产审判程序、缩短审理周期;通过激励机制与引导措施,促使债务人及其董事及早申请破产等。① 笔者认为,这些建议有助于提升“办理破产”的回收率,但是聚焦“办理破产”指标时还应更关注三点:第一,构建运转良好的预重整等庭外重

① 参见上海市第三中级人民法院:《如何聚焦“办理破产”指标,提升破产司法水平》,载澎湃网:https://www.thepaper.cn/newsDetail_forward_5224073,最后访问日期:2020年1月28日。

组与庭内重整衔接机制，促进程序结果是继续运营企业而非清算分割出售，以实现债务人资产价值最大化，以提升有担保债权人的清偿率；第二，在重整程序中，保障对债务人特定财产享有担保权的债权人依据《企业破产法》第75条行使权利；第三，破产清算时，把网络拍卖与管理人招商结合起来，控制破产财产尤其是设定担保的财产的审计评估费用、拍卖费用以及管理人费用等处置费用。上述三点中，有些在最高人民法院于2019年11月14日发布的《全国法院民商事审判工作会议纪要》（以下简称《九民会议纪要》）中有所体现。譬如，《九民会议纪要》第112条就重整程序中担保物权的恢复行使从实体和程序均作出了明确规定：从实体上，恢复行使担保权不仅包含《企业破产法》第75条规定的“担保物有损坏或价值明显减少的可能，足以危害债权人权利”的情形，而且在担保财产并非重整所必需的情形下也可恢复行使担保权。担保财产是否为重整所必需的举证责任归于管理人或自行管理的债务人，而且即使为重整所必需，如果有“担保物有损坏或价值明显减少的可能，足以危害债权人权利”的情形，管理人或自行管理的债务人仍主张暂停行使担保权的，应提供与减少价值相应的担保或者补偿；从程序上，规定了以债务人特定财产设定担保的债权人向人民法院提出请求恢复行使担保物权以及法院审理、裁定以及复议等程序、期限和救济途径。再如，《九民会议纪要》和最高人民法院2018年3月4日发布《全国法院破产审判工作会议纪要》均对庭外重组与庭内重整制度的衔接作出了规定。深圳市中级人民法院于2019年4月1日印发了《审理企业重整案件的工作指引（试行）》、北京市第一中级人民法院于2019年12月30日发布了《北京破产法庭重整案件办理规范（试行）》均在第三章规定了预重整，从而在规范性文件层面把预重整等庭外程序与庭内重整程序的衔接作出了系统性规定。但是，这些都还停留在“会议纪要”、地方性法院的“工作指引”“办案规范”层面，是否被世界银行认可为可以反复适用的法律规范仍存疑。而且，《九民会议纪要》第112条为代表的规范突破了《企业破产法》的实体性规定，其合法性存疑。笔者认为，亟须修订《企业破产法》，把中国这些年的改革实践经验与重大制度改革从司法解释、会议纪要以及审判工作指引提升到法律层面。

三、办理破产成本:22.0%

办理破产成本,即 cost(% of estate),办理破产法律程序费用占债务人不动产价值的百分比。办理破产程序费用的数据主要通过问卷获取,包括法院费用、政府征税、破产管理人费用、审计费用、评估费用和律师费用,以及包括拍卖师费用、通知与发布费用在内的其他各种费用与成本。中国该项指标最近 5 年均为 22%。在世界银行的企业假设中,该债务人是承担有限责任的企业,而且在上海、北京这样的大城市开业,主要资产是处于市中心的用于酒店经营的不动产。就北京、上海而言,处于市中心的不动产价值不菲,而且最近 5 年价格较为稳定,办理破产的各项程序费用一直维持在不动产的 22%,颇值得思考(见表 6)。

表 6 "DB2020"中国办理破产成本指标与前沿经济体的比较

项目/经济体	中国	东亚与太平洋地区	亚太经合组织	最佳表现(挪威)
办理破产成本	22.0	20.6	9.3	1.0

注:根据"DB2020"整理。

从具体数据看,北京、上海在"DB2020"中各项程序费用数据是根据问卷获取,总体占债务人不动产的 22%,大致分布为:法庭费用 0.5%,管理人费用 5% ~10%,审计评估等专业人士收费 7%,拍卖费用 1% ~5%,政府税费 5%,律师费 5% ~10%,公证费 1%。在不动产价值稳定的状态下,压缩办理破产成本的主要路径,是通过破产案件繁简分流、审判集中化与专业化、提升管理人素质、通过科技手段便利召开债权人会议与资产处置,以压低上述费用并缩短案件审理时间。

四、办理破产时间:1.7 年

办理破产时间(time to resolve insolvency)以日历年数计算,是指债权人从企业违约开始直至其债权部分或全部得到清偿的时间。各方潜在的延迟策略,如提出申诉或请求延期,均考虑在时间计算之内。中国近 5 年办理破产时间均为1.7年(见表7)。

表7 "DB2020"中国办理破产时间指标与前沿经济体的比较

项目/经济体	中国	东亚与 太平洋地区	亚太经合组织 高收入经济体	最佳监管表现 (爱尔兰)
办理破产时间	1.7	2.6	1.7	0.4

注:根据"DB2020"整理。

中国"办理破产"时间指标的1.7年主要是通过问卷获取的,同时查看《企业破产法》的规定。在具体案例假设中,由于债权人人数过多无法协商一个非正式的庭外解决方案,但是有以下法律方案可供选择:(1)通过司法程序重整,使得企业继续运营;(2)通过司法程序进行清算,企业资产被出售;(3)对企业进行债务执行程序(抵押物赎回权终止或接管)。就中国而言,重整程序转为清算程序大约需要20个月,具体时间如下:法院接到申请后15日内决定是否接受申请;法院如果接受申请应在5日内向申请人送达裁定,并自裁定日起25日内通知已知债权人,并发布公告;重整计划须在裁定重整日起6个月内同时提交给法院和债权人会议(法院经债务人或管理人请求,可以裁定延期3个月)。重整程序因为得不到普通债权人的同意,该重整案转为清算案,转换之后组织销售资产并完成清偿需要12个月。考虑到程序因为各方主体使用迟延策略的因素与一些程序不会用尽最满期限,根据问卷询问的结果,办理破产时间指标的评估结果为1.7年,约20个月。

笔者认为,推动破产案件集中管辖、促进网络与科技手段使用、依法及时转换程序、扩大简易程序审理范围,提升破产案件立案审查、审理裁定、程序转化的专业化与标准化,节约破产立案审查时间、程序转换时间、审理裁定时间,是压缩办理破产时间的主要进路。在压缩办理破产案件时间方面,优质的管理人至关重要。笔者认为,在指定管理人方面,加大轮候方式的使用(摇号、抽签等随机方式耗费司法技术资源、人力资源与时间,徒增作弊隐忧,也无法给管理人稳定预期,无产可破案件可以单采一个轮候序列),依法在裁定受理当日指定管理人,促进管理人及时接管企业;适用竞争方式指定管理人的,应严格执行最高人民法院《关于审理企业破产案件指定管理人的规定》第21条的规定。为了保障轮候指定的管理人与案件复杂、疑难程度相匹配,亟须加强管理人名册的动态考评、分级管理,以淘汰机制实现吐故纳新;为激励先进,采用竞争方式指定管理人时,可以跨区域并限于各地编入名册的一级管理人。

五、破产框架力度指数:来之不易的 13.5 与 84.4

破产框架力度指数测量适用于破产清算和重整程序的法律框架,以及这个法律框架与《营商环境报告》中在每一个经济体已经被施行的最佳破产法实践之间的差异程度。这个指标指数由 4 个部分组成:程序启动指数、债务人资产管理指数、重整程序指数、债权人参与指数。破产框架力度指数的前沿距离得分则主要测定该经济体在该指标上与最佳破产监管实践相比时所处的基准。中国的破产框架力度指数在 2016 年至 2019 年均为 11.5,但是在 2020 年为 13.5,随之破产框架力度指数也由之前的 71.875 上升至 84.375(见表 8)。

表 8　2016~2020 年中国破产框架力度指数得分与前沿距离得分

项目/年度	2016	2017	2018	2019	2020
破产框架力度指数得分	11.5	11.5	11.5	11.5	13.5
破产框架力度指数的前沿距离得分	71.875	71.875	71.875	71.875	84.375

注:根据世界银行 2016~2020 年《营商环境报告》历史数据整理。

中国 2020 年在破产框架力度指数得分提升了 2 分,主要是得益于最高人民法院在 2019 年 3 月 28 日施行的《关于适用〈中华人民共和国企业破产法〉若干问题的规定(三)》[以下简称《规定(三)》]。《规定(三)》第 2 条确立了破产申请受理后为继续营业依法定程序的借款融资可以获得《企业破产法》第 42 条第 4 项规定的共益债务的清偿顺位,符合债务人资产管理指数中"程序启动后的借款有优先权"的要求,鼓励对债务人继续经营提供资金支持,获得 1 分;《规定(三)》第 10 条规定了单个债权人的知情权,即有权查阅债务人财产状况报告、债权人会议决议、债权人委员会决议、管理人监督报告等参与破产程序所必需的债务人财务和经营信息资料,而且规定了在管理人不提供时可以请求人民法院决定的救济程序,符合"破产框架规定债权人有权要求破产管理人提供信息"的规定,促进了破产程序透明,提升了债权人参与指数,得1分(见表9)。

表9 2019年、2020年中国破产框架力度指数分项得分情况

项目	启动程序指数(0~3)	债务人资产管理指数(0~6)	重整程序指数(0~3)	债权人参与指数(0~4)
2019年得分	3.0	5.0	2.5	1.0
2020年得分	3.0	6.0	2.5	2.0

注:根据世界银行2019年、2020年《营商环境报告》历史数据整理。

即使2020年"办理破产"排名第一的挪威,在破产框架力度指数的得分也只是11.5,前沿距离得分只有71.875,美国在该项上得分15,前沿距离得分为93.75。其实,《规定(三)》第11条第2款回应了重整程序指数中"哪些债权人对拟议的重整计划进行投票",权益未受到重整计划草案调整或影响的债权人,参照《企业破产法》第83条的规定,不参加重整计划草案的表决,应该说,如果该条款取得世界银行的认可,中国该指标得分可以从0.5升至1分;《规定(三)》第15条规定管理人处分债务人重大财产须制作财产管理或变价方案并由债权人会议表决通过,这个基本回应了债权人参与指数中"破产框架是否要求债权人对出售债务人大部分资产作出批准",也可得1分。但是,由于《企业破产法》对此未作出修改而且有不同的规定,所以在上述两项上未得到相应分数。在修改《企业破产法》时,可以借鉴世界银行营商环境评估的"破产框架力度指数"各项评价内容,把目前的司法实践经验和司法规则,上升为法律。在该项上也没有必要得满分,譬如,改为债权人遴选或任命管理人还是保留法院指定管理人尚需斟酌。是否可以考虑建立一个更为立体和错综的管理人遴选或任命制度呢?譬如,在预重整制度中,北京市第一中级人民法院出台的《破产重整案件办理规范(试行)》接受主要债权人、债务人和重整投资人一致推荐的临时管理人,确立了临时管理人与正式管理人的衔接机制。

六、结论与展望

中国在企业破产法实践中取得了快速进步,但是在世界银行营商环境评

价中,还未得到充分体现。世界银行 2020 年《营商环境报告》体现了《规定(三)》作出的重大破产法律制度改革,在破产框架力度指数上提升了 2 分。笔者认为,以改进营商环境为指引,尽早修订《企业破产法》,把最高人民法院以"会议纪要"和各地法院以审判规程或工作指引等作出的重大改革变成"可以反复实施于各地的监管制度",提升中国在破产框架力度指数方面的得分。同时,更需要做的是在修订《企业破产法》时,加大"府院联动"的法律框架,促进破产法实施得到政府包括但不限于财政、人力、操作便利等方面的支持,加入有关破产管理人协会的条款,促进管理人行业自治与监管水平,实现破产法市场化、法治化实施的高水准。

从 2020 年开始,国务院推动在全国地级(含)以上城市全面进行营商环境评估,采用的是国家发展和改革委员会自 2018 年试行的营商环境评价体系与方法。中国特色的营商环境评价体系,从衡量企业全生命周期、反映城市投资吸引力、体现城市高质量发展水平等维度出发,由 23 个主题的营商环指标体系组成。在企业退出方面,设计了注销企业、办理破产两个评价主题。注销企业包括注销程序、注销时间、注销成本 3 个分项指标;办理破产则与世界银行的指标一致。在方法论上,与世界银行一样,中国包括"办理破产"在内的营商环境评估也以"问""查"为主要方式,以前沿距离分数和排名呈现评价结果,但是中国的评价方法与世界银行并不完全一致。世界银行采用假设情景的标准化案例、委托第三方模拟填报,获取评价数据。世界银行的调查方法以"问""查"为基础,但多是以假设企业作为调查对象,以此为基础向第三方进行"问"与"查"。中国强调实际案例支撑,获取数据采用调查问卷与大数据分析相结合、实际数据与填报数据结合、实地访谈与问卷调查相结合。[①] 世界银行采用"假设情景的标准化案例、委托第三方模拟填报"的模式有其科学性,可以真实地反映企业破产的具体状况,便于进行不同经济体之间的对比。笔者从实践中观察到,运用国家发改委的指标体系评价时,主要是从各种企业性质(国有企业、私营企业、外资企业),各种企业规模(大型企业、中型

---

① 参见李韶辉:《六问中国营商环境评价——专访国家发改委法规司相关负责人》,资料来源:http://zwdt.ndrc.gov.cn/fwdt/fwdttzgg/201808/t20180831_897273.html,最后访问日期:2019 年 8 月 31 日。

企业、小型企业、微型企业）和各种行业的企业中分别随机选取样本，之后进行问卷调查、实地访谈，并通过查阅相关规范性文件的规定、咨询专业人士和从法院获取样本企业实际数据，交叉印证数据的可靠性，以定量分析和定性分析结合的方式保障评估结果的科学性与客观性。《红楼梦》中"太虚幻境"的石牌坊有对联云："假作真时真亦假，无为有处有还无。"[①]全真即假，全假即真，宝玉姓贾（假），乃真玉肉身，士隐姓甄（真），真事皆隐；全无即有，全有即无，梦中幻境乃有，凡尘俗事全空。这个对联颇具禅理。假设案例的方法在世界银行营商环境报告中反复被不同的评价指标中使用，借助第三方填写并进行交叉印证，起到假设案例获取的数据比真实企业的整体数据更为可靠，据此获得的前沿距离分数与排名更具有通用可比性。这是改进包括"办理破产"在内的中国营商环境评价体系时需要仔细考虑的一个问题：在假设案例中获取第三方填报数据与真实案例获取大数据之间如何取舍、如何平衡？

① （清）曹雪芹：《红楼梦》，湖南教育出版社2011年版，第5页。

东北大型企业涅槃重生之路与营商环境优化建设

郑志斌* 张 婷**

"这是真正的'走进新时代、建设新通钢'!"随着美丽的浑江两岸飘下漫天洁白的雪花,在吉林省通化市中级人民法院门口,首钢通钢公司的一位员工在领到法院批准此前已经债权人及出资人高票表决通过的首钢通钢公司14户企业重整计划的裁定书后,由衷地说道。

2019年最高人民法院向全国人大提交的工作报告中提出,要加大产权司法保护力度,依法平等保护各类市场主体合法权益,努力营造稳定公平透明、可预期的法制化营商环境。为落实党中央关于优化营商环境的决策部署,最高院及各地法院通过出台司法解释及司法政策、强化审判执行工作、深化司法体制改革等方式,充分发挥司法职能作用,为营造稳定公开透明、可预期的营商环境提供了有力的司法服务和保障。2019年,由北京市大成律师事务所郑志斌和张婷律师团队担任管理人的东北地区大型企业……大连机床、北方重工、吉林昊融、沈阳机床、首钢通钢集团等大型企业集团的破产重整取得成功。几大企业的浴火重生,凸显出破产重整在优化营商环境中的积极作用。

---

* 北京大成律师事务所高级合伙人,中国人民大学破产法研究中心副主任,北京市破产法学会副会长。

** 北京大成律师事务所高级合伙人,中国人民大学破产法研究中心兼职研究员。

一、陷入危机，几大东北工业巨头内外交困

大连机床集团曾是全国最大组合机床、柔性制造系统的研发制造基地之一，也是中华人民共和国成立初期全国机床行业"十八罗汉"之一。沈阳北方重工是中国重型机械设备制造行业的龙头企业，其前身曾属"中国八大重机"之列。吉林昊融集团旗下的吉恩镍业被誉为中国上市公司镍业"第一股"。沈阳机床聚集了曾经是我国机床行业"十八罗汉"的 4 家企业，是 8 部委确定的唯一国有企业综合改革试点。通钢集团是吉林省最大钢铁联合企业，也是国务院振兴东北老工业基地重点支持企业。

这一个个响亮的名字，都是地方经济的骄傲。但近年来，由于所处行业市场行情陷入低迷，同时受信贷政策收紧、经济环境下行、历史包袱沉重、经营决策失利、过度多元化扩张等内外部因素的影响，几家集团企业的资金链濒临断裂，纷纷爆发债务危机，财产面临查封，生产经营停滞，吉恩镍业更被上交所决定终止上市。这几家曾经辉煌的企业，走到了历史的关口，实现债务优化和资产夯实成为摆在企业面前的一场历史大考。

二、"破"在眉睫，司法重整助力企业改革脱困

在 2019 年全国两会上，最高人民法院审判委员会副部级专职委员刘贵祥表示："以前大家对破产很畏惧，认为是个很不好的事，实际上，重整有时候是解决债务危机的一个很好的办法，有助于企业快速走出困境。"

面对上述东北大型集团企业的困境，政府、法院及企业一同经历了"企业改制重组—庭外重组—司法重整与庭内重组结合—整体重整"的路径选择研判。该选择并非一蹴而就，而是一个缜密论证、不断深化、循序渐进的过程。在进行深入调查分析企业情况并反复论证后，发现上述企业实际上不具备庭外重组的实施条件，如果破产清算则与改革脱困、转型升级的初衷相悖，唯有司法重整是符合各方利益的最优选择。

司法重整可为企业提供相对安全、稳定、缓和的司法保护区，为债权人提供公平、公开、透明的权益维护平台，通过多种综合金融工具和司法途径清偿

债务、安置职工、引进投资、革新制度、发展业务。

2017~2019年,5家企业陆续进入破产重整程序。在重整制度的引导与支持下,借助《企业破产法》规定的停止计息、禁止个别清偿、出资人权益调整、重整事务多数决、债转股清偿等一系列强有力的重组机制保障,五家集团企业得以复产并维持了基本的生产经营,并较快地完成了债权申报、审查、审计、评估偿债能力分析、招募重组方、制订重整计划等工作。2019年4月至12月,5家集团企业重整计划草案陆续获得法院裁定批准,重整计划进入执行阶段,企业以崭新的面貌稳步进入恢复再生阶段。选择司法重整,不仅解决了企业的债务困境与经营管理危机,而且改善了东北地区的营商环境,取得了良好的社会效果。

三、合力共赢,制度保障重整工作亮点多

司法重整所追求的价值目标是多元且综合的,需要市场化、法治化的实施,维护债权人利益以及改善金融环境是其最重要的目标之一。在几家集团性企业的重整过程中,管理人对方案设计和工作路径充分创新,实现了多方合作共赢的局面。

大连机床系列企业合并重整案以创新的"出售式重整"为投资人隔离了旧公司风险;同时与央企中国信达旗下危困企业投资基金合作,成功吸引东北"首单"共益债务投资。北方重工重整案则创新性地将投资人的引入与上市公司中兴商业的市场化改制相结合,引入民营企业联动搭配参与重组,是对"困境企业重整+上市公司混改+联动引战搭配"这一全新改革模式的成功探索。吉林昊融通过新设平台实施整体重整,对优质资产、亏损资产、培育资产分类处理,自上而下层层解决债务等方式,在保护债权人、职工利益的同时,妥善保全了产业完整性。沈阳机床采取了"集团公司整体重整、上市公司单体重整、全部重整主体协调审理"的模式,同时探索多元化的破产财产处置路径,使资源得到有效配置,加速"僵尸板块"退出,实现了真实重整、清洁重整。首钢通钢集团创造了困境钢铁企业重整的"通钢模式",在预重整、京吉合作、府院联动、维护稳定、高效推进、整体统筹、快速执行等诸多方面均可圈可点,更创下近十年来全国破产重整案件重整计划通过的最快纪录,从进入

重整程序到债权人会议表决通过重整计划仅用时 36 天,接近《企业破产法》设定的理论极限。

5 家集团企业的重整工作亮点颇多,其重整计划获得批准,通过对债权人利益的充分保护,在较短的时间内化解了金融风险,为改善地方金融环境、释放地方不良信贷、增强银企合作奠定了良好的基础,也更有力地保障企业挽救获得成功,达到效率与效果的结合,实现了国有资本和社会资本的优势互补,推动区域经济协调发展,赋予了重整投资新理念。

四、"府院联动",高效协同助力重整

破产案件审理周期长、工作难度大,对企业破产案件的妥善处理,需要法院在法律框架内主导好司法程序,也离不开政府社会管理职能和促进经济发展职能的有效发挥。大连机床、北方重工、吉林昊融、沈阳机床和通钢集团的重整成功,就离不开地方政府的大力协调与支持。

大连机床在陷入危机时不是国有企业,国资委仅是参股,但大连市委、市政府并没有因国资股比重小而怠于履行其社会职责,而是成立大连市企业(大连机床集团)脱困和资产重组工作领导小组对企业进行帮扶,并在财政、土地、维护稳定、引入战略投资人等方面给予政策支持,发挥了巨大的积极作用。重整后,通用技术集团也将在各领域与大连市展开深度合作,市委、市政府将为中国通用技术集团在大连的发展创造有利条件,把合作项目落实好,再创机床产业辉煌。

北方重工、吉林昊融、沈阳机床和首钢通钢集团作为国有控股企业,北京市、吉林省和沈阳市委、市政府在其破产重整推进过程中,充分发挥协调保障作用,调度政府力量发挥维稳、行政协调、公共管理、市场监督、政策支持等职能,通过让渡资源、调剂资源、给予优惠政策等多种方式提升投资预期,增加投资效益,提供环境保障,极大地优化了营商环境,最终成功引入战略投资者。同时,当地政府积极协调国家部委、金融监管机构和政府机关给予外部环境支持,通过多种方式自上而下推动与金融债权人的沟通工作,保障了困境企业的重整成功。

法治是优化营商环境的根本保障,完善破产工作机制,需要充分发挥政

府的协调保障作用,调度政府各部门力量,与法院形成府院联动机制,协同发力攻坚。近年来,各地法院和政府以“府院联动”工作机制为抓手,在新形势下依法稳妥推进企业破产处置工作,合力推动企业破产审判工作顺利进行,持续深化府院良性互动,形成合力,确保优化营商环境各项部署要求落到实处,为优化营商环境提供了更加有力的司法服务保障。

五、保驾护航,优化营商环境的成功司法实践

司法重整,一方面要尊重利益相关方的意思自治,另一方面也要运用司法权守护公平与效率。因此,人民法院不仅要在法律规定范围内理顺程序、衡平权益,还要从社会价值角度出发,依法发挥司法能动性,融入市场化思维强化司法调节器功能,为重整成功保驾护航。

大连市中级人民法院在大连机床系列企业合并重整案件审理中于利益平衡方面发挥突出作用:一是裁定关联企业实质合并,二是裁定批准重整计划草案,充分体现了大连市中级人民法院对重整制度综合价值取向的准确把握和依法、果决行使司法权为降杠杆、供给侧改革以及制造业转型升级等国家大政方针贡献司法资源的担当精神。

吉林省中级人民法院在吉林昊融重整案件的审理过程中,严格把控程序正义,同时也能够秉承实质重于形式原则,灵活处理各类实体问题,在依法合规推进程序的过程中,充分履行了法院的指导和监督作用。同时,吉林省中级人民法院坚持重整价值导向,积极发挥法院在重整中的重要作用,为保护企业在重整期间维持生产经营、提高重整价值和效率,多次与各地市场监督、税务等部门进行对接和协商,有利推动了吉林昊融重整的成功。

沈阳市中级人民法院在审理案件过程中,提出了以市场化和法治化结合、高效和稳妥并进、创新与保护同行的审判导向,以解决问题为目的,制定科学灵活和多效创新的审判路径,开拓了北方地区引入商业银行共益债的首例,创造了国内上市公司改制和重整战略投资人联合推进的首例,综合运用创新手段破解重整困局。

通化市中级人民法院在首钢通钢集团重整案件办理过程中,指定经验丰富的法官组成合议庭加班加点、攻坚克难、严谨办案。在办案流程、法律适

用、重整计划草案的制订等诸多方面对管理人多次给予权威指导,体现了极强的专业性。

大连市中级人民法院、吉林省中级人民法院、沈阳市中级人民法院和通化市中级人民法院在五家重整案件中始终秉持公平、公正、公开的司法态度,运用司法智慧助力企业涅槃重生,将危在旦夕的企业重新送上复兴之路。五家企业的成功重整,是破产审判制度保驾护航,优化营商环境的成功司法实践。

习近平总书记2019年8月26日在中央财经委员会第五次会议上讲话时提出:“东北地区建设现代化经济体系具备很好的基础条件……东北地区国有经济比重较高,要以改革为突破口,加快国有企业改革,让老企业焕发新活力……要研究更具吸引力的措施,使沈阳、大连、长春、哈尔滨等重要城市成为投资兴业的热土。”

大连机床、北方重工、吉林昊融、沈阳机床、首钢通钢集团均引入了实力雄厚且对相关行业有着长远布局的产业投资人,既有央企入驻民营企业,也有民营企业入驻国有企业,这恰好充分说明重整投资人选择的市场化。市场资源的优化配置并不受限于所有权性质,一个拥有良好营商环境的市场经济经济体,资源配置的市场流向永远是效率和质量最高的一方。

5家大型集团企业的重整均取得了良好的经济效果和社会效果,实现了企业改革脱困的总体目标,是新经济形态下运用司法重整制度化解高额负债、建立府院联动机制助力供给侧结构性改革的成功典范,对深陷困境的国有企业改革脱困提供了行之有效的、具有重要借鉴意义的涅槃之路,是通过司法重整助力国企改革脱困、优化营商环境的标杆性案例。

六、完善破产重整机制,优化营商环境

世界银行每年对各国营商环境进行的评分和排名因其权威性和客观性,逐渐成为衡量各国市场经济体系发达程度的一个公认标准。2019年世界银行《2020全球营商环境报告》中,中国排名由去年的第46名,再次提升15位,位列第31位,首次进入全球前40位。其中值得关注的是在“办理破产”单项指标中,中国的排名上升至第51位,打破了该项指标连续3年排名未获提高

的现状。

2019年以来,相关部门围绕优化营商环境,完善破产审判制度,深化司法体制改革,加强发挥破产在优化营商环境中的积极作用,努力提升我国营商环境在“办理破产”方面的国际评价,助力营造稳定公平透明可预期的营商环境。

2019年3月28日,最高人民法院出台了《规定(三)》,针对世界银行营商环境指标对破产法进行完善。

2019年7月16日,国家发改委、最高人民法院等13部门联合印发了《加快完善市场主体退出制度改革方案》,提出推动国有“僵尸企业”破产退出,倡导积极重建的破产重整理念,充分利用破产重整制度促进企业重组重生,激发市场主体竞争活力,推动经济高质量发展。

2019年11月14日,最高人民法院发布了《全国法院民商事审判工作会议纪要》,特别指出“审理好破产案件对于推动高质量发展、深化供给侧结构性改革、营造稳定公平透明可预期的营商环境,具有十分重要的意义”,并以专章对破产纠纷案件审理中存在的争议问题统一了裁判思路。

我国营商环境的国际认可度正在快速提升,这对促进深化改革开放和完善市场经济有着积极的作用。东北地区近期的企业重整实践取得了良好的效果,5家大型集团性企业在地方政府和人民法院的大力支持下,通过破产重整而获得新生,在新的投资人的管理和投入下持续稳定经营,并使债权人利益得到最大限度的保护。东北地区营商环境的提升,有利于提高投资人、债权人对东北复兴的信心,“投资要进山海关”。这一切表明,为进一步提升我国营商环境的国际评价,“办理破产”指标应当成为一个持续的发力点,以努力实现破产法的市场化、法治化实施。

二、困境拯救

预重整:困境企业挽救的新期待

荣　艳*

随着供给侧结构性改革的进一步深入,对“僵尸企业”的清理制度与对困境企业的挽救制度如同“两驾马车”并驾齐驱,拉动着破产法实践不断向纵深发展。这其中,对困境企业进行挽救的制度,因其自身的强大功能,更为引人注目。在对困境企业挽救制度的不断探索中,预重整犹如一颗耀眼的新星,无论是在理论界还是实务界,都受到了前所未有的关注。

一、预重整因何而生

在市场经济发展的大潮中,企业遭遇困境在所难免。对于暂时遭遇财务或经营困境,但却有存续价值和经营前景的企业,寻求什么样的路径对其进行挽救,才能既实现效率与效益的统一,又最大化地保护困境企业及利益相关者的权益?才能更好地维护市场经济秩序,实现企业在市场经济中的健康经营从而促进经济高效有序发展?目前,我国《企业破产法》规定了破产重整和破产和解两项困境企业挽救制度,实践中以重整制度的适用更为普遍,在挽救遭遇困境的上市公司等大型企业的实践中,重整更是发挥了重要的作用,从不断见诸报道的上市公司重整成功案例可见一斑。但与此同时,在严格的时间和程序限制下,企业重整案件的启动、成功率等方面尚不尽如人意。这种“遗憾”源于程序控制和时间要求的刚性与重整中各方主体谈判柔性的碰撞,也反映出这一制度的市场化运行还有待进一步完善。实践中,一些原

* 南京市中级人民法院清算与破产庭副庭长。

本有挽救希望的企业望“重整”而却步,亦有一些企业尝试自救,但因缺乏相应的法律制度保障,在困境中难以轻装前行。那么,有没有一种制度,既能够激发企业自救的主动性,又能够以强大的规则公平保障企业利益相关者的权利?在此背景下,庭外重组与庭内重整相衔接的预重整制度应运而生,为困境企业挽救带来了新的希望与路径。

预重整是“美国现代重整实践中自发成长起来的一种重整模式”,①近年来,预重整在美国相比传统破产重整处于急剧上升的趋势,②可见其独特的魅力和强大的生命力。在我国企业破产实践中,一些具备重整价值的企业,在正式进入重整程序之前,先进行庭外谈判,亦成为实践中的探索做法。事实上,大部分企业在启动重整程序之前,债务人或主要债权人或多或少有一些自救的意愿与措施,但多限于局部个体的谈判,缺乏系统性和透明度,从而难以达成全局性的整体协议或安排。实践中一些成功的案例,则多在前期即由当地政府或法院介入,引导各方按一定的程序与规则进行,从而能够在重整程序正式启动后的较短时间内取得成功。这些探索成功的案例,成为预重整的萌芽和先例。

二、预重整案例实探

通过案例,或许可以更为直观地感受预重整的魅力所在:

Genco 公司预重整案是近年来美国预重整成功案例之一,该公司系一家国际航运公司,因过度杠杆,进入重整前,该公司负债总额超过 14 亿美元,且面临着严重的支付困难。作为一家全球性的航运企业,Genco 公司的顾客和供应商并不熟悉美国的重组规则,他们认为破产与清算的意义相同。在此情况下,如果不能清楚明了并且可预见地适用美国《破产法》第 11 章,Genco 公司与这些当事人之间的关系将受到严重影响。同时,Genco 公司的船只遍布世界各地,如果有国际债权人在其他国家对资产采取措施,将使该公司业务

① 王佐发:《预重整制度的法律经济分析》,载《政法论坛》2009 年第 2 期。

② See David I. Swan & Thuc-Doan Phan, “Prepackaged Plans in 24 Hours”, *Am. Bankr. Inst. J.*, 2019, p. 28. “Much quicker and generally less expensive than the traditional chapter 11 filing, prepackaged chapter 11 filings (also called ‘prepacks’) have been on a steep rise in the last few years.”

严重受损。2014 年年初,该公司与金融债权人进行谈判,4 月 3 日,Genco 公司与金融债权人为预重整计划签订了重组支持协议(Restructuring Support Agreement,RSA)。该计划将 12 亿美元的债务转为重整后公司的普通股,并将 1 亿美元的股权分配给无担保债权人。虽然 Genco 公司的普通股已无法获得对价,但董事会仍通过谈判为普通股股东分配了重组后的 Genco 公司 6% 的 7 年期认股权证。2014 年 4 月 16 日,Genco 公司为预重整计划征集投票;4 月 21 日,Genco 公司及其子公司向法院提出重整申请;4 月 23 日,法院对 Genco 公司请求确认上述 RSA 的申请组织听证,虽然遭到部分股东的反对,但法院驳回了股东的反对意见并于 4 月 24 日确认了 RSA 计划。第一次听证后,受托人拒绝指定债权人委员会,但成立了股东委员会。法院此后延迟了听证,以便给予股东委员额外的时间讨论计划并作出决定。股东委员会最终拒绝确认 RSA 计划,并认为可以对公司资产进行更好的估值。法院经过审理后,最终驳回了股东委员会的异议,并于 2014 年 7 月 2 日确认了 Genco 公司的预重整计划,该计划于 2014 年 7 月 9 日正式生效。经过预重整,Genco 公司仅用 79 天就重获新生,并减少了约 12 亿美元的债务,并使贸易债权人最大限度地免受影响。①

在我国,深圳市福昌电子技术有限公司(以下简称福昌电子)预重整案,被最高人民法院评为 2017 年度人民法院十大民事行政案件,并被学者誉为“颇具中国特色探索的样本”。② 该案中,福昌电子因资金链断裂,突然宣布放弃经营,引起了 500 多名供应商和 3700 多名员工的维权。在债权人向法院提出重整申请后,法院指定了管理人并采取预重整方式审理该案。对该案中涉及的职工债权,由地方政府先行垫付并取得代位求偿权,法院最终确认债权人 308 户,债权金额 4 亿余元。预重整期间,法院指定的管理人提前进入债务企业展开调查及协调工作,并通过府院联动机制排除了重整的隐性障碍。此后,法院于 2016 年 6 月 29 日正式裁定受理重整,并于 2017 年 3 月 21 日完成重整核心工作。在该公司重整中,战略投资人春兴精工投入不超过人民币2.8

---

① See Stephen D. Zide et al.,“Prepackaged Bankruptcy: Is It Right for Your Company?”, 10 American Bankruptcy Institute Journal 34,2015,pp. 30 – 31,69 – 70.

② 参见《2017 年度人民法院十大民事行政案件之五:福昌电子破产重整案》,载中国法院网:https://www.chinacourt.org/article/detail/2018/01/id/3148545.shtml,最后访问日期:2020 年 1 月 31 日。

亿元用于清偿费用和相关债务,获得福昌电子100%的股权。[①] 春兴精工认为,政府和法院的联动"搭台不唱戏"最终使此次重整取得了成功,"所谓'搭台'比如指政府协调水电、厂房,安抚工人情绪,法院探索性提出预重整思路;而'不唱戏'就是指重整能否成功一切由市场选择、决定,政府不大包大揽。"[②]

通过具体的案例我们看到,濒临困境甚至"绝境"的公司通过预重整在极短的时间内获得了新生。案例中两家公司的债务规模十分巨大,涉及债权人的面也十分广泛,但最终重整的效果都十分显著,债务人得以重生,债权人权利得到了最大限度的保护。从时间上看,Genco公司预重整案从该公司与金融债权人开始谈判至完成重整工作共计约6个月时间,其中正式重整程序内的时间仅为79天。福昌电子预重整案的时间虽不及Genco公司预重整案的时间短,但经过前期的各方努力,正式进入重整后,亦在较短的时间内实现了重整成功,取得了良好的效果。因此,就遭遇困境的公司而言,选择预重整对公司进行挽救,在进入重整程序前先行与利益相关各方进行谈判,在达成相对成熟的计划并征集投票后,进入重整程序对相关成果进行确认,能够及时有效地挽救困境企业,并最大限度地公平维护债权人等利益相关者的权利。

三、预重整规则初识

"他山之石,可以攻玉。"现阶段,国家和各地先后出台文件鼓励探索与研究预重整制度,司法实践正在一个个鲜活的案例中摸索建立预重整的具体规则。了解美国预重整制度规则,将为我们的预重整实践提供参考。在美国《破产法》的规定中,关于预重整的规则主要体现在其第11章,具体体现在第1102(b)条、第1121(a)条、第1125(a)条、第1126(b)条,以及联邦破产规则第3018(b)条,涉及的内容包括债权人委员会及股东委员会的任命和组成、制

---

① 参见全国企业破产重整案件信息网:https://pccz.court.gov.cn/pcajxxw/pczwr/zwrdh?id=6B80FCD64D133A6FD8F10993B155F301,最后访问日期:2020年1月31日;李曙光:《福昌电子,预重整制度的中国样本》,载中国清算网:http://www.yunqingsuan.com/news/detail/46365,最后访问日期:2020年1月31日。

② 参见深圳早报:《两年过去了,"破产"的福昌电子现在怎么样了?》,载搜狐网:http://www.sohu.com/a/161458856_609521,最后访问日期:2020年1月31日。

订计划的主体、信息披露及意见征集、计划的接受等。[①] 通过上述条文规定可见,除了在庭前成立债权人委员会或股东委员会之外,主要程序规则还包括:第一,债务人可以在向法院提出破产申请之前,制订重整计划并征集投票;[②] 第二,如果债权人或权益持有人在申请破产前接受(或拒绝)预重整计划,则符合下列任一条件时,即被视为接受(或拒绝)重整计划:(1)征求意见符合任何非破产法律或规则关于信息披露是否充分的规定;或(2)如没有此类法律或规则,则征集意见前的信息披露符合正常破产程序中关于信息披露的规定。[③] 从前述 Genco 公司预重整案可以看出,债务人在申请重整之前,已经与债权人进行了谈判,并以 RSA 协议为基础制订了预重整计划并征集投票,向法院申请重整。在进入重整程序后,法院只需对经过征集意见的重整计划直接进行审查和批准,无须再组织利益相关者进行投票表决。

上述规则将庭外重组和庭内重整程序进行了有效的整合,使预重整制度成为结合庭外重组和庭内重整优势的复合性制度。最为重要的是,一方面,预重整保障了债务人的信息公开义务,在预重整阶段,债务人必须根据规则诚信地公开与企业相关的信息,否则,其谈判结果就有不被法院批准的风险;另一方面,在预重整阶段谈判达成的协议或安排,在重整程序中得到法院的批准后,即对全体债权人均有效力,从而避免了单纯庭外重组中单个债权人对整个谈判的掣肘。可以说,预重整制度犹如企业自救的一名"卫士",在困境企业的利益相关各方进行谈判时暂居幕后,而在满足相关条件时走向台前,保障庭外谈判的成果得到巩固。

从效果上看,预重整规则使企业在进入正式重整程序之前即可展开与债权人、投资人等主体之间的谈判,从而最大限度地降低对企业的负面影响,极

---

① See 11USCA § 1102(b), § 1121(a), §1125(a), § 1126(b), Federal Rules of Bankruptcy Procedure §3018(b).

② See Hon. William Houston Brown, Lawrence R. Ahern Ⅲ, Introduction to prepackaged bankruptcies, 9A West's Legal Forms, Debtor & Creditor Bankruptcy § 14:45 (5th ed.) West's Legal Forms, May 2019 Update, Debtor & Creditor Bankruptcy, Part IV. Chapter 11 Reorganization, Chapter 14. Chapter 11 Plan, Disclosure Statement, and Confirmation, D. Prepackaged Bankruptcies.

③ See Corporate Acquisitions, Mergers and Divestitures, October 2019 Update, Chapter 11. Divestitures, V. Restructuring of Financially Troubled Corporations, § 11:138. Prepackaged bankruptcy: Combining best of both worlds—What is a prepackaged bankruptcy?, Corporate Acquisitions § 11:138 (2019).

大地维系了困境企业的营业价值,保护债权人对企业的信心,并使企业所有者和经营者更具挽救企业的积极性。同时,由于在进入正式的破产重整程序之前,债务人已经拟定计划并征集意见,启动正式的重整程序后,可以在极短的时间内得到法院的确认,从而大大提高重整效率,降低重整成本。

四、预重整未来展望

可以想见,在国家供给侧结构性改革进一步深入的背景下,随着各地对预重整实践的不断探索,预重整将在困境企业挽救中发挥更为重要的作用。一方面,各地的预重整案例将进一步增加,在不同情形下的适用将带来更多直观的体验,预重整规则将得到进一步建立与完善;另一方面,随着预重整在实践中的不断适用,市场主体的认可度将不断提升,从而有助于推动这一制度在法律层面上的逐步建立、完善与发展。与此同时,预重整中涉及的政府、法院、市场主体及相应机构的角色应当如何定位;如何让预重整以市场化的方式运行,从而让这一制度与市场经济发展更好地融合,充分展示其在困境企业挽救中的独特作用,将在实践中得到进一步的回答。

同样,如同一枚硬币总是存在两面一样,预重整制度也存在不足。比如,预重整目前尚无时间的刚性限制,是否会成为债务人拖延时间的借口?若是预重整中的谈判不成功,或虽然通过谈判达成协议安排但未能获得法院的确认,增加的时间成本、费用成本以及由此带来相关主体的权利影响如何解决等,都是预重整实践探索中值得注意的问题。但无论如何,预重整以其兼具私力救济的柔性和司法保障的刚性的独特魅力,为困境企业挽救提供了新的选择,也为市场带来了新的期待。在各国都下大气力优化营商环境的大背景下,建立并完善预重整制度,探索出一套行之有效的困境企业救治规则,必将为营商环境软实力的提升书写浓墨重彩的一笔。

我国预重整的本土化实践及模式比较

邹明宇*

一、预重整的含义、起源及发展

按照联合国国际贸易法委员会《破产法立法指南》的界定，预重整是使受到影响的公司债权人在重整程序启动之前自愿重组谈判中谈判商定的计划发生效力而启动的程序。具体而言，是公司在进入法院重整程序前先与债权人、重组方等利害关系人就债务清理、营业调整、管理层变更等共同拟定重整方案，然后再将形成的重整方案带入由法院主导的重整程序交由法院审查。一旦法院批准重整方案，该方案就取得了执行力，重整程序宣告结束。[①] 作为困境企业的拯救方式之一，预重整制度通过对庭内重整程序和庭外重组两种制度的结合，将法庭外的债务重组向后延伸至重整程序，同时也将传统重整程序中的部分步骤移至重整程序之前，将当事人意思自治与司法适度干预相结合，以更小的成本实现公平高效地保护各方利害关系人的利益。

预重整制度源自美国，最初是作为一种公司债务重组的工具被采用，逐步发展成为一种法院认可其重组协议效力的简易重整程序。[②] 美国也是最早在立法上承认预重整程序的国家，其在破产法和破产程序规则中制定了比较成熟的预重整规则且广泛运用。美国《破产法》第 1121 条允许债务人在提起

---

* 北京破产法庭副庭长，中国人民大学破产法研究中心兼职研究员。

① 参见杜军、全先银：《公司预重整制度的实践意义》，载《人民法院报》2017 年 9 月 13 日，第 7 版。

② 参见李曙光：《预重整制度在中国的探索式样本——评福昌电子破产重整案》，载李曙光、刘延岭主编：《破产法评论》（第 1 卷），法律出版社 2018 年版，第 508 页。

重整程序的同时提交重整计划,为"预重整"提供了法律依据。美国的预重整主要有两种模式:一种是预先包裹式(pre-packaged)预重整,即在申请庭内重整程序之前已制定重整计划草案并已经有多数债权人表决通过了重整计划草案,进入法庭内程序后,申请前的赞成意见仍有效,拟制债权人为同意,从而省略重整计划草案表决程序,无须再次征集表决意见。另一种是在实践中产生的预先包裹式预重整的变体——预先安排式(pre-arranged)预重整,即在预重整阶段,债务人通过与主要债权人签订"锁定协议",债权人承诺其在重整程序中将投赞同票,以实现表决意见的变相征集。根据该契约的约束力,进入重整程序后该债权人不得投反对票,但是不得省略重整计划草案的表决程序。[①] 预重整通过将法庭外重组与破产重整程序的连接,实现了非司法拯救机制与司法拯救机制的有机结合,其实质是民法拯救机制与破产法机制的结合,是两种不同机制背后所赋予的当事人意思自治与司法干预理念的结合,从而实现了效率与公平的双重价值。

二、我国预重整的审判实践

预重整是当事人对企业拯救多元化解决机制需求的结果,是顺应实践发展的产物。相较于传统的法庭内重整和法庭外重组制度,预重整具有降低重整成本、更好地识别企业重整价值、调动各方积极性等诸多制度优势,在我国亦出现了大量的预重整司法案例。

从我国预重整的审判实践来看,形成了几种不同的模式:

第一种模式是在进入破产程序前由债权人和债务人、股东等利害关系人自行启动法庭外重组,通过谈判形成重整方案后再向法院申请破产重整。中国第二重型机械集团公司与二重集团(德阳)重型装备股份有限公司破产重整案即采用此种预重整模式,进入重整前,在有关部门的推动、指导下,近30家金融债权人成立了金融债权人委员会,展开了庭外重组谈判。在银保监会

---

① 参见金春、任一民、池伟宏:《预重整的制度框架分析和实践模式探索》,载王卫国、郑志斌主编:《法庭外债务重组》(第1辑),法律出版社2017年版,第107页;[美]查尔斯·J.泰步:《美国破产法新论》(第3版)(下册),韩长印、何欢、王之洲译,中国政法大学出版社2017年版,第1237页。

的组织下，各方达成了框架性的重组方案，并在同日由债权人向法院提起了破产重整申请。进入重整程序后，德阳市中级人民法院在司法框架范围内尽可能推动维持了重组方案确定的原则，依法合规纳入重整计划，得到了金融债权人的认可，法院亦依法批准了重整计划。

第二种模式是作为法庭内重整前的单独程序的预重整模式，该种模式在实践中为较多法院所采用。例如，在深圳市福昌电子技术有限公司破产重整案中，深圳市中级人民法院在受理审查期间适用预重整制度，指定了管理人进场辅助推进重整工作，并指导管理人对存在的矛盾和问题进行全面摸底协调，为各利益主体搭建沟通的平台，使矛盾得到迅速平抑，潜在重组方也得以了解企业真实状况和财务底数，坚定进一步投资介入的信心。近4000名员工得到妥善安置，企业恢复生产的障碍逐一消除。在北京理工中兴科技股份有限公司破产重整案，北京市第一中级人民法院采用预重整模式，以听证形式多次组织相关主体开展谈判协商，并在对公司是否具有重整价值和挽救可能进行有效识别的基础上，引导主要债权人与债务人、投资方签署“预重整工作备忘录”等文件，就债权调整、经营方案以及重整路径等主要问题达成初步意向。同时，还指定管理人提前开展工作。通过有效对接预重整工作成果加快了审理节奏，从受理到表决通过重整计划仅用时80余天，大大提高重整的效率和成功率，实现了多方利益的共赢。

第三种模式是在破产清算程序转入重整程序前的预重整模式，即各利益相关主体在法院受理破产清算后、宣告破产前进行谈判并完成预重整方案，条件成熟时再提出重整申请，由清算程序转入重整程序，此种模式常用于房地产企业的重整案件中。就房地产企业破产案件而言，存在主体类型多样、利益关系复杂等特点，难以在短时间内形成较为一致的重整方案，所以在实践中往往采用先进入破产清算程序，待条件成熟后再转入重整程序的变通做法，以提高重整的成功率。

三、我国法院的规范化实践及模式比较

在前期司法实践的基础上，最高人民法院和各地人民法院加速出台了系列文件以进一步规范和完善预重整程序的制度框架。例如，以最高人民法院

《全国法院破产审判工作会议纪要》及《全国法院民商事审判工作会议纪要》中相关规定为基础,深圳市中级人民法院于 2019 年 3 月 25 日发布了《深圳市中级人民法院审理企业重整案件的工作指引(试行)》(以下简称《工作指引》),北京市第一中级人民法院于 2019 年 12 月 30 日发布了《北京破产法庭破产重整案件办理规范(试行)》(以下简称《办理规范》),南京市中级人民法院于 2020 年 1 月 20 日发布了《南京市中级人民法院关于规范重整程序适用提升企业挽救效能的审判指引》(以下简称《审判指引》)。上述文件的出台在一定程度上弥补了立法方面的缺失,为市场主体提供了较为稳定、透明的预期。从出台的这些规范性文件来看,在预重整问题上共同点多于不同点,但与英美国家的预重整则存在着较大的差异。以下从适用范围、预重整模式以及效力衔接等角度略作对比分析,以探求我国预重整的制度特色。

一是在预重整的适用范围和制度目的方面,英美国家的预重整主要是债务人与债权人等利害关系人之间的谈判,更适合处理债权结构简单、债权人人数较少的企业,对于债权结构复杂、债权人人数众多的情形,通过谈判很难形成较为统一的意见。相较而言,我国的预重整则有较大不同。例如,深圳市中级人民法院主要针对存在"需要安置的职工超过五百人""债权人两百人以上""涉及超过 100 家上下游产业链企业"等"直接受理重整申请可能对债务人生产经营产生负面影响或者产生重大社会不稳定因素的"债务人进行预重整。又如,南京市中级人民法院将适用的主体指向"债权人人数众多,债权债务关系复杂,或职工安置数量较大,影响社会稳定的大型企业""产业规模庞大,占据行业龙头或重要地位,对地区经济发展和金融环境稳定有重大影响的大型企业""上市公司以及对上市公司影响较大的关联企业"等"直接受理重整申请可能对债务人生产经营产生负面影响或者产生重大社会不稳定因素"的企业。

上述的差异或许可以从我国预重整的制度目的中寻找缘由。深圳市中级人民法院《工作指引》第 27 条明确:"受理重整申请前,对于具有重整原因的债务人,为识别其重整价值及重整可行性,提高重整成功率,经债务人同意,合议庭可以决定对债务人进行预重整。"北京市第一中级人民法院《办理规范》第 27 条亦指出:"本规范所称'预重整',系指为了准确识别重整价值和重整可能、降低重整成本、提高重整成功率……"南京市中级人民法院在《审判指引》中进一步突出了预重整的外部保障，强调应“获得政府、主管部门等支持意见”，以及“充分发挥政府在预重整中组织协调、维稳处置、招商引资、政策扶持等方面的职能作用”。可见，除了提高重整成功率之外，识别重整价值和可行性亦是预重整的一项重要制度价值，这与我国破产审判注重对重整企业进行识别审查的特点一脉相承，由此也凸显了我国预重整乃至破产制度的本土特色。

二是在“预重整”的模式选择方面，首先，3 家法院均将第二种模式即法庭内重整前的单独程序作为主要的预重整模式。其次，深圳市中级人民法院和北京市第一中级人民法院均规定了通过自主协商进行庭外重组的模式，即以二重集团预重整为代表的第一种模式，区别在于深圳市中级人民法院将其规定在《工作指引》第三章“预重整”之中，北京市第一中级人民法院将其规定在《办理规范》第四章第一节“裁定重整”之中。该模式与英美国家的预重整模式更为相近。最后，3 家法院均将前述第三种模式，即在破产清算程序转入重整程序前的预重整模式排除在外。具体而言，深圳市中级人民法院在《工作指引》中明确规定“受理破产清算申请后、宣告债务人破产前申请重整的，不适用预重整”。北京市第一中级人民法院在《办理规范》第 27 条规定“本规范所称‘预重整’，系指……人民法院在以‘破申’案号立案后、受理重整申请前……”南京市中级人民法院在《审判指引》第 19 条规定“受理重整申请前，对于具有重整原因的债务人……由法院听证审查决定对债务人进行预重整”。

对比美国的预重整，在进入庭内重整程序之前，司法的介入极为有限，而在英国的“伦敦模式”下更是无须司法的介入。在英美国家的预重整中，注重庭外商业谈判的秘密性，也不存在指定管理人的情形。相较而言，我国的司法实践则将预重整作为一个独立的程序性安排来对待。3 家法院的规范性文件均体现了较强程度的司法介入，不仅规定了法院可以决定进入预重整程序、组织召开听证会、采取必要的保全措施，还规定了法院需在预重整阶段指定管理人或临时管理人开展相关工作，预重整期间届满或预重整工作完成时管理人或临时管理人亦需向法院提交预重整工作报告等内容。

三是在效力衔接方面，在 3 家法院均规定了在信息充分披露的情况下，债权人、出资人就预重整方案作出的同意意见以及与债务人达成的协议在重整申请受理后继续有效,从而保证了预重整方案的效力可以延伸到重整程序中。在美国的预先包裹式(pre-packaged)预重整中,债权人在庭外重组表决通过重整计划草案的,进入庭内重整后无须再次表决。我国的预重整则并未省去表决程序,从3家法院的规定来看,即便预重整方案获得了多数债权人的同意,在进入正式重整程序后,也要在此基础上制作重整计划草案提交由债权人会议表决,而不是将预重整方案径行提交法院裁定批准。同时,还规定了重整计划草案对预重整方案内容进行了修改的,或者预重整方案表决前债务人隐瞒重要信息、披露虚假信息或表决后出现重大变化的,受到影响的权利人有权按照破产法的规定对草案重新表决等内容。相比起来,我国的预重整与美国的预先安排式(pre-arranged)预重整更为相近。

通过上述的简要对比可以看出,我国的预重整无论在审判实践还是在各地的规范化实践中,都处于积极的探索阶段。这种探索根植于我国企业破产制度和破产法的发展现状,与破产配套制度相融合,与社会对破产制度的理解和接受程度相适应,并创造出了一套有别于国外模式的独特程序。无论在制度目的和价值上,还是在适用条件、适用范围、模式选择以及程序内容等方面都具有浓厚的本土化色彩,是不同于英美等国预重整的相对独立的程序设计。因此,我们在认识和评价我国预重整的制度设计和实施状况时,不能简单以国外的模式作为衡量标尺,更应从我国的现实状况出发,正确认识我国预重整制度的本土特点,从预重整制度与我国国情和匹配程度以及对破产审判的推动作用进行客观分析,不断推动提升我国预重整的制度建设水平及其运行效果。

美国预重整制度探析

许胜锋[*]　舒金旭[**]

近年来,预重整制度受到破产理论界以及实务界广泛的关注,各地法院亦在预重整制度的具体构建层面作出许多有益的探索。例如,在被最高人民法院评选为"2017 年度人民法院十大民事行政案件"之一的深圳市福昌电子技术有限公司重整案中,深圳市中级人民法院便创新性地以预重整的方式审理案件,使原本拯救希望渺茫的企业在短时间内起死回生。最高人民法院更是于 2018 年 3 月 4 日公布的《全国法院破产审判工作会议纪要》中强调全国各级法院应积极探索推行庭外重组与庭内重整制度的衔接。最高人民法院于 2019 年 11 月 8 日印发的《全国法院民商事审判工作会议纪要》亦强调应继续完善庭外重组与庭内重整的衔接机制,降低制度性成本,提高破产制度效率。人民法院受理重整申请前,债务人和部分债权人已经达成的有关协议与重整程序中制作的重整计划草案内容一致的,有关债权人对该协议的同意视为对该重整计划草案表决的同意。虽然破产理论界以及实务界均努力着眼于司法实务前沿,并就预重整制度提出诸多建设性的理论与建议,但目前预重整制度在我国仍处于萌芽阶段,许多方面仍需要进一步研究。

美国作为预重整制度的发源地,其预重整制度经过数十年的发展,已经相对成熟。若能够对于美国预重整制度的产生原因、制度规定、实践功效能方面进行一定程度的了解,从前人的摸索与践行中汲取精华,将更加有助于

---

* 吉林大学法学博士,北京市中伦(深圳)律师事务高级所合伙人,中国人民大学破产法研究中心兼职研究员,北京市破产法学会副会长、广东省法学会破产法学研究会副会长,深圳市企业破产学会副会长。

** 美国康奈尔大学法学硕士,北京市中伦(深圳)律师事务律师。

理顺预重整制度的理论逻辑,对于我国“预重整”制度的构建也将大有裨益。

一、从传统到创新

预重整制度的英文名称为 prepackaged reorganization,单从字面上看,可以翻译为预先包装型重整或预先包裹型重整。这是一种以后续的重整制度为基座的前置性制度,债务人与债权人在重整案件开始前就重整计划或其他重要方面协商一致的成果被“打包”(prepack)带入重整程序后获得司法的确认。在这一过程中,重整程序前的谈判与重整程序中的效力确认构成了连贯逻辑体系以及有机的整体而不可分割。预重整制度本身并不具有过多的独立性价值,其需要依托于重整制度而存在,如果仅仅重视美国预重整制度而强行割裂其与美国重整制度的关系,那么很可能产生错误的看法。据此,了解预重整制度前,对于美国重整制度本身有一定的认识则颇显必要。

美国现行《破产法》于 1978 年制定,其中第 11 章规定了影响深远并被全世界诸多国家借鉴的破产重整制度(又称 11 章程序)。与我国以管理人管理为默认模式的破产重整制度不同,美国《破产法》11 章程序以债务人的自行管理为默认模式。在程序开始之后,除非法院另行裁定,债务人自动地保留其对于所有财产的控制权以及管理权,而中立的托管人(相当于我国破产程序中的管理人)只有在特殊情况下才被法院指定。在该法 11 章程序中债务人有 120 日的专属期限提交重整计划。[①] 若债务人及时提交重整计划,则其获得在案件开始起 180 日的专属期限以征集相关方接受重整计划,[②]也就是说如果债务人在案件开始后第 90 天提交重整计划,那么它还有 90 天的时间去和债权人讨价还价,寻求债权人的同意。前述期限可以由法院予以延长或缩短,但是 120 日的专属期限不能被延长超过 18 个月,而 180 日的专属期限不能被延长超过 20 个月。重整计划提交之后,如果债务人想要开始征集债权人的支持,其应当就重整计划涉及的关键信息(包括诸如资产情况、负债情况、

① 11 U. S. C. A. § 1121(a).

② 11 U. S. C. A. § 1121(c)(3).

债权分组情况、债务偿还方案等关系债权人切身利益的关键信息)向债权人进行披露,而后法院在至少 28 日后召开听证会决定信息披露陈述是否充分。[①] 而所有有权投票的利益相关方亦有至少 28 日的期限决定是否接受该重整计划,法院关于是否确认重整计划的听证会同样在至少 28 日后召开。

这种以债务人控制为核心的 11 章程序在现在的美国已经是司空见惯,但是在美国《破产法》刚出台之时,11 章程序对于美国破产法界却是个新鲜事物。因为相较于此前的《钱德勒法案》下规定的破产重整制度(第 X 章程序),11 章程序的制度逻辑有着 180 度的巨大转变。第 X 章程序萌芽于美国 1929 年经济危机的土壤上,为了杜绝当时经济活动中普遍存在的欺诈、欺骗与内幕交易,第 X 章程序以绝对苛刻的态度对待债务人。债务人主动申请第 X 章程序的难度远高于债权人。进入程序之后,托管人将替代债务人的管理层负责其财产以及经营事务的管理。此外,债务人在程序中还将受到证券交易管理委员会、法院等多个主体的严格监督,而债务人想要获得豁免则还需要满足复杂的前置条件。于是当债务人发现自己费尽精力终于迈入第 X 章程序的门槛之后,不仅未得到渴望已久的喘息机会,还丧失了自主的控制权。这种"自己砸自己饭碗"的做法让债务人申请第 X 章程序的热情与动力不出所料地急剧降低,进而也导致第 X 章程序每年的使用率也在极低的水平徘徊。

一项法律制度长期无人使用无异于说明该项制度存在着根本性的缺陷。为了改变这种僵局,美国国会在该法 11 章程序中降低了债务人自愿申请破产重整的要求、延续了债务人的经营权与控制权至重整程序中并大幅简化了债务人得到豁免的前提条件。债务人申请 11 章程序的动力被激发了出来,案件数量也出现了惊人的增长。但是立法思路的巨大转变以及崭新的破产重整制度使各方需要一定的时间加以适应,于是最初阶段(20 世纪 90 年代前)的破产重整程序几乎都是一板一眼地按照破产法规定的时间节点和流程阶段行进,极少有案件背离此道,这种照本宣科式的重整模式后来被人们称为传统的重整模式。

随着时间的推移,美国国会制定 11 章程序的真正的立法意图逐渐浮出水面:其以私权利主体之间的谈判机制取代司法权裁判在重整中的核心地位,

① Fed. R. Bankr. P. 2002(b).

倡导“让我们来做个交易”(Let’s Make a Deal)的思想,并让参与其中的各方的主要的关注点在于如何达成一致与共识,而非相互争斗得你死我活。最初阶段的破产重整程序,债务人无不利用11章程序赋予其的控制权、管理权以及提出重整计划的专属权在重整程序中与债权人开展数轮谈判与协商,最终通过豁免而得到重生。可以说在这个阶段,11章程序充当了一个学校或老师的角色,让债务人、债权人、法院、破产从业者乃至整个社会了解并熟悉了新的破产重整制度的运行方式、核心机制与制度价值。11章程序把破产重整制度从原先的“纠错”“惩罚”机制转变为“发现机会”“协商谈判”的机制,破产重整制度也逐渐为社会大众所普及众知。

但是重整程序毕竟是个由法院参与其中的司法程序,重整程序所带来的司法的程序时间长、费用昂贵等问题逐渐暴露。此外,在司法程序中仍要受到法院等主体的监督与制约,债务人的控制权难免处处掣肘。同时,随着案件经历的越来越多,“熟能生巧”的破产从业者对于该制度的认识程度逐渐加深并且开始意识到一个问题:“既然重整程序以私权利主体的谈判为核心,谈判又是私权利主体在市场中习以为常的活动,那么为什么债务人不能在进程序之前就和债权人谈判妥当,然后再借由11章程序赋予法律效力?这样既节约时间又节省成本,岂不是一举两得?”于是,在20世纪90年代初,在11章程序这所学校中学习磨炼了10余年的破产从业者,开始反过来以批判的眼光审视这所“学校”,并选择通过理论的创新与实践的改革以期望弥补重整制度传统模式的不足。在这种背景之下,预重整制度自然而然地在市场中产生了出来。这种产生并非由美国国会自上而下的主导,也并非由破产法院刻意的设计,而是美国重整制度在其发展进程中自发形成,是市场主体之间私法关系的具体体现。

二、法律的事后评价与承认

如同马克思在《论离婚法草案》中所说的,“立法者应该把自己看作一个自然科学家。他不是在创造法律,不是在发明法律,而仅仅是在表述法律,他用有意识的实在法把精神关系的内在规律表现出来。”美国国会观察到破产实践中的这一新风向之后,并未妨碍或阻挠当事人的预重整行为,反而其欣然接纳了这一崭新的事务并顺应民意地通过对破产法的些许完善，扫清了法律上的阻碍。自此，"预重整"获得了成文法律的支持，形成一种制度而得以确定。

美国《破产法》第1121(a)条规定，债务人可以在申请破产重整之时一并提交重整计划，或者在案件的任何时间提交。[①] 这也就意味着债务人在申请重整的时候就提交重整计划，那么债务人无须120日的重整计划制订期限便可以直接开始重整计划投票的征集活动。根据美国《破产法》第1126(b)条的规定，如果债务人的征集行为符合非破产法(Non-bankruptcy Laws)以及相关法规规定的有关的充分信息披露要求，则债权人在案件开始之前的接受或者拒绝重整计划的行为将被视为在重整程序中对重整计划的接受或拒绝。[②] 该法条所涉及的主要非破产法就是美国《证券法》，例如，1933年美国《证券法》(Securities Act of 1933)、1934年美国《证券交易法》(Securities Exchange Act of 1934)等。将前述两条结合起来，如果债务人在重整申请之前就完成了各方的协商、谈判以及重整计划的制定、表决，那么法院在案件开始之后专注于审查批准重整计划是否符合法律规定即可，案件开始至重整计划制订期间的漫长时间便得以节约。

当然，重整计划的投票征集常常十分烦琐，涉及复杂的谈判程序，债权人的征集行为可能无法在案件开始之前完成。美国《破产法》第1125(g)条规定，只要债务人在重整案件开始之前就已经开始征集工作，其可以在案件开始后继续其征集工作。[③] 这种在案件开始之前开始投票征集，而在案件开始之后完成的案件，被称为预协商型(pre-negotiated)重整案件。而重整计划的投票征集完成时点也成了区分预协商重整制度与"预重整"制度的最主要标志。

就债权人委员会方面，美国《破产法》也对"预重整"制度进行了一定的规定。第1102(b)(1)条允许在破产重整案件前成立的债权人委员会继续以债权人委员会的身份存续，只要该债权人委员会成员由公正方式选择并代表其

---

① 11 U.S.C.A § 1121(a).

② 11 U.S.C.A. § 1126(b).

③ 11 U.S.C.A. § 1125(g).

应当代表的不同种类的债权。[①] 而第341(e)条规定,如果债务人已经提交了重整计划并就该重整计划在案件开始前进行了征集行为,法院应利益相关方的要求,在有正当理由并经过通知以及听证程序之后,可以要求联邦托管人(U.S. trustee)不进行债权人或者股东会议的召集。[②]

美国《破产法》对于预重整制度的直接规定并不多,故许多破产法院,例如,纽约南区破产法院(United States Bankruptcy Court for the Southern District of New York, SDNY)便制定了自己的指导规则(Procedural Guidelines for Prepackaged Chapter 11 Cases in the United States Bankruptcy Court for the Southern District of New York,以下简称SDNY预重整规则)以规范预重整案件的申请以及管理。SDNY预重整规则是基于联邦破产法的框架上的进一步细化,其规定基本可以归纳为两种类型:(1)进一步缩短重整程序的整个时间期限;(2)减少进入重整程序的阻力。例如,前文所述对11章重整计划以及信息披露是否充分应分别进行听证,听证前要有至少28日的通知程序。为了节省时间,SDNY预重整规则第Ⅺ条将该两段时间予以结合。这就说明一旦债务人完成其投票征集程序,其便可以向法院一并提交案件申请、重整计划以及投票结果,法院将会就信息披露的充分程度以及重整计划是否能够通过并符合确认条件该两项事宜同时进行听证程序,28日的时间得以节省。

三、良好的实践结果

于市场行为中形成的预重整制度,因其符合了市场主体之间内在的自发秩序而不出意外地受到了市场主体的广泛欢迎。近年来,预重整制度与预协商制度适用数量不断攀升,导致该两类案件已经在美国破产重整案件,尤其是大型破产重整案件中扮演了举足轻重的地位。根据美国破产协会的调查结果,2010~2015年,大型破产重整案件(案件受理日的债务规模在5000万美元以上)中有37%的案件适用预重整制度与预协商制度。而在2016年至2018年,该比例提高至65%。与此相应的是预重整案件期间的减少,从2017

① 11 U.S.C.A. §1102(b)(1).
② 11 U.S.C.A. §341(e).

年平均时长91天下降至44天。在“预重整”案件效率不断提高的背景之下，部分案件甚至出现了破产重整程序的“闪进”与“闪退”。例如，2019年2月4日，美国著名的大码服饰零售商FullBeauty Brands仅用了24小时便完成了从案件受理到法院裁定批准的整个程序流程。而2019年5月1日，著名灾难恢复服务提供商SunGard Availability Services将时间进一步缩减至19小时。以FullBeauty Brands 重整案为例：

FullBeauty Brands为一家直接面对客户的大型零售商，它的债务结构包括了有财产担保贷款共计1.43亿美元，第一顺位贷款7.82亿美元，第二顺位贷款3.45亿美元。各类有财产担保债权人接受了以拟定新的贷款条款以及股份清偿相结合的债权清偿方式，有财产担保债权共计削减9亿余美元。其他类型的债权人，包括一般类型的贸易类债权，获得了全额清偿。当FullBeauty Brands于2018年12月协同有财产担保债权人、第一顺位贷款债权人以及第二顺位贷款债权人履行了重组支持协议（Restructuring Support Agreement）之后，其开始着手进行相关的信息披露以及债权人支持的征集。2019年1月6日，FullBeauty Brands于《华尔街日报》以及《金融周刊》上刊登了关于批准信息披露陈述以批准重整计划的听证会通知。在重整程序开始前的1个月前，充分信息披露以及对于重整计划支持的征集便已经全部完成，所有权益受到调整的债权人支持重整计划。当FullBeauty Brands于2019年2月3日申请重整之后，破产法院用了不到24小时的审查时间便批准了重整计划。对于如此惊人的结果，有声音认为FullBeauty Brands的行为等同于抄了重整程序的近路，是逃避重整程序中司法监察的行为，违反了正当程序原则（Due Process）。但是破产法院却明确表示这种重整程序的“闪进”与“闪退”不仅避免了复杂且昂贵的占有债务人融资的必要，而且减少了供应商、客户（尤其是外国客户）等相关方拒绝继续合作的风险，利远大于弊。①

除了案件总体时间的不断变短，案件数量的不断增加之外，实践中的预重整制度还体现出其他鲜明的特点。一是其与私募基金存在着紧密的联系。由于迫切的去杠杆（de-lever）的需求以及逐利性较强特征，以投资收益为核心

① See Swan David I, Phan Thcu-Doan, “Prepackaged Plans in 24 Hours”, *American Bankruptcy Institute Journal* 38, 2019 pp. 28 – 29, 60.

的私募基金(private-equity)名下的公司更加倾向于使用预重整制度,即使该债务人在申请进入程序之时尚有不错的运营效益。近年来,随着私募基金投资的公司进入11章程序数量的增加,预重整制度也一并大幅增加,私募基金将重整制度视为其退出的通道与途径。二是预重整制度特定行业适用预重整制度更加频繁,这些行业一般有着更为优质的资产(例如,能源行业),而那些需要在重整程序中利用法律赋予的相关权利对全面经营重组的公司则不适宜使用预重整制度。从申请的法院来看,超过半数的预重整案件发生于特拉华州地区破产法院,素来有着"世界公司之都"的美誉的特拉华州因其常年执行低赋税政策并且拥有全美公认的现代化的公司法和对公司规划起积极作用的成熟的判例法,而成为美国诸多规模庞大以及最久负盛名的公司总部所在地。除特拉华州地区破产法院外,纽约南区破产法院以及得克萨斯南区破产法院也同样受理了大量的"预重整"案件。

四、优点与缺点

较之传统案件,在预重整制度大幅减少重整程序的相关费用与时间方面的优势已经在前文有所体现。除此之外,由于债务人与其债权人之间事前的充分沟通,有效降低了进入破产重整程序所带给债权人的突然冲击,从而稳定债务人的经营业务。在传统的重整程序中,由于债务人一般在破产重整案件申请前与其债权人之间没有任何重组类型的协议,没有任何缓冲的债务人如同自由落体一般落入破产重整程序,故美国传统型的破产重整制度又称为线性式下落案件或自由落体式案件(freefall)。如果债务人能够在案件开始前便提出一份重整计划,债权人、顾客、供应商以及公司员工的信心也更加容易重新建立。若债权人能进一步接受重整计划,债务人对于其未来有了更多的预期以及确定性,更有利于其进行下一步的经营计划与重整工作。预重整制度与重整制度的紧密衔接,使债务人可以利用重整计划的表决机制,让少数"顽固"的反对者无法构成重整结果的阻碍。而联邦破产法赋予债务人的权利(例如,决定是否继续履行未履行完毕合同)等,债务人可以在重整程序中对其营业事务进行重构。

当然预重整案件也存在一定的风险。一旦债务人向其债权人沟通其想提出破产重整的构想,则相应的债权人将会对其的清偿能力产生怀疑,因为进入破产程序之后将不可避免地涉及债务的削减与损失的承担,这种怀疑将会影响债务人的现金流,不断丧失的交易对象可能让债务人无法经受长时间的征集期限的考验。即使重整计划符合通过标准,法院有可能认为相应的信息披露不够充分或者重整计划并不具有可行性,从而拒绝批准相应的重整计划。此外,债务人在预重整程序的过程中可能对于或有负债的调查不够充分,其可能将全部精力放在应对主要债权人之上而与其他债权人缺乏协商,这也给法院拒绝确认重整计划埋下了隐患。

五、结　　语

自 19 世纪末美国联邦法院为解决州际铁路公司破产问题在实践中首创衡平接管制度至今,美国企业破产法以及破产重整制度发展出了很多我们耳熟能详的理论或概念,例如,早期产生的继续经营价值(going-concern)、债权分组表决机制、绝对优先规则(Absolute Priority Rule)、债权人利益最大化原则等。而预重整制度则是于 20 世纪末期,在重整制度这棵粗壮的躯干上新近繁衍出的丰硕果实之一,其与 363 出售式、债权人控制模式一并成为传统 11 章程序的有机补充,满足了各类案件与市场主体的切实需求。

从前文不难看出,美国的"预重整"制度源于协商谈判并在市场中发展,故该制度并没有司法权力的前倾性扩张,利益相关方也没有享有或承担任何法定的权利与义务。谈判(亦可称之为讨价还价)是市场主体的当然天赋,无须借助法律或司法的介入便可达成。强行施以法律的强制性规定,结果可能适得其反,构成公权力对市场行为的不当干涉。

一般而言,预重整制度并没有法定的开始标志,当各方协商完毕向法院申请重整之时,程序便宣告结束。但是这并非意味着预重整制度的完全自由而毫无约束,因为所有在预重整过程中参与谈判的利益相关方所要直接面对的是进入重整程序后法院的"事后"评价。若没有满足充分信息披露要求或者给予接受或拒绝重整计划的时间过短,均会面临着紧接着的重整程序中法院对重整计划的不予确认。故预重整制度的运行的逻辑从某种程度可以说是在预见到未来将受到明确的法律约束的前提下,利益相关方的自主性规制,是一种在重整制度“影子”中进行的谈判。

就我国企业破产重整制度以及预重整制度的发展而言,鉴于美国“预重整”制度相关法律规定较少,直接借鉴或参照相关法律规定所带来的收益十分有限。但是美国预重整制度的背后逻辑发展却提供了启示。目前,我国企业破产法市场化改革理论多以自上而下式的改革为核心,其强调建立专业化的破产审判队伍,保证破产审判专业化对于运用破产重整促进企业再生。这种理论体现了我国破产改革的决心与司法部门的担当,是我国先进的破产理论与破产实践结合之后产生的重要进步。然而,在此基础之上,是否也可以考虑从受到重整程序影响最为深刻且直接的市场主体为入手点,在充分尊重我国市场主体自治性的特点的基础上,自下而上地发挥市场主体的能动性,由私权利主体在破产市场的博弈中自发形成秩序与规则。在对这些规则进行总结并提炼精华的基础上,发觉市场主体在重整程序中最为真实的诉求,而后制定符合市场规律的破产制度。通过将自上而下与自下而上两种改革模式相互结合的方式,达到社会效益与经济效益的统一,最终实现破产法的市场化目标。

三、“破人”感悟

管理人履职与法院指导监督之间的障碍及现实进路

潘剑丽*

法院与管理人是破产程序中的两大重要主体，决定破产程序能否高效和公正运行。我国企业破产法分别赋予了人民法院与管理人在破产程序中的不同职责，实践中，无论是法院还是管理人，都难以把握各自的职能定位。如何把握管理人与法院的关系、哪些事项应向法院报告、哪些事项应由管理人决定、意见发生分歧该如何决策都难以厘清，导致管理人形成“事无巨细一概汇报”以及“默不作声暗自操作”两种极端履职方式，法院则形成“一概决策不堪重负”以及“无为而治监督缺位”两种极端监督方式，不仅不利于管理人有序、恰当地履行职责，也阻碍了法院破产审判工作，对厘清管理人履职与法院监督之间的障碍及探寻现实进路提出了迫切的要求。

一、当前存在的问题

（一）管理人报告工作或事无巨细或极少沟通

现阶段管理人水平参差不齐，所在的律师事务所等单位对职业保障的支持程度各不相同，由于缺乏职业保障，担心承担责任，或者认为法院要求高，不清楚哪些该汇报哪些不该汇报，不如事事汇报不会出错，既然一切行为听命于法院，有事法院承担责任，因此容易形成“事无巨细一概汇报”的现象。

---

* 杭州市富阳区人民法院民四庭副庭长。

也有管理人认为法无规定,无须汇报工作,只需在破产程序推进上向法院提出申请即可,在法院要求管理人对管理人决定的事项汇报工作时,不积极配合,或者认为法院如果不管可以不报告,造成“默不作声暗自操作”的现象。

(二)管理人对重大事项的决策过度依赖法院

法院对破产事务提出较多建议的,管理人一般顺水推舟,重大疑难敏感事项,往往依赖法院作出决定。出现这种情况的管理人,有的出于保护自身考虑的原因,认为出了事,都是法院的责任;有人力投入不足的原因,重大事项的调查需要花费大量的人力物力,梳理法律关系,厘清利害关系,不如听取法院意见;有自身能力问题,确实无法决策,认为法院破产审判经验相对较足。

(三)法院存在过度干预或听之任之两种极端

每个法院对破产审判的重视程度不同,破产审判资源投入也各不相同。重视破产审判、人力资源充足的法院,容易干预破产企业的诸多事务,出现了过度干预的极端。不重视破产审判或人力资源不足的法院,员额法官同时承担大量的其他类案件审理任务,精力有限无法兼顾,造成对破产审判听之任之的两种极端。

二、造成的不利后果

(一)管理人丧失工作积极性,法院工作压力陡增

法院与管理人经常出现职责权限不清,管理人裹足不前,依赖法院作出决定,特别是一些较为棘手的问题,法院成为破产事务的决策者,管理人沦为简单的执行者,出现问题都是法院的责任,法院并不具体执行破产事务,所作决定难免疏漏,导致法院工作压力陡增,不堪重负,而管理人一切行为听命于法院,丧失工作积极性。

(二)法院对破产案件进度的把握不精准

管理人默不作声暗自操作,仅对需要法院裁决的程序性问题报告,法院极少指导监督，对破产工作缺乏精细把握，债务人监管不到位，府院联动困难，债权人评价不高，破产社会效果不佳，管理人力量有限，严重影响了破产程序的高效、公正运行。

（三）不利于破产文化的构建

管理人过度依赖法院作出决定，遇事需要法院解决问题，不利于社会公众对管理人身份的认可，对管理人所作决定听之任之，出现问题，破产参与各方不间断地向法院反映情况，要求解决问题或直接要求法院承担责任，甚至不断信访反映法院的问题。

法院与管理人的关系造成错位，势必影响管理人队伍的健康发展和法院破产审判的发展。探究造成错位的原因，探寻企业破产法对法院与管理人关系的真义，探索现实进路，排除管理人履职与法院监督之间的障碍，使法院与管理人的关系实现企业破产法规定的应然的状态，具有重要的现实意义。

三、探究错位的原因

（一）缺乏正确的定位

破产审判工作纷繁复杂，各种利益关系交织，大量的事务性工作和纠纷、程序推进的裁判性工作，仅靠法院或管理人单方力量是无法圆满完成的。大量烦琐的事务性工作将使法院陷入泥沼，在经营管理、商业判断等专业性问题又非法院专业事务，需要具有社会性、专业性的管理人，开展事务性工作和经营管理等工作，使法院能回归法律本源。大量的风险处置、社会稳定、职工安置、查解封、税收减免、刑民交叉等问题，无不需要政府各有关部门的配合和法院与党政领导、政府部门的沟通协调，对破产工作中债务人有关人员的违法行为追究法律责任，也离不开法院对管理人工作的支持。故破产审判工作的高效、公正运行，两大主体必须正确定位，明确各自的职责，法院应充分尊重管理人的独立性地位，保障其依法履职，不能不当干涉管理人的决定，以谦抑的态度依法履行指导监督的职责，必要时给予协助。管理人也要充分理解破产工作都是在破产程序中运行，为保障程序的公平效率，法院需要对管理人所作决定进行核准,管理人在破产程序中也应当接受法院的监督和管理,这也是企业破产法赋予的权力与义务。

(二)职责权限边界不清

我国《企业破产法》条文对法院与管理人职责权限规定过于原则。比如,《企业破产法》第23条规定,规定了管理人执行职务向法院报告,但对管理人报告的性质、报告的内容、报告的标准、报告的方式、何时报告、如何报告、报告的事务性工作如何决策发生分歧该如何取舍等问题未具体规定。实践中,法院、管理人对破产进程中哪些问题需要法院核准、是否事无巨细一概汇报、对管理人报告的事项法院是否应干涉、干涉什么程度等问题感到困惑。由于认识不一,出现两种不良倾向:一种倾向是,管理人对管理较细的法院有意见,认为法院干涉破产事务过多、影响管理人决策和执行事务,汇报要求及标准过高导致管理人疲于应付,人力时间成本过高,这种情况在管理人报酬较少的破产案件中尤为突出。而法院则认为管理人准确及时全面汇报工作是其行使指导监督职权的前提,是其对破产审判精准把握的保障,故对汇报工作情况不良的管理人多有意见,出现问题容易"踢皮球",由于沟通不畅破产案件推进过程多数并不理想。另一种倾向是,管理人对管理粗放的法院有意见,认为支持力度不够,对破产风险处置、职工安置、与政府各部门之间的沟通、对债务人有关人员的监督等问题倍感压力,由于缺乏有效监督,破产进程缓慢。法院则对管理人执行职务具体情况不了解,需要其协助时积极性不高,对管理人拖延办理破产案件、法院应急处理突发事件多有意见,破产工作实际效果不佳。

又如,《企业破产法》第26条规定,在第一次债权人会议召开之前,管理人决定继续或停止债务人营业或者有《企业破产法》第69条规定的财产管理和处分行为的,应当经法院许可。该规定进一步强化了法院对管理人履职的监督,但对许可的含义及责任未作出解释。许可是否意味着管理人的此项权利只有经过法院的同意才能行使?法院是否应对其许可行为造成的后果承担责任?实践中,管理人认为既然管理人作出上述判断需要法院的许可,那么汇报法院时不做充分的调查准备工作,仅提及有关事实,对是否继续经营或管理处分财产不作判断,由法院决定,后果由法院承担。由于涉及债务人企业具体经营状况的判断,非法院专长,没有管理人充分的调查论证及专业性意见参考,所作判断难免不够审慎,出现问题管理人以听取法院意见为由推诿承担责任,法院则“哑巴吃黄连,有苦说不出”。

(三)缺乏正确的破产观念和文化

当前,社会公众对破产制度的功能认识不足,不少资不抵债的企业主直到企业完全没有清偿能力都不情愿破产,谈破色变,直到法院受理破产裁定作出后仍抗拒不配合,并将企业破产的原因归咎于法院。还有些地方政府为其局部利益,对破产资产处置、职工安置等情况不予配合,甚至横加干涉,不顾广大破产债权人的利益。由于有些工商、税务、信用管理机构、劳动保障部门、仲裁机构甚至是法院等,对管理人缺乏认同,在股权变更、税务减免、信用恢复、职工债权认定、查封解封等问题上给管理人工作造成了障碍。债权人随意取走张贴有管理人封条的债务人资产,承租人不顾管理人解除合同和限期腾退的通知,继续占用债权人场地,影响破产财产的处置。关联企业或债务人的有关人员以外的第三人拒绝配合管理人调查工作,无疑使管理人工作陷入僵局。以上现象反映出社会对管理人地位认识存在偏差。

实践中,破产审判工作涉及党政机关的统一部署、职工安置、废物原料处置等问题,仅靠管理人无法完成,需要法院予以协助,与党政机关进行沟通协调。由于管理人本身缺乏强制执行措施,需要法院对违法行为采取强制措施。因而更加造成了社会对管理人地位认识的偏差。

四、探索现实进路

审视管理人履职与法院监督错位的原因,探寻现阶段管理人履职与法院指导监督之间的障碍,解决实践中存在的困惑,具有重要的现实意义。

(一)探寻企业破产法对法院与管理人关系的真义

从《企业破产法》的立法目的来看,基于对债务人财产有效管理和多方利益主体平衡保护的考虑,设计了管理人制度,旨在通过市场化方式引进专业化的社会中介参与破产管理事务,实现由法院主导向当事人自治转变的立法目的,使法官从烦琐的事务性工作中解放出来,更使其从不擅长的经营管理、商业判断等专业性工作中解放出来,使破产审判权回归法律本身。

从《企业破产法》的立法结构来看,第一部分为第一章至第二章,规定了破产程序的立法目的、管辖方式、法律适用、案件受理等内容,所涉职能主体主要为法院。第二部分为第三章至第十章,法院受理破产案件后,依法指定管理人,由管理人执行职务,向法院报告工作,接受债权人的监督。至此,破产程序的重要履职主体由法院转化为管理人。第三部分为第十一章至第十二章,规定了管理人的履职要求,债务人有关人员违反法定义务的法律责任,体现了法院对管理人工作的协助、监督。

从《企业破产法》的法律条文来看,法院主要担负指定及更换管理人、确定报酬、指导和监督管理人、依据管理人的申请作出裁定、追究管理人及债务人有关人员的法律责任的职责,规定在《企业破产法》第 22 条、第 23 条、第 69 条及第十一章等。管理人职责可分为两类:第一类为管理人的一般职责,适用破产清算、重整、和解程序,这类职责集中规定在《企业破产法》第 25 条以及其他章节中,第 25 条规定了管理人接管、调查财产、决定内部管理事务及开支、继续或停止债务人的营业、管理或处分财产、代表诉讼仲裁、提议召开债权人会议等,第 18 条合同解除权或继续履行权、第 48 条债权申报、第 57 条债权审查、第 63 条通知召开债权人会议。第二类为管理人的特定职责,仅适用特定程序,这类职责集中规定在第 80 条制作重整计划草案、第 90 条监督重整计划的执行、第 111 条拟定破产财产变价方案、第 115 条拟定破产财产分配方案等。不难看出,管理人在破产进程中享有广泛的权力,立法意在将大量的具体的破产事务性工作交由管理人完成并负具体责任,法院主导破产程序的推进和相关事项的裁决。

可见《企业破产法》对法院与管理人的关系真义应当理解为法院主导破产程序的走向,管理人决定破产具体事务,向法院汇报工作,法院确保管理人履职的独立性,指导监督其依法履行职务,并予以必要的协助,保证破产案件公平公正高效运行。

(二)明确管理人报告的性质,强化管理人的报告义务

根据《企业破产法》第 23 条的规定,法院通过管理人报告执行职务工作的方式履行指导、监督的职责。可见法院的主要功能是指导、监督管理人的工作,以管理人报告工作为前提,故管理人对破产事务的报告义务尤为重要。《企业破产法》第23条虽然规定了管理人应当向法院报告工作的义务,但对报告工作的性质及具体方式未作说明,实践中标准把握不一,产生分歧。笔者认为,根据对《企业破产法》条文的理解,管理人对法院的工作报告在性质上应当属于程序性义务,法院为实现对破产程序的司法控制,应当了解破产程序的进程,有权要求管理人报告程序进行的情况,对报告的方式提出监督要求。

那么管理人该如何报告工作?显然,《企业破产法》规定应当由法院决定、许可、裁定、批准的事项,管理人应当向法院报告工作。哪些事项应有法院决定、许可、裁定、批准?对此《企业破产法》均予以了明确,笔者对应当经法院决定、许可、裁定批准的事项进行了总结(见表1)。

表1　应当由法院决定、许可、裁定、批准事项

法院决定事项	法院许可事项	法院裁定、批准事项
指定、更换管理人(第22条)	在第一次债权人会议前,管理人决定继续或者停止债务人的营业或实施《企业破产法》第69条规定行为之一(第26条)	债权的审核确认(第58条)
确定管理人报酬(第22条)	许可聘用必要的工作人员(第28条)	批准债权人会议未表决通过的债务人财产的管理、变价、分配方案(第65条)
确定债务人的有关人员(第15条)	许可管理人辞去职务(第29条)	批准重整计划、和解协议(第87条、第98条)
确定临时债权额(第59条)	许可重整期间债务人的董事、监事、高级管理人员向第三人转让其持有的股权(第77条)	在重整期间,允许债务人在管理人的监督下自行管理财产和营业事务(第73条)
指定债权人会议主席(第60条)		债务人或管理人请求延期提交重整计划草案(第79条)
认可债委会成员(第67条)		批准延长重整计划执行的监督期限(第91条)
对债委会成员提出的对管理人、债务人有关人员拒绝接受监督请求法院作出的决定(第68条)		终止重整计划的执行、和解协议的执行、确认和解协议无效(第93条、第99条、第104条)

续表

法院决定事项	法院许可事项	法院裁定、批准事项
决定设小额债权人组(第82条)		宣告破产(第79条、第88条、第93条、第99条、第103条、第104条、第107条)
决定罚款、拘留(第129条)		批准破产程序转换(第70条)
决定管理人终止执行职务(第122条)		终结破产程序(第105条、第108条、第120条)
		认可破产财产分配方案(第115条)
		认可和解协议(第98条)

狭义上说,除了《企业破产法》规定由法院决定、许可、裁定、批准的事项外,其他事项由管理人决定。那么管理人决定的事项是否应当向法院报告?笔者认为既然管理人报告的性质属于程序性义务,故管理人决定的事项也应当向法院报告。那么管理人决定的事项是否应当事无巨细一概汇报?管理人是独立的中介机构,并非法院工作人员,一概汇报不利于管理人依法独立履职,法院也极易逾越指导监督的边界。那么管理人决定的事项中哪些是应当向法院报告的事项?笔者试图对应当向法院报告的管理人决定事项进行了总结(见表2)。[①] 但此类报告事项作法院备案使用。为防止监督流于形式,有利于事先预防,笔者认为应当向法院报告的管理人决定事项也应当事前报告法院。

表2　应当向法院报告的管理人决定事项

备案事项
1. 管理人团队、履职计划
2. 接管方案、接管报告及接管材料
3. 管理人印章、账户、债务人的日常开支等
4. 债务人有关人员监督方案

① 参见徐阳光、吴建峰:《破产审判的富阳实践——基于项目化指引的探索》,法律出版社2019年版,第17页。

续表

备案事项
5. 管理人聘用中介机构报告及材料(包括评估、审计、档案管理机构)
6. 债权人会议的申报地点、联系人等
7. 债务人会议主席的建议人选
8. 重整招募方案
9. 重整投资人的确定
10. 重整计划草案
11. 债委会会议议题、议程及决议
12. 破产财产分配方案的执行报告
13. 提起诉讼、代表债务人参加诉讼、仲裁或其他法律程序
14. 重整计划执行的监督报告
15. 发现有关人员的犯罪线索或犯罪嫌疑的
16. 职工安置
17. 危化物的处置

管理人该以什么方式报告工作?《企业破产法》未作规定,为使工作公正高效运行,管理人应当将履职进度和动态履职结果定期向法院报告,报告人员以决定书指定的管理人负责人为宜。笔者所在法院坚持以管理人负责人定期报告工作,并将报告分为4类,[①]即每周报告、阶段性报告、专项报告、重大事项报告,该做法在破产审判实践中收到了较好的效果。以每周报告为例,每周为单位要求管理人报告工作,报告上周工作情况及告知本周工作安排,报告工作情况时围绕以下内容,简称6+X:一是债务人资产的接管、核查、管理与处置(包括评估);二是债权申报与核查;三是应收款核查、催收及处置;四是破产原因分析(包括审计);五是对债务人有关人员的监督;六是涉诉事务;七是其他,包括但不限于清算预期分析、不稳定债权人分析、重整可行性分析等。每周报告的方式是法院监督指导管理人工作的主要方式,有效保障了法院对破产事务的精准把握,公正高效推动破产审判。阶段性报告是根

① 参见徐阳光、吴建峰:《破产审判的富阳实践——基于项目化指引的探索》,法律出版社2019年版,第16页。

据法院的要求对破产案件整体情况的汇报,并就目前存在的问题及拟采取的对策向法院报告。专项报告是管理人根据案件进展情况,针对 6 + X 中某一方面的问题报告法院。重大事项报告是指涉债务人资产处置、职工情绪波动等可能引起或已经形成突发事件,严重影响案件审理的重大破产事项报告法院。以上管理人报告方式的约定,建议在法院与管理人对接时由管理人作出承诺,承诺按照法院要求进行报告,报告内容由负责人签署,并将报告情况纳入管理人考核。

(三)明确各自主要定位,正确理解法院许可的含义

对上述应当向法院报告的事项,是否意味着管理人只有经过法院同意后才能行使?通过以上分析,法定的由法院作出决定、许可、裁定、批准的事项必须经过法院的同意。应当向法院报告的管理人决定事项应当事前告知法院,法院未表示异议后实施。

那么对法定的应当由法院决定、许可、裁定、批准的事项是否可以直接由法院决定?解决这个问题,需要管理人、法院明确自己的主要定位,正确理解法院许可的含义。笔者认为,《企业破产法》对管理人的职责、履职要求、法律责任作出了明确规定,管理人有权依照自己的专业知识对破产事务独立作出判断;法院主要对程序事项作出决策,对管理人作出的决定进行指导、监督,并非直接作出判断。由此可知,企业破产法规定应当由法院决定、许可、裁定、批准的事项,虽最后的决策者是法院,但并非代替管理人作出决定,而是对管理人所作决定的认可。[①] 一方面,商业性判断及营业管理等破产事务,由法院直接作出决定,不符合法院的角色,也与法院能力不相匹配;另一方面,《企业破产法》对管理人履职承担责任作出了明确的规定,法院若代替管理人作出决定,一旦出现问题,承担责任的主体是管理人,也不符合权责一致原则。故合理的模式应当是管理人对法定事项独立尽职调查、作出判断,法院对管理人的决定审核,作出决策。

那么管理人决定的其他事项报告法院后,法院对管理人的决定有异议,

---

① 参见郁琳:《破产程序中管理人职责履行的强化与监督完善——以管理人的法律地位和制度架构为视角》,载《法律适用》2017 年第 15 期。

该不该要求管理人变更决定？管理人对法院的意见不认可，管理人决策时该如何取舍？对此《企业破产法》未作规定，故法院的干预应当尽可能减少，除非管理人对所作决定不能作出合理解释，或者管理人的理由存在明显漏洞或错误，或者违反程序，法院有权提出异议，要求管理人变更决定。

（四）立足社会公众破产宣传，优化破产文化环境

破产作为一新生事物，社会公众对破产制度知之甚少，熟悉破产业务的人员目前仅局限于专业从事破产业务的人员。破产制度从之前的法院主导的职权主义到当事人主导下的管理人主义过渡，需要一个过程。首先，经营者不理解，认为破产就是倒了，经营者从原先条件优越的老板身份跌入破产老板的境地，内心无法接受，"破"字是其心理上无法逾越的坎，以致多方努力不肯破产，破产后不予配合，并把破产的结果归咎管理人及法院。然破产也是企业更生法，通过和解、重整实现企业恢复生产、扭亏为盈、资源优化配置，这些功能是经营者不了解但应当了解的内容。其次，债权人不理解，债权按现有财产进行分配后，未受清偿部分免除还款义务，认为其遭受损失，而经营者就此免责，有些债权人无法接受，阻碍破产工作。就党政机关而言，党政机关的维稳、经济发展、城市建设等都需要法院的配合，而法院既要有大局观念，政治观念，接受党的领导，又要维护广大债权人的合法权益，但权益并非完全统一时，无论如何决策均受到诟病，甚至影响府院联动，这也需要在党政机关层面加大宣传，使其对破产制度及管理人独立履职具有正确的认知。另外，由于破产是在法院破产程序下进行的，民众对法院的天然信赖胜过管理人，加之对管理人身份的认知度不够以及强制措施的局限，管理人工作难度加大。因此，应当加大破产管理人制度在社会公众中的宣传。

目前，破产宣传主要在业务层面开展，但在社会公众层面的宣传尚未广泛开展。作为参与者，了解破产是其维护自身权益、理解破产价值的前提，故这一层面的宣传不能缺位。宣传的内容应当本着客户原则，区分宣传对象，借助互联网+，借助债权申报、债权人会议，借助诉源治理到各乡镇街道开展破产宣传工作，借助政府工作报告等方式，宣传管理人、法院的职能定位，宣传破产各项制度，营造破产文化环境。

(五)加强对管理人队伍、法院破产审判队伍的建设

之所以出现管理人事无巨细一概汇报及暗自操作两种极端,出现法院越位或缺位的现象,有其客观的原因。目前,管理人业务水平参差不齐,多数刚刚开始这项业务,经验能力不足,需要对管理人进行培训,以问题为导向,进行总结梳理,加强对管理人职业保障,减少其职业风险。而法院案多人少矛盾一直存在,破产审理力量有限,如专业从事破产审判的法官,与其他法官办案任务无异,造成指导监督缺位的可能性较大。由于破产结案周期较长,培养破产审判法院的周期也拉长,破产审判队伍应尽量保持稳定,并注重梯度培养,借助智慧法院建设形成规范透明的破产管理模式,保证指导监督的恰如其分。

五、结　　语

本文仅对现阶段管理人履职与法院监督之间的障碍进行了梳理,提出了正确定位、规范报告、正确理解许可、加大社会公众层面的宣传、注重队伍建设等现实进路,无法涵盖周全,仅作抛砖引玉。法院、管理人两大主体功能的充分发挥,还需要结合其他方面的推进。如统一的管理人工作规范和工作模板、类似通达海系统的破产审判系统全程留痕、完善的管理人考核评价体系、健全的责任体系、管理人执业责任保险制度等。发挥两大主体的重要作用,实现当事人自治的破产模式,在我国缺少企业破产文化、缺乏破产配置制度的现状下,具有重要意义,而目前存在的问题也需要我们用历史、发展的角度去看待,更有待于理论与实践的进一步探索。

管理人履职风险漫谈

董　璐*

2019年年末，发生在广州的一件管理人责任纠纷案件显得格外耀眼。广州某公司向该案的破产管理人提起诉讼，请求赔偿不少于12.6亿元的损失。① 因案涉标的创造了我国律师行业甚至破产管理人行业遭索赔的最高金额，业界惊呼“吓死宝宝了”！在此之前，破产管理人遭受索赔的单个案件金额最高为400万元。②

一、风险无处不在

管理人责任纠纷是《企业破产法》实施后产生的新类型案件，但在《企业破产法》施行后长达6年的时间里，管理人责任纠纷并未进入破产实践领域。通过在阿尔法和法蝉上检索管理人责任纠纷案例，③笔者发现2013年至2019年共有该类一审案件45件，其中涉及债权债务审核存在错误引发诉讼的有14件，破产财产保管存在过失导致破产财产毁损灭失的有8件，不当处置破产财产引发诉讼的有8件，未对债务人转移的财产行使取回权的有4件，未追缴股东出资、侵害债权人知情权的各有3件，债权清偿存在错误、破产财产分配存在过错的各有2件，未积极应诉抗辩导致债务人败诉损害债权人利益、管

---

* 法学博士，乐山师范学院政法学院副教授，中国人民大学破产法研究中心兼职研究员，浙江大学破产法研究中心研究员，发现律师事务所（成都）高级顾问。

① 全文刊载于《羊城晚报》2019年12月25日，A04G版。

② 详情可检索张某诉河南某律师事务所管理人纠纷一案。

③ 裁判文书网上统计的数据多于阿尔法和法蝉上的数据，但裁判文书网上的很多案件找不到对应的一审裁判文书，故而不作为本次统计样本来源。

理人违法解除合同、未经清算完成注销公司承担赔偿责任、要求管理人将职工档案存入职工个人人事档案内各有1件。

从案件的诉讼请求类型多样化可以看出管理人履职风险点无处不在,从法院指定管理人开始,管理人的每个行为(作为或者不作为)都将成为涉诉点,涉诉行为覆盖管理人工作全流程的每一节点,债权人、债务人或第三人只要认为管理人的行为侵害了其合法利益,都可成为原告。究其依据,应归于一句"未尽勤勉尽责、忠实履行职务"。然而,何为"勤勉"?何为"忠实"?破产法并没有予以明确或以列举的方式说明。"横看成岭侧成峰","一千个人眼里有一千个哈姆雷特",债权人和债务人或第三人从其自身利益出发,以及对破产法相关条文理解的迥异,以管理人有失"勤勉忠实"通过诉讼救济,以达到其利益最大化。随着破产案件的增多和相关主体的权利觉醒,以及"啄木鸟"式代理人的出现,此类案件将会日益增加,而法官对此类新型案件以及对破产管理行为的认知熟悉程度,都将决定其裁判思路,这也将使判决结果变得难以预测,"惶惶"风险兀然突生。对此,破产管理人要做好思想准备及应对措施。

二、乱花渐欲迷人眼

从管理人责任纠纷的案件趋势来看,《企业破产法》实施前5年,由于破产理念尚不被公众所知悉,破产案件的数量也不多,破产管理人这一职业并未受到重视。或许是近年来媒体对重大破产案件管理人报酬金额的渲染效果,破产日渐成为中介机构竞相争夺的"蛋糕",破产管理人这一资格也因此具有了市场价值,"入库"成为中介机构的重点目标。以2019年9月成都市破产管理人负责人资格考试为例,报名律师超过2000人,占成都市律师总数的1/7以上。

与管理人入库之"热"相反的是管理人业务标准之"冷",从《企业破产法》施行至今,尚未有关于管理人业务操作的统一规范。法院竞争性选择管理人的具体标准是什么?管理人如何进行接管?如何审核债权?如何召开债权人会议?如何赋予债权人异议权?如何判断财产变价和处置方案是否公平?如何进行投资人招募?如何制订重整计划草案?……这一系列问题都没有标准或相对统一程式,因此,有的管理人在接管企业1年后尚未完成债权审查工作,有的管理人在财产变现后长期不开债权人会议进行财产分配,或是在第一次债权人会议后长期不开债权人会议,有的管理人制定的重整计划草案甚至未满足清算价值原则,还有的管理人干脆把资质予以出借……管理人行为规范标准缺失、操作路径不透明,法院对管理人的监管标准不统一,债权人会议与债权人委员会监管手段的乏力,等等,这些问题的存在,从另一个侧面充分展示了管理人履职的风险点。没有规范将导致无所遵循,当然也可以此托词不用遵循了,这样极易诱导"乱中取利"行为的发生。管理人如何抗拒诱惑而谨慎前进?这不但是一个考验管理人智慧的问题,也是一个考验管理人意志和职业操守的问题。

三、没有规矩不成方圆

管理人的使命是什么?这一论题在管理人的法律地位之争中已可窥见一斑。笔者十分赞同德国联邦最高法院2017年一个判决的观点:"管理人尽管并非由出资人授权,但其获得的权限不亚于经营管理负责人的权限。然而,这一权限授予的目的是服务于债权人及债务人,并尤其应以实现债权人利益最大化为指针。"[①]而债权人利益最大化是指管理人承担的妥善保管债务人财产或者破产财产的义务,不仅应确保财产处于安全的状态,还要实现财产价值的增值。因此,确保债务人财产或者破产财产的保值增值是管理人的责任和使命,是否"勤勉"和"忠实"都是以管理人是否完成财产保值增值这一使命为评价标准。保值增值是客观结果,如果仅仅看结果,那从阿尔法和法蝉上可以查询到的裁判有些可能支持原告的诉讼请求,这无疑会让管理人承担巨大的责任风险。所以,风险责任的合理化也是司法认定必须考虑的价值目标,在考虑客观结果的同时,也要考虑管理人行为的主观状态——过错程度以及行为和结果的因果联系。

德国《破产法》将过错作为判断管理人责任的主观标准,而我国《企业破产法》并未明确过错作为承担责任的司法标准,司法实践通常只在管理人具

① 何旺翔:《德国联邦最高法院典型判例研究》,法律出版社2019年版,第176页。

有故意和重大过失时才会让管理人承担责任。责任标准不明确、不统一,司法裁量权的不确定性等,不利于管理人合理预测自我行为的职业风险,迫切需要一个规定予以规范。企业破产法或相关司法解释应明确管理人责任的构成要件,以发挥法律的指引作用。与此同时,为管理人有效防范履职责任,建议制定全国统一的管理人履职行为规范。尽管在此之前,相关省出台了类似规范,如浙江注协发布了《财产状况报告编制指引(试行)》、北京注协制定了《破产重整程序中国共益债务识别及应对》、河北管理人协会发布了《重整案件工作指引》,等等,但始终没有形成全国性统一的具有法律效力或者监督效力的业务规范。统一的管理人业务指引不仅是管理人业务规范化的必然要求,也是司法评判管理人行为是否尽到"勤勉、忠实"的客观标准。只有管理人的管理行为"走在阳光大道上",管理人才不会有马失前蹄的风险。

四、有一种爱叫作监督

孟德斯鸠说:"一切不受约束的权力必然腐败。"管理人在破产程序中行使对债务人财产的管理、变价和分配的权力,如若不受到监督,极易产生腐败。在破产程序推进中,管理人的权力的确很大,如债权审核确认,此时管理人履行的是类似法官判决行为。权力越大履职风险越大,如对虚假债权"放水式"的确认,或债权事实真假难辨时的"睁一眼闭一眼"的确认,都会对其他债权人利益造成影响。实践中,债权人往往只关注自己的债权额及其债权清偿顺位,很少会关注他人的债权。当然,法律赋予每位债权人对他人债权提出异议的权利,就是为了防止管理人在债权审核环节把关不严,影响其他债权人的受偿率,这是债权人对管理人行为的监督。法律同时规定法院以裁定形式确认债权,以及对异议债权通过债权确认之诉,这是法院对管理人债权审核的监督。当然,管理人的管理行为涉及方方面面,监督显得尤为重要,监督运行顺畅,即便管理行为有过错,也不会造成损害结果,自然谈不上责任承担,而监督运行不畅,只有造成了损害结果后,才能发现管理人的问题,涉诉后判决管理人赔偿将是大概率事件。因此,严管就是厚爱,监督是一种"特殊的爱",提前设红线,提前预防,提前警示。

管理人在做好"自律"的同时,面对"他律"的态度也很重要!是拒绝监督或者推诿逃避,恣意而为?还是内心认同主动接受,外化于行落实到具体的管理行为上?一个是履职风险隐患一路行来一路生,另一个是履职风险隐患一路行来一路灭。各方监督主体监督的过程也是参与程序的过程,在管理人责任纠纷的司法认定中,管理人在监督下工作的情形,也是管理人是否承担责任及承担责任大小需重点考量的因素,因为这涉及“勤勉尽责”的判断。同时,除法院及协会外,监督主体往往是管理人责任纠纷诉讼的原告,因监督过程中沟通不畅才成讼。管理人要自觉接受监督,而且要习惯在监督下开展工作,要及时精准地向法院汇报和请示,重视法院的个案评价及年度述评;自觉接受债委会及债权人的监督,尊重其提出的意见建议;管理工作规范、透明、高效,认真处理相关的投诉和举报;重视并执行管理人协会制定的规范性文件,等等。“风物长宜放眼量”,管理人应将监督作为自我保护的需要、防范履职风险的需要,被“爱”是一件很幸福的事,要带着这份“爱”飞得更高更远。

五、你若安好便是晴天

现阶段,我国管理人的管理事业总体上刚刚起步,东西部差距较大,沿海地区在“走路向跑步”的升级提速,而西部一些地区还在蹒跚学步,这是一个需要加倍呵护的行业,也是深化供给侧结构性改革必不可少的重要方面。但并不等于说,对其放松,先发展后治理,确有过错造成他人损失的,该赔偿的还是要赔偿,哪怕是天价赔偿!实践中,管理人的管理工作很辛苦,如何做到劳有所得,不因管理人一个责任赔偿,冲抵了管理人报酬,甚至得不偿失,避免挫伤广大管理人从事破产管理的积极性。但毋庸讳言,有些管理人的管理行为非常的粗放式,极不规范,甚至于利用管理权力牟取私利。在起步阶段就高标准严要求,显得尤为重要和必要。他律很重要,但自律更重要,自律是关键性因素,而且不用等不用靠,马上可以做起。你若安好便是晴天,从此天下无管理人责任赔偿。

破产管理人的立身之道

邓　涛*

人在江湖,以信立身。破产管理人,深陷矛盾丛林,何以安身立命、化险为夷、险中求胜?能力、专业、经验等固然必不可少,而诚信作为心中的道德准则也不可或缺。立信则立身,立身则立威,立威则成事。如何立信,笔者引用中国会计之父潘绪论先生在创办立信学校时立下的校训"信以立志,信以守身,信以处事,信以待人,勿忘立信,当必有成",和茶友叙聊之。

一、管理人之"信以立志"

所谓"信以立志",即对职业定位的坚信与执着。若要做到坚定立志,需"三省吾身",方能"自知者明"。

1. 管理人职业的魅力在哪儿?

笔者深耕于破产事业,同时也是斯诺克球粉,在追求事业与开展兴趣之间逐渐悟出了二者的相似之道。管理一件破产项目,好比开展一场斯诺克比赛,管理人职业之魅力,恰似斯诺克球道之妙现。

(1)游戏规则之魅力

斯诺克参赛者要想取得胜利,必须按照比赛规则先打红球,再打彩球,全部球打完后,得分最高则为胜利。

管理人要想管理好破产案件,也要按照破产法的规则清理财产、管理财

* 重庆安盾财税法律研究院院长,重庆立信会计师事务所所长。

产、监督重整、处分财产,最终实现债权最大化清偿则为胜利。无论是斯诺克参赛者还是破产管理人,在选择职业时,都应该对自己诚信,扪心自问是否能尊重这个职业的"游戏"规则,只有发自内心的尊重才能外化为时时刻刻的遵守,只有时时刻刻遵守规则才能不犯规失分,才能坚持到最后实现最终的胜利。

(2)征服障碍之魅力

在斯诺克比赛中,对手设置了一个个障碍让参赛者打不到目标球而失分,参赛者必须克服这些障碍打到目标球才能得分,克服障碍的过程本身就是一种享受。

管理人在管理破产案件的过程中,遇到的每一个矛盾,就如同一个斯诺克障碍球,克服障碍的过程虽然困难重重,甚至艰险万分,但那种接受挑战、勇于付出的奉献感以及那种成功处理矛盾、解决问题后的成就感,也是一种难能珍贵的享受。

(3)左右逢源之魅力

斯诺克每一次对母球的击球,都要定位到最佳位置,定位时既要考虑到能打中一个目标球进袋,也要考虑其他球的最佳定位,全局思虑方能最终得胜。

同样,管理人在处理破产案件的过程中,也应对案件中的各方关系进行全局分析,不偏向一处击球,才能全面妥善地处理好代理人关系(债权债务人)、职务代表关系(法院指派)、受托管理关系(财团)。着眼于全局,既要遵守规则又要兼顾各方,犹如打太极般刚柔并济、统筹兼顾,方能高质高效的解决好各种问题。

(4)营运总监之魅力

对于斯诺克高手来说,每一次比赛就是一场精心的营运,要洞悉对手的心理、熟悉对手的球风,要布局母球的定位,要计划击球的节奏,从而拟定出击败对手的最佳方案,最终一战而胜。

对于管理人来说,所接的破产项目也是一个运营项目。管理人好比营运总监,就破产项目开展系统的运营活动:确定阶段目标,梳理主次事务,组建团队成员,拟定分工协作,把握时间节点……有条不紊地处理好运营活动的各个环节,方能成功完成项目。

(5)华山论剑之魅力

斯诺克是体育场上的小球赛,但高手的明星魅力依然耀眼,中国一哥丁俊晖、世界巫师希金斯,都是华山论剑的高手,多少球手以他们为奋斗榜样,多少球迷视他们为追捧偶像。

破产管理人市场,在中介服务(律师事务所、会计师事务所)的大市场中,同样是小众市场,但管理人职业之魅力,已让多少业内人士纷至沓来,专家涌现,权威若李曙光、王欣新教授等,学者若徐阳光、陈夏红教授等,律师若韩传华等,管理人团队若金杜、德恒、立信等,都为管理人职业的魅力增添了理论和经验的双翼。“我是破产管理人”终将是72行中的美誉一行。

(6)高收入回报之魅力

斯诺克球星,是拼打出来的。管理人管好一单破产项目,得到的不仅是管理项目的报酬,还有在项目管理过程中积累的客户资源等。管理好破产项目,在法院、政府、债权人、债务人、投资人等主体中树立口碑,口碑传播带来的衍生服务收入,没有天花板。

2. 真为这份职业而心动吗?

管理人职业的魅力让你心动了吗?如果你心动了,恭喜你,这份心动将是坚定这份职业的初心和原动力。

3. 我有这股韧劲吗?

猴子掰玉米之所以什么也没带回家,是因为猴子丢失了初心,见新利丢旧利,结果什么也没有得到。

管理人职业不仅要牢记情怀初心,也要营运总结好每一个项目,赢得客户的好口碑,坚韧不拔,认准这个行业一直走下去,管理人一定不要做那只掰玉米的猴子。

二、管理人之“信以守身”

所谓“信以守身”,即在管理人岗位上要经受住名利诱惑,先做人后做事,坚信正义的力量,正己方能正人。

管理人,好比法院的职务代表、债权人的受托代表、重整企业的“CEO或监事”、债务人的接管人,是“公众人物”,在如此纷繁复杂的利益主体、尖锐矛

盾中,守身不稳,将身陷泥潭而不能自拔。所以,管理人应做到:

(1)不行贿受贿,为“潜规则”守身。不向法官行贿,不收受利益相关者的贿赂。守住了,才公正;公正了,办事稳;办好了,才有好口碑;口碑好,才有好前(钱)途。

(2)不接受宴请,为“明规则”守身。不接受利益相关人的宴请,无论多合情的桌上贵宾,都是涉嫌“不公”“同流合污”的敏感点。

三、管理人之“信以处事”

所谓“信以处事”,即要以诚信负责的态度,扎实修炼专业技能,不能“滥竽充数”“囫囵吞枣”忽悠客户。管理人机构的项目负责人或者个人管理人,更要以工匠精神“信以处事”,做好管理人团队的榜样。表现在:

1. 爱学习,是工作之余的主流生活

项目负责人好比“乐队指挥家”,不仅要精熟自身的专业知识,还要博览通晓相关专业知识,否则无法作出正确的决定。怎样领会这些广博专业的政策、知识,掌握好其“基本准则”是要点。

例如,管理人若是资深律师背景,那么该律师还应当博览通晓相关的财务、税务、评估的知识,其相关知识的要点包括:

(1)财务:《独立审计基本准则》,了解注册会计师审计的基本原理;《会计基础工作规范》,了解会计做账必备的原始证据管理规定。

(2)税务:《税收征收管理法》,了解征收管理程序和处罚规定;《企业所得税法》,了解税收角度的收入、成本计算和利润的计算原理;《刑法》第201~209条,了解涉税犯罪的适用情形;《土地增值税暂行条例》,了解房地产开发企业的第一大税种的计算原理。

(3)评估:《资产评估法》,了解评估的基本原理;《资产评估准则——不动产》,了解房地产评估的基本原理。

(4)时时关注最新政策案例:推荐“中国破产法论坛”“破产法快讯”“破产法实务”“安盾财税法律”等前沿的公众号,及时刊载了最新的理论与实务动态,日日听,知识必日日精进。

2. 守规矩,是管理人办事的底线

无论是破产程序前的专业咨询,还是预重整、程序中的管理人服务,均应在规则框架下办事。有规定按规定办,无规定按原理办。举一例:

甲建筑企业成立于1986年经济性质为集体所有制,2019年年末进入破产清算,清算中管理人发现债务人2001年出具的验资报告显示其实收资本2000万元,出资人为某区原物资局(现在物资局撤销,由区政府直管),出资方式为盈余公积金。2019年12月,甲企业进入破产清算,管理人审查了2001年的财务账簿,账上载明的实收资本仅为580万元,所谓的盈余公积实为虚构。问题是管理人若如实披露虚假出资,可能导致出资人主体(区政府)承担资金补足责任和处罚责任。管理人应违规掩饰还是合规披露?答案是显然的,管理人必须坚持底线,如实披露出资情况。

3. 摆平事,是管理人办事的能力

破产管理人,要提升到“抓破产审判工作就是抓经济工作”的高度,“既要办案,也要办事”。管理项目的宗旨是让该淘汰的企业淘汰,能重生的企业重生,而不是以抓原罪为重点去办破产项目。“摆平事”,是管理人“信以处事”能力的更高标准。再以上例分析:

上例的建筑企业,究其出资的历史原革,在2001年时,建委要求必须有2000万元实缴的注册资本才能达到二级建筑资质标准,为了甲企业有生存的资质,稳定几百名下岗职工,区政府才要求下辖的某会计师事务所出具了不实验资报告。当时几乎所有的建筑企业、房地产开发企业均存在为保资质虚假出资、抽逃出资的情形。本案中,管理人在如实披露出资情况的同时,提出了建议债权人谅解当时的出资情况,晓以“若追究更可能因增加罚没债权减损清偿率”利害,最终获得了债权人“谅解”的决议方案。

4. 勤总结,是管理人进步的阶梯

定目标—学习—实践—总结—学习,这是个人能力成长的逻辑,也是管理人能力提升的逻辑。仍举上例,当我们去完成“对甲集体企业注册资本金的真实性确认”目标前,首先加强学习:《集体所有制条例》《建筑业企业资质管理规定》《企业破产法》等与出资相关的规定,并查阅相关论文案例,与专业人士交流等;政策理解充分了,再讨论判断目标问题的解决方案;实施方案后,再回顾总结出资不实的处理成果,积累办案经验并留痕成果。

四、管理人之"信以待人"

所谓"信以待人",即以诚信善待工作中的相关人,坚信"诚信是金","诚信能使鬼推磨",诚信能够处理融合好任何人际关系。

1. 不说人是非,就事论事,以诚信融合好同事关系

"说人是非者便是失信人",因为以己的标准度量同事,难免失准。知人者智,并非人人都是智者。管理人管项目,必然是多专业、上下级高度配合的团队,相互尊重专业、相互理解分工、相互鼓励激励,融合相处,将会迸发满腔热忱提高工作成效。

"就事论事便是以诚论事",即使为方案争吵激烈,也不影响同事友情。

管理人团队的诚信融合,是强团队的标配。例如,《全国法院民商事审判工作会议纪要》(又称《九民纪要》)第116条"审计、评估等中介机构的确定及责任"规定:破产程序中确实需要聘请中介机构对债务人财产进行审计、评估的,根据我国《企业破产法》第28条的规定,经人民法院许可后,管理人可以自行公开聘请,但是应当对其聘请的中介机构的相关行为进行监督。该条文的出台背景,正是考虑了给予管理选择有良好合作基础的中介团队的权利。

2. 不偏袒客户,以理服人,以诚信融合好客户关系

面对复杂、多样的客户主体,掌握好"信以待人"是最高境界。

诚信之一:不偏袒,债权人、债务人都矛盾对立主体,管理人服务好了这对"冤家",就是培育了潜在的客户。若管理人不遵循独立性原则,偏袒一方,极易造成双方的不满而丢失客户。

诚信之二:以理服人,在处理危机事务中,不推诿,对发难者要多做法规政策的解释,为政府、法院分忧解难,赢得"府院联动"的双双好评。

五、结　　语

管理人之"信以立志",是职业自信的初心;"信以守身"是勤勉敬业的底

线;“信以处事”是能力修炼的心法;“信以待人”是善待客户的道德。

坚定初心,坚守底线,坚持修炼,善待客户,方能成就管理人事业硕果的鸿鹄之志。

服务管理人:我们走在不断探索的路上

冯建华*

破产审判是服务保障供给侧结构性改革的重要工作之一,在优化经济结构、促进转型升级、维护社会稳定等方面具有重要的现实意义。南通市中级人民法院(以下简称南通中院)金融庭、司法鉴定处联合召集在该院入册的一级、二级共计24家管理人的负责人及代表,共同商讨成立管理人协会。2018年6月7日,南通市破产管理人协会成立,并在南通中院召开了第一次会员大会。

成立该协会,是因为管理人在从事破产案件管理过程中,遇到了不少难题,凭借自身个人的力量,难以解决,迫切需要成立一个组织,通过大家群策群力,共同解决破产管理中的难题。所以新成立的南通市破产管理人协会,就带有为管理人破解破产管理中遇到难题的使命。之所以成为难题,是因为对这些问题在现行政策下存在公说公有理,婆说婆有理的现状,若不能统一解决思路,就会影响破产案件的推进。因此,需要有担当的人士,协调存在这些难题的部门领导一道,通过研读现有政策,通过争论、协商,在法律允许的框架范围内,寻找突破。

管理人协会在总结2018年经验的基础上,组织制定并完善了2019年工作计划,并报南通市司法局、南通中院审定后执行。

---

* 南通酬勤联合会计师事务所(特殊普通合伙)注册会计师。

一、做好调研工作,推进案件清结速度

2019 年全年以清理长期未结破产案件作为为总体目标,针对南通市各人民法院及各管理人长期未结破产、清算案件,协会协助市中院开展专题调研。

(1)管理人协会与市中院金融庭走访积案较多的管理人机构进行专题调研,并配合前往 6 家基层人民法院开展长期未结破产、强制清算案件中期推进会。就调研中发现存在的部分问题,配合中院金融庭开展有针对性的专项工作。

(2)管理人协会所有理事分组开展调研走访工作,分别对各机构的在手案件进行逐一分析研究,并提出相应的指导意见,大大加快了疑难复杂案件的推进速度。

截至 2019 年 12 月 31 日,经多方共同努力,2019 年全市长期未结破产案件共结 72 件,取得了良好的效果。

二、涉税管理,慎重且规范

协会成立后,向各级管理人收集了各自在处理破产案件管理中遇到的各类难题。难题有很多,就划分为 ABC 类,要从最紧急最重要的入手。

长期以来,由于企业破产涉税事项在立法方面支撑不足,部分事项缺乏具体的工作标准,导致部分破产案件难以顺利推进,严重影响了司法效率,国家税收债权不能及时实现,也影响了第三方当事人合法权益。破产案件最容易忽视的税收债权缺乏专人申报;破产企业一般都属于税务管理中的非正常户,发票领购存在障碍、纳税申报存在困难。

协会把管理人遇到的税收问题,集中起来向南通中院分管破产案件的领导汇报,与国家税务总局南通市税务局多次沟通,终于在 2019 年 7 月 4 日由市中院、市税务局、市破产管理人协会共同签署《关于建立企业破产涉税协调联动工作机制的意见(试行)》(通中法〔2019〕52 号)及《企业破产涉税问题处理办法(一)》(通税函〔2019〕86 号)。

经三方协商,南通市成立市、县两级破产涉税协调小组,明确法院、税务、

管理人的具体工作部门,创设联络人制度,明确落实督查和考核要求,细化工作程序及议事规则,规定了个案争议的提请、答复制度等。税务部门牵头制定了涉税问题处理办法,规定了债权申报异议处置、协商条款,突出资产处置、合同继续履行等过程中管理人的申报义务、发票的使用控管要求。三方还共同拟定文件,将破产涉税管理的流程进行梳理,就问题比较普遍、三方认同度较高的 4 大类 20 个具体问题作了明确,让相关流程的进行变得有章可循。

根据新出台的文件,税务机关还将实行每案专人跟踪、协调制度,全面对接企业破产涉税处置工作,以此规避破产企业涉税风险、国家税收流失风险及管理人尽职风险,从而打通企业从"进入市场"到"退出市场"税收管理的"最后一公里"。

该文件的正式实施,标志着南通地区企业破产涉税事项纵横联动、节点联控机制正式建立,破产企业规范化管理取得新进展。据了解,该机制在江苏尚属首创。"共建涉税协调联动工作机制,打破了部门壁垒,将有效解决企业破产处置工作中的税收申报、税款征收、注销办理等共性问题。"南通中院副院长李莹说,希望两份文件"双管齐下",初步建立起符合本地实际的企业破产涉税处置模式,助推企业破产处置工作市场化、法治化、常态化。

三、与南通中院一起全方位沟通协调

2019 年 8 月 20 日,在南通中院牵头下,管理人协会同人民银行南通支行、银保监南通监管分局、市地方金融监管局、市公安局、市自然资源和规划局、市住建局、市市场监管局、市行政审批局等部门联合出台了《关于支持企业破产管理人依法履行职责的意见(试行)》(通中法〔2019〕64 号),确保相关部门携手,切实保障破产管理人依法履职。

2019 年 9 月 23 日,管理人协会再次配合南通中院,联合中国人民银行南通市中心支行共同发布了《关于破产企业银行账户注销、管理人银行账户监管等有关问题的意见(试行)》(通中法〔2019〕79 号),对相关金融机构在破产管理工作中的协助与支持工作做了具体落实。

破产企业中有部分存在危险化学品、管制类化学品及危险废物等,为做好破产企业安全工作,管理人协会配合市中院金融破产庭就做好破产企业安全防范工作,多次紧急发文提示风险,并积极响应市中院突击检查工作。为规范破产企业安全防范工作,协会制定了《关于破产企业危化品安全防范的实施意见(试行)》(通管协〔2019〕9号)。

2019年,管理人协会在南通中院牵头下,联合相关部门多次召开破产企业民生保障研讨会,共同探讨破产企业的职工社会保障问题。

四、探索信息化管理新思路

为以信息化手段对破产企业的资金流转、使用进行全方位监督,确保破产企业财产安全,切实维护债权人利益,南通中院联合中行南通分行、管理人协会、通达海公司在全省率先推出破产案件管理信息系统,并将该项目纳入南通中院智慧法院建设的重要组成部分。并于2019年12月11日召开破产案件综合管理信息系统新闻发布会,通过该综合管理信息系统,债权人和债务人随时线上查询案件进展,法院线上全流程监管破产案件资金,破产管理人组织线上债权人会议,金融机构线上校验划拨资金。

南通市破产管理人协会,正在与相关部门一道,探讨如何尽快让债权人可以通过综合管理信息系统网上申报债权,管理人可以通过综合管理信息系统在网上审核债权,管理人可以通过综合管理信息系统处理债权异议,提高债权审核的效率;通过综合管理信息系统,召开债权人会议,减少债权人往返时间,降低债权人参加会议的费用。

五、精心组织培训,服务全行业

截至2019年12月31日,全市共有一级、二级、三级管理人41家,一级管理人成立时间早,经验丰富,最早的一级管理人从事破产清算业务已有20多年。管理人协会精心组织破产重组业务、实务等专项业务培训,取得了良好的效果。

(1)2019年8月31日市管理人协会与市律协破产清算与并购重组业委会在市行政中心报告厅共同举办“破产法业务专题培训”,协会领导从法律程序、财产清查与审计、涉税问题等角度进行全面深度解读破产法,为提升我市管理人专业水平起到了积极促进作用,全市从事破产业务人士 300 多人参加。

(2)2019 年 12 月 14 日市管理人协会、市注册会计师协会与市律协破产清算与并购重组业委会 3 家在市行政中心报告厅共同举办第二次"破产法业务专题培训",特邀全国知名破产审判业务专家、中国人民大学破产法研究中心特邀研究员、启东市人民法院金融(破产)庭庭长朱志亮同志作为授课嘉宾与会,全市 300 多位法官、律师、注册会计师等单位代表参加。

六、值得铭记的 2019 年 12 月 31 日

2019 年 12 月 31 日,对南通市破产管理人协会来说,是一个值得铭记的日子。

这一天,两个有关企业破产问题的政策出台,离不开南通市破产管理人协会一年来的辛勤付出,更离不开南通中院敢为天下先的情怀,离不开南通市税务局的勇于担当。

文件一:《关于企业破产清算程序中的税收征管问题》(国家税务总局公告 2019 年第 48 号)

2019 年 12 月 31 日,国家税务总局在其网站发布了《关于税收征管若干事项的公告》(国家税务总局公告 2019 年第 48 号)。公告吸收了《企业破产涉税问题处理办法(一)》(通税函〔2019〕86 号)的有益尝试,从中择取几点,通过公告第 4 条以"关于企业破产清算程序中的税收征管问题"在全国范围内予以统一:

(1)税务机关在人民法院公告的债权申报期限内,向管理人申报企业所欠税款(含教育费附加、地方教育附加,下同)、滞纳金及罚款。因特别纳税调整产生的利息,也应一并申报。企业所欠税款、滞纳金、罚款,以及因特别纳税调整产生的利息,以人民法院裁定受理破产申请之日为截止日计算确定。

(2)在人民法院裁定受理破产申请之日至企业注销之日期间,企业应当接受税务机关的税务管理,履行税法规定的相关义务。破产程序中如发生应税情形,应按规定申报纳税。

从人民法院指定管理人之日起,管理人可以按照《企业破产法》第 25 条规定,以企业名义办理纳税申报等涉税事宜。

企业因继续履行合同、生产经营或处置财产需要开具发票的,管理人可以以企业名义按规定申领开具发票或者代开发票。

(3)企业所欠税款、滞纳金、因特别纳税调整产生的利息,税务机关按照企业破产法相关规定进行申报。其中,企业所欠的滞纳金、因特别纳税调整产生的利息按照普通破产债权申报。

文件二:南通市政府办公室《关于建立企业破产处置协调联动机制的通知》

管理人协会与南通中院金融庭领导一道,多次与政府相关部门沟通协调,在南通中院的大力推动下,南通市政府办公室于 2019 年 12 月 31 日印发《关于建立企业破产处置协调联动机制的通知》(通政传发〔2019〕125 号),将南通中院联合有关部门已出台的企业破产处置涉税联动机制及支持破产管理人履职意见等文件纳入全市企业破产处置"大协调联动机制"。该文件的出台,不仅关系南通供给侧结构性改革大局,也关系南通社会稳定和营商环境建设。有利于在全市范围内进一步形成破产处置合力,加快破产企业市场出清、加强风险管控、盘活优质资源、释放市场要素。市级企业破产处置协调联动机制也将南通中院已开展的企业破产职工民生保障调研工作、破产企业危化品排查及协调等工作一并纳入机制直接推动执行,体现了党委、政府统一领导下多部门共同参与的、富有南通特色的破产审判配套创新工作机制最终形成。

破产是市场经济的正常现象,破产法是市场经济的核心法律制度。破产法的市场化、法治化、信息化、常态化实施依然任重道远。破产案件的管理效率,没有最好,只有更好,为了更好地服务辖区内各级管理人,我们一直走在探索的路上。

四、成长手札

我们与破产法共同成长*

白田甜**

2019年6月中旬，在一个阳光灿烂的日子里，接到了阳光教授的邀请，要我参加第十届中国破产法论坛青年论坛，并建议我谈谈从事破产审判以来的“成长”。我觉得诚惶诚恐。首先，作为最早的“80后”，开启四字头的人生篇章已是指日可待，自觉算不得青年。其次，谈“成长”更不敢当，总觉得成长是与阅历、积淀、智慧息息相关的事，而自己在破产审判事业中，只有短短不到3年的积累，还是名副其实的新兵。但是，转念一想，可能我的幸运之处在于我走入破产审判的2017年应该算得上是破产审判新纪元的开端，破产法界正以旺盛的生命力、迅猛的发展速度取得骄人的战绩。时代赋予人们特定的使命和机遇，既然我们有幸与中国破产法治的蓬勃发展同行，不如谈一谈我们与破产法共同的成长。

一、破产法律规范：从身单力薄到劲骨丰肌

我国现行《企业破产法》自2007年6月1日起施行。在2017年以前，除管理人的指定和管理人报酬的确定的规定之外，最高人民法院院仅于2011年和2013年分别出台了《关于适用〈中华人民共和国企业破产法〉若干问题的规定（一）》《关于适用〈中华人民共和国企业破产法〉若干问题的规定（二）》。

---

* 本文根据笔者在2019年6月召开的第十届中国破产法论坛上的演讲整理，最后成稿于2020年春节期间。

** 中国人民大学法学硕士，深圳市中级人民法院破产法庭法官。

易言之,在过去10年期间,一部《企业破产法》及两个司法解释,就是办理破产案件仅有的法律依据。与案件中烦琐的事实相比,法律供给明显不足。2017年以来,最高人民法院密集出台了《关于执行案件移送破产审查若干问题的指导意见》《全国法院破产审判工作会议纪要》《关于适用〈中华人民共和国企业破产法〉若干问题的规定(三)》《全国法院民商事审判工作会议纪要》,并召开了全国法院重整工作会议、全国法院"执转破"工作会议、全国法院破产审判工作会议等大型专业会议,达到了统一思想认识,明确对争议较大的法律问题的处理意见的效果。

北京、上海、浙江、江苏、广东、广西等地也结合实际,出台了各类规范性文件,从这些文件也可以看出近年来破产审判的工作重点和主要聚焦的三方面问题:一是简化流程、快速审理。此举旨在弥补破产法对程序性事项规定的不足,直击破产审判耗时长、效率低的痛点,以期提升破产审判效率。二是执行与破产程序的衔接和流程转换。"执转破"工作是最高人民法院2017年以来推动的重点工作,执行与破产两个程序的衔接在解决执行退出难和破产启动难两个维度上达成了和谐统一,为常态化机制建设奠定了坚实的基础。随着执转破工作的推进,执行程序与破产程序在功能定位、价值取向上的差异日益明晰,破产制度价值日益显现。三是以"办理破产"服务供给侧改革、优化营商环境,充分发挥破产审判在出清市场主体,拯救危困企业,促进资源优化配置,服务国家经济发展大局等方面的重要作用。

我国《企业破产法》已经13岁了,面临着从少年到青年的转变,《企业破产法》的修订已经列入了全国人大常委会的立法规划,由全国人大财经委牵头负责,最高人民法院成立了修订起草小组。同时,最高人民法院发布"五五改革纲要"时,也明确将要研究推动建立个人破产制度。未来可期,相信不久的将来,我们将会形成以服务供给侧结构性改革、优化营商环境为目标,以企业破产法和个人破产法为主干,以"执转破"引流导入、快速审理加速退出为路径,体系完备、流程顺畅的破产法律体系。

二、破产审判工作:从一枝独秀到百花齐放

破产审判机构规格不断提升。深圳市中级人民法院公司清算与破产审

判庭于1993年12月设立,在过去20多年里是全国法院唯一一家专门的破产审判庭。在供给侧结构性改革和营商环境优化建设的背景下,最高人民法院推动破产审判的专业化和专门化建设,从一枝独秀到全国成立98家专门的破产审判庭,再到深圳、北京、上海、天津、广州、温州、重庆、杭州等地成立相对独立运作的破产法庭,并采取破产案件及其衍生诉讼集中管辖的模式,为破产审判工作的发展提供了组织和人员保障。以深圳破产法庭为例,法庭集诉讼服务、流程管理、破产审判三大功能于一身,配套独立的司法事务中心,并为破产管理人协会、网络拍卖服务平台等组织机构入驻提供办公场所,增强办理破产的便捷性,打造多功能、集约化破产审判中心。

破产案件数量大幅度增加。全国法院司法统计公报显示,自2007年6月1日《企业破产法》正式实施以来,全国法院破产案件数量在10年间一直稳定在两三千宗左右,直至2017年,突然增加到9542宗,2018年为18,950宗,涨幅接近100%。2019年全国法院数据尚未发布,但笔者所在的深圳破产法庭2019年新收破产案件比2018年同比增加了60%以上,管中窥豹,全国法院破产案件数量也必将是大幅增长。

优质破产案例层出不穷。深圳市中级人民法院审理的福昌电子破产重整案入选2017年度人民法院十大民事行政案件,浙江金盾系破产重整案、渤海钢铁集团破产重整案入选2019年度人民法院十大商事案件。2018年3月最高人民法院发布全国法院破产审判十大典型案例。江苏省高级人民法院、浙江省高级人民法、广东省高级人民法、广西壮族自治区高级人民法等也分别发布了破产典型案例,为推广破产审判经验和统一破产裁判尺度做出了贡献。

三、破产从业者:从踽踽独行到众志成城

走进破产审判的大门,让我充分领略了凝聚共识、发挥合力对我们破产法治事业的巨大推动作用。破产法治事业的繁荣发展,离不开法官的公正裁判,离不开管理人的恪尽职守,离不开审计、评估机构的专业意见,离不开破产法学者的学术坚守和一如既往的"鼓"与"呼",离不开行业协会的廉洁自律与监督,离不开不良资产投资机构的关注和专业化运作。

走进破产审判的大门,最要感谢的是领导对我的信任和支持,还要感谢

各位教授、各位前辈在我遇到疑难问题时给予解答,感谢我的团队成员包容我,与我共同成长,感谢资深管理人乐于与我交流探讨,毫无保留地分享自己多年积累的经验和趣闻,也感谢"菜鸟"管理人,是你们让我体会到了当老师的快乐。正是在这样一次次交流、研讨和碰撞中,我们加深了彼此的理解,融汇了不同的认知,消解了内心的壁垒,涓涓细流汇成大海,我们破产共同体定会不断茁壮成长。当然,最要感谢的还是"中国破产法论坛"以及它的信息化平台,让所有"破人""破事"有了一个家,遇到难题,有地方求助;偶有所得,有地方分享;素未谋面,不妨碍情深;偶尔争吵,不影响同行。

四、共同成长:进一寸有一寸的欢喜

当然,我们的破产立法和司法实践中还有诸多不足,但这恰恰是我们未来成长的方向。其中,最根本的问题在于我国破产法律体系只有半部破产法,适用于自然人的破产法律制度尚未建立;破产审判权和破产行政管理权分属司法权和行政权,目前还严重混同在一起,没有清晰的界限。实践中很多具体问题的产生,从根源上讲都源于上述两个根本性问题,如企业主为企业贷款提供担保问题,企业主无法通过破产程序获得免责,因此不愿让企业进入破产程序。再如,"无产可破"案件的管理人报酬问题,从根源上讲是由于我们没有专门的破产行政管理机构和公职管理人制度。应打造"企业破产+个人破产"的完整破产法律制度体系,构建审判权、事务管理权协调运行的"两权分离"体系,形成"一体两翼"大格局。在此基础上,进一步推动破产审判的市场化,特别是重整的市场化;实践探索跨境破产工作;充分利用信息化手段完善快速审理机制;厘清执行与破产的界限并妥善衔接,既要避免执行抢财产,又要避免滥用破产程序规避执行;落实破产责任体系,将作为入口的出资责任、作为出口的清算责任,以及公司经营过程中股东、高管、实控人利用公司独立人格侵犯公司权益、逃废债务的责任追究机制落到实处。

路漫漫其修远兮,我们有幸航行在中国破产法治建设最为波澜壮阔的海域,有幸领略前所未有的艰辛起伏,感受浪峰时的激越,体验波谷处的压抑。英国当代思想家阿兰·德波顿有一段对理想事业的描述,十分契合地道出了我们的心声:理想的事业也会有很多缺陷,有时无聊、有时烦躁,有时会有挫败感,有时会让我们感到焦虑。有时还得忍受不是那么尊重的人的评头论足,尽管你内心不情愿,还是得委曲求全,对一些很讨厌的人,你还得装出一副笑脸。你最好的点子并非总被采纳,某些竞争对手很可能会超过你,有时你甚至觉得自己是个傻子,悔不该当初选择了这种工作。

但是,在一份足够好的事业中,你慢慢会发现许多正面之处。你会交到一些亲密的朋友,你会经常看到自己的努力得到了人们的认可,你会欣赏自己以及团队成员的整体价值取向,你会体验到真正的成长。很多时候你会觉得很累,但是很有成就感。

你不会单枪匹马改变世界,许多关于职业的理想也都会轻轻随风而去。但是你知道,你是带着荣誉与尊严在战斗,而且,你足够热爱你的工作,以一种安静、成熟、不过分乐观而又非常真实的方式。我想,这就是我们共同的成长!

渤钢集团重整的苦辣酸甜

赵坤成[*]　胡荣杰[**]

渤钢集团是国内特大钢铁企业及天津钢铁行业龙头，曾为区域经济发展作出重要贡献。受全球经济步入下行周期、钢铁行业产能过剩及企业内部管理不善等因素影响，渤钢集团在2015年资金链彻底断裂，债务风险全面爆发，债务规模逾2800亿元。

面对日益严峻的债务风险问题，基于市场化、法治化的原则，对渤钢集团实施重整，以全面、彻底、高效化解渤钢集团债务风险，成为最优选择。经各方努力与配合，渤钢集团于2018年8月正式进入重整程序，于2019年1月顺利表决通过重整计划并获法院裁定批准，进入重整计划执行阶段。我们作为管理人成员，有幸全程参与。

"九河下梢天津卫，三道浮桥两道关。"天津是九河汇集之处，在我们看来，渤钢项目的律师也像九河一样，从全国各地办公室"奔流而至"，汇集渤海湾，共战渤钢案。天津的两年多，我们不仅历经了春夏秋冬，看遍了日月晨昏，也尝尽了苦辣酸甜：苦是披星戴月、超负荷运转克服从未遇到的困难；辣是争锋博弈下的酣畅淋漓；酸是离家千里的忧思和常受误解的无奈；甜则是辛勤耕耘下的春华秋实与殷殷喜悦。归根结底，这是一段真实的成长之路。破产律师经得起"苦"的考验，耐得住"酸"的无奈，守得住"辣"的风格，最终也品尝到"甜"的甘美。

---

* 北京市金杜律师事务所合伙人，中国人民大学破产法研究中心兼职研究员。

** 北京市金杜律师事务所资深律师。

一、渤钢集团重整的苦

有人说,成长就是一种撕裂的苦痛。渤钢集团规模之大,情况之复杂,在国内重整案件中实属空前。我们在接触这个巨型"钢铁侠"时不可避免感受到巨大的挑战和压力,也在推动这个巨无霸重生过程中"苦"不堪言。苦,不仅是日日夜夜高强度工作带来的体力超负荷的"苦":朝九晚五对项目上的律师,尤其青年律师而言是上午 9 点上班,次日清晨 5 点下班。苦,更多的是面临一个前所未有的项目,我们在拓荒过程中不断克服迷茫与艰辛,咬牙闯出前路的"苦"。以下举两例介绍。

(一)重整企业之苦苦筛选——渤钢集团何去何从

渤钢集团重整案中所谓的"渤钢集团",实际上是进入重整程序的渤海钢铁集团有限公司等 48 家企业的统称,这整个集团内包括 1 个控股集团、3 个生产型集团,同时通过股权关系控制联结的企业多达 208 家。

如何从这 200 多家企业中筛选出最适宜、也最紧迫需要通过重整程序化解危机的主体,是重整工作需要迈出的第一步。它不仅影响被重整主体所牵涉的各项法律关系的调整,还会影响重整方案的设计和清偿率的安排,最终影响是否能够实现整个渤钢集团的重生,这与 1 万余家债权人和近 7 万名职工的切身利益密切相连。

为此,我们开展了两轮充分的尽职调查工作,深入各个企业,与各公司管理层、财务部门和业务部门工作人员详细沟通,了解企业的资产负债及生产经营情况,梳理汇总核心经营价值、在历史发展过程中积累的各种问题,以及可能影响渤钢集团司法重整的难题。我们的律师白天尽调访谈,夜晚则是挑灯夜战,撰写尽调报告,反复讨论重整企业的筛选标准,往往彻夜无眠。

在对各家企业情况充分掌握和研究的基础上,我们发现,集团内有一部分企业资产质量优,历史经营状况佳,但是受钢铁行业下行的影响无力周转,陷入经营困境和债务危机,这是典型的符合重整条件的企业;也有一部分企业自身没有过多的优质经营资产,但在整个体系中作为融资平台提供资金或担保支持,或者作为采购、销售平台对外开展业务,对内则全部挂账处理从而形成了巨额负债;还有一些企业自身不具备较高经营价值,负债规模也较小,但与具有经营价值的重整企业存在人格高度混同的情况,很多原本就是某个核心生产型企业的一个部门,后独立成为一个法人主体。

经多次论证与研究,我们认为前述三种企业均需要纳入重整程序,在挽救营运价值的同时,“一揽子”清理债权债务关系。而为彻底化解整个关联企业集群的债务问题,对于剩余的160家企业,我们也通过尽调,根据各企业自身情况,给出差异化的解决方案,如继续存续、股权转让、自行清算、破产清算等。

(二)重整路径之苦苦探索——实质合并还是协调审理?

筛选出拟重整的企业后,另一个难题摆在了我们面前。在一般情况下,48家重整企业作为48个独立法人主体分别进入重整程序,也应分别制订方案,各重整企业仅以本公司的资产为限向包括关联公司在内的债权人进行清偿。在详细尽调基础上,我们发现渤钢集团各关联企业之间存在法定代表人、董事、高级管理人员互相兼任,资金拆借普遍,在各集团本部统筹调配下互相担保从而形成大量关联债权的现象,也即存在普遍的混同。但是,混同程度在不同的集团和企业间又各不相同,有的集团内部整体达到高度混同、满足实质合并条件,有的集团内部仅一部分公司能够达到高度混同,剩余公司混同程度一般,集团之间远近亲疏也各异。这给我们提出了新的问题——如何对渤钢集团48家重整企业实施重整?

针对混同程度存在差异化的情况,我们在确定重整主体后的一段时间中组织了专项研讨,历经“坚决不改稿”“打死不改稿”等多版法律研究报告后,形成了48家重整企业独立审理、48家重整企业实质合并、分4个集团实质合并、实质合并和形式合并相结合、48家重整企业形式合并协调审理但出具同一重整方案等路径。

具体的路径选择,一方面,要立足企业的现实情况,满足不同路径的核心条件;另一方面,要考虑哪种路径对于整体重整案件的推进更为便利,更要考虑路径的选择影响的相对方的利益以及相对方对此的态度。在我们论证的过程中,一方面,几乎所有的主要债权人均提出应考虑当初金融机构对四个集团统一放贷、统一管理的现状,故偿债方案应做到所有重整企业均“同债同权”;另一方面,2018 年 3 月最高人民法院印发《全国法院破产审判工作会议纪要》(以下简称《会议纪要》),指出对于关联企业实质合并破产应审慎适用,即适用实质合并重整须遵循较为严格的法定标准。同时,又提出形式合并协调审理情形下诸如不当利用关联关系形成的关联债权劣后处理等规定,为协调审理路径下相关问题的处置方式指明了方向。

最终,我们在充分尊重企业客观情况、利益关联方的诉求和《会议纪要》精神的前提下,选择了 48 家重整企业形式合并、协调审理但统一出具重整方案的路径。

二、渤钢集团重整的辣

重整案件涉及的债权人、债务人、投资人等多方主体有着促进重整成功的相同目标,但也存在具体利益分歧。重整过程中包括交易方案、偿债资源分配等问题的解决与确定在一定程度上都是沟通、协调、谈判与博弈的结果。并非所有的沟通、协调都能如期达成,更多的利益博弈是针锋相对、剑拔弩张,充斥着火药味的,这种正面交锋,酣畅淋漓,够刺激,够辣。

(一)重整方案沟通确定中的利益博弈与平衡

毫无疑问,重整方案是企业重整的核心,往往涉及战略投资者参与重整的交易对价、出资人权益调整、职工的接收与安置、债权调整、偿债资源的数量、偿债方式与期限等与重整参与主体切身利益相关的安排,是各方关注的重点与焦点。重整方案的沟通确定更像是一场“拉锯战”,是各方追求重整成功同时争取己方利益最大化的利益博弈。在这一场“拉锯战”中,管理人虽然属于中立的角色,肩负利益平衡使命,但他们试探与找寻利益平衡临界点的过程是辣味十足的。

在重整方案沟通确定过程中,金融债委会与战略投资者作为实质意义上的卖方代表和买方,在战略投资者参与重整的范围与交易对价问题的谈判中往往会剑拔弩张。债权人方诉求为交易对价尽可能高且战略投资者能参与全部 48 家企业的整体重整,而作为出价方的战略投资者则希望以尽可能低的交易对价参与其意愿参与重整的目标企业而非参与全部 48 家企业整体重整。

经包括管理人在内的各方两边斡旋及数日的连续谈判与沟通,最终双方均退让一步,采取折中方案,即在战略投资人支付全部投资款后,返还部分投资款至将由战略投资人与债权人共同持股的重整后企业作为运营资金。

类似地,在出资人权益调整中,考虑到渤钢集团已资不抵债,出资人权益实质上为零。据此,方案设计由重整企业股东无偿让渡其股权。但该方案引起个别出资人反对与质疑,甚至采取非正常手段干扰企业重整。对此,管理人从包括其企业资产账面情况及其可回收性、可变现性、对外担保情况等方面分析其清偿能力,结合诉讼、仲裁及财产被采取强制措施情况,企业近年盈利情况,并参考重整程序中专项审计与评估结果、债权申报情况予以全面论证企业确存在资不抵债情况,明显缺乏清偿能力,符合司法重整条件。最终在管理人等各方积极沟通协助下,该等出资人接受了出资人权益调整方案。

(二)衍生诉讼中的正面交锋

渤钢集团由各自经历了改制或集团化、重组等复杂发展历程的国有钢铁企业整合而来,其作为有较长历史的老国企,资产管理体系不健全,管理方式较为落后。一物多押、抵押物与融资租赁物标的资产无法拆分、多项权利交织竞合的情况较为普遍。这不仅要求管理人对事实情况进行细致梳理,同时需要借助审计、评估机构工作成果指认资产,更重要的是要做好和债权人之间的解释沟通工作。对于因客观因素确无法还原原本情况的,仍需在已有证据材料的基础上,本着公平、公正、利益平衡的原则,尽全力协调,力图缩小分歧或达成一致意见。在此过程中,如矛盾确实难以调和、分歧无法缩小或消除时,部分债权人因职责所在、利益相关,不得不采取诉讼方式打破僵局。

渤钢集团重整的衍生诉讼案件中,一例典型案件是围绕存在抵押与融资租赁竞合且具有公示登记瑕疵的同一标的资产,两家金融债权人就抵押权与所有权及管理人债权审查时的认定结果存在争议,并协调未果以致成讼。在法庭上,几方各执一词、针锋相对、攻守兼备,债权人对管理人认定结果进行激烈探讨或质问,甚至上诉至最高人民法院。这种针锋相对与直截了当的质问督促着我们时刻审视自己的工作过程、夯实工作成果并对工作细节一丝不苟;这种面折廷争是辣的,辣得人出汗,但也辣得人心里舒坦。

在“拉锯战”中寻找平衡点,只有在一方或双方均作出一定程度的让步时，才能博弈趋缓并达成共识，而这个过程中，平衡点的寻找者亦随时可能成为一方或双方集火点，被动参与博弈。这种双方夹击、被动博弈的风险又夹杂着乐趣，这味道，是辣。

三、渤钢集团重整的酸

与大众所期待的精致的“精英律师”形象不同，破产律师极少踏足装潢高大上的CBD（中央商务区）办公室，更多的是奔波在各自的项目上。我们的工作常态不是在法庭唇枪舌剑、才辩无双，更多的是与重整企业大量的债权人面对面沟通，耐心解答他们的问题。我们的年轻律师偶尔也开玩笑地“酸”自己不如人家精致，但我们明白，在结束了高强度的工作后，他们内心泛起的酸楚并不是源于此，而是明明拼尽全力却仍遭误解的沮丧酸楚，是离家千里、数月无归的怅然辛酸。

（一）为人误解之辛酸无奈

渤钢集团债权人数量众多，账面记载的债权人有万余家，部分债权人并不理解“重整”的意义，也不明白管理人在这其中的角色，加之除现场申报债权以外，债权人很难直观了解到管理人的工作内容及工作状态，难免产生一定的误解：破产重整是破产程序中的一种，那企业就“破产”了，这对于他们而言，意味着他们的欠款回收无望；管理人是债务企业的管理人，属于债务企业关联方，与债务企业是利益同一体。

渤钢集团中小经营性债权人数量超过总债权人数的60%，大部分中小经营性债权人因自身抵抗债务风险能力不足，对企业是否能够清偿其全部债权充满担忧和焦虑，加之对重整程序及对管理人角色误解，个别债权人情绪激动地对接待律师恶言相向或以言语威胁，甚至结群在管理人工作地滞留并向管理人催讨债权。对于接待律师来说，在努力地解答债权人的疑问，说明管理人的中立性，消除对管理人的误解，帮助债权人保障自身权益的同时，还要不断接受债权人的抱怨、质疑与责问，甚至承受“敌意”，也会有些许心酸与委屈。

不过，令人欣慰的是，我们的年轻律师们热血、坚韧、乐观，在一次次的酸楚中成长。他们善于心理建设,好像只要捂着脸长吁短叹一会儿,一顿火锅,一份夜宵,一场乒乓球,或者下班后跑几圈步,就能满血复活,继续投入工作。

(二)离家千里之怅惘忧思

破产律师总是行色匆匆,不是在项目上,就是在去项目的路上。出差俨然成为破产律师的标签。渤钢集团重整项目涉及企业众多,负债规模巨大,资产结构复杂,为全面摸清渤钢集团的资产负债情况,自 2017 年 9 月起开始进场。在尽调和方案论证期间,工作虽然繁重,基本可以保障每两周轮流休息一次。但在进入重整程序后,债权申报与审查、财产调查、准备召开债权人会议、招募战略投资人、制作重整计划草案等工作全面开展,重整期间又有法定时限,为保障重整工作如期推进,除法定假期进行轮休外,几乎无休息时间。渤钢集团重整自 2017 年 9 月尽调至 2019 年 1 月法院裁定批准重整计划,项目历时 16 个月,如果再加上 1 年执行期间,前后近 3 年时间。这期间,我们的年轻律师们一直驻守天津项目现场,全身心投入重整工作,绷紧神经,对重整过程各项工作需求或问题,即时响应或处理,以保障各项工作都得到最快时间的处理。

项目上已结婚律师们常互相调侃出差回家后会被撵出门外,刚刚会叫爸爸的儿子不知是否还认识自己。单身的律师们被问起“个人问题”,就笑笑“破产组律师不配有对象”,然后转头继续“ ×律师,你对 × × ×那笔债权处理有什么建议?”也有刚刚入职即参与本项目的年轻律师,除办理入职手续外,再未回过所里,他们甚至都找不到自己的办公室工位;还有早已定下结婚的日期,却因项目临时加班打乱结婚筹备计划的律师,他没有请假回去筹备自己的婚礼,甚至就连参加自己的婚礼,包括往返程在内也只提出了 3 天的事假申请。

四、渤钢集团重整的甜

回顾这一体量空前的重整案件推进全过程,除了苦、辣、酸外,还有贯穿始终的甜味。苦、辣、酸来自工作强度、工作难度、工作风险、工作压力及工作量等各方面,而与此同时,工作过程中贯穿始终的甜则来自持续不间断的团队温度，来自年轻人的青春热血、昂扬乐观，是凌晨的夜宵与烤串，是每月定期的集体生日会，是跨年夜12寸的奶油蛋糕和用投影与白墙组成的简易放映室，是邮寄万余份材料时组成的“流水线工人”间的熙攘畅笑，是行军床上小憩盖在身上的薄被，是每周集体专业学习和轮流讲课时面耳赤红后的收获，是“渤钢大学法学院”毕业典礼时的温馨。

当然，甜，更来自工作成绩、工作成果及受到的肯定，是一、二债会的成功召开，是衍生诉讼的胜诉裁决，是财产保全的成功解除，是倾尽全力完成的重整计划草案终获通过，是合作中介机构的赞许，是政府、法院的肯定，也是债权人的信任与理解，它们是在艰辛与汗水上开出的花，结出的果。

（一）重整计划表决通过并获批准

2019年1月30日，对于包括我们在内的参与渤钢集团重整的相关各方而言，是一个意义非凡的日子。就在这一天，《渤钢系企业重整计划（草案）》经第二次债权人会议表决通过，次日获得法院裁定批准。

《渤钢系企业重整计划（草案）》的表决通过不仅意味着逾2800亿元债权将获得妥善解决，也使几万名职工对岗位能否保留的担忧尘埃落定。渤钢集团将有望摆脱沉重的负累，迎来新生。渤钢集团的这一份“重生计划”来之不易：政府与法院积极探索，通过府院的有效联动与通力合作促进渤钢集团重整工作合法依规地攻克各方面难题，为重整计划的制订奠定坚实的基础；在天津市高级人民法院、天津市第二中级人民法院指导下，包括市国资委、津投资本等在内的管理人各成员单位，金融债委会，财务顾问、审计、评估、税务、舆情顾问等各中介团队在内的重整各方不舍昼夜连署办公，协同发力、携手攻坚，谈判、沟通与讨论60余轮次，易稿70余次才落定成稿。重整计划表决通过并获批准是府院联动机制有效性的最直观体现，也是对参与重整各方数月乃至近2年奋力攻坚做出的艰辛努力的最好回报。它是果实，也是肯定，是甜的。

《渤钢系企业重整计划》开创性地设计出了“钢铁资产平台+非钢资产平台”的双平台架构，综合采用“现金+留债分期+市场化债转股+信托受益权份额置换”为核心的债权清偿方式组合，极大地提高了债权综合受偿率。而其中首次引入信托收益权置换债权这一偿债方式，实现金融产品的创新运用。这份重整计划的表决通过并获得批准,意味着这份重整计划中的创新性“双平台”架构与“信托收益权置换债权”这一金融产品具备了落地实施的基础和条件,我们得以期待这些创新设计在重整领域中的适用效果,也得以期待这些突破能够为重整领域交易架构与偿债方式提供新的切实可行的参考与启示。这种期待,是甜的。

(二)培育出良好、和谐的工作或合作关系

渤钢集团空前的体量、错综复杂的内外部关系及数量逾万的债权人数与超过7万名职工人数等客观因素决定了其重整工作并非由单一一方或单一机构凭其一己之力能够完成,必然需要参与重整相关各方的协作与共同推进。渤钢集团重整参与方包括政府相关部门、法院、管理人、债权人、金融债委会、债务人、投资人及各专业中介团队,各方具有目标一致性,而为达到同一目标则需要各方工作协调一致。

在渤钢集团重整过程中,除充分发挥法律领域专长、优势外,我们在尊重参与重整程序的中介机构各自专业性的基础上真诚提出工作建议或思路;在与债权人沟通中换位思考、保障知情权,开通重整专线对债权人予以耐心解释与安抚,建立“渤钢集团重整信息发布”公众号及时发布相关信息,竭尽全力做到工作过程公开透明;与重整企业、投资人一同面对并解决企业遇到的问题,制作重整计划也帮助企业执行重整计划,坚定不移的“扶上马送一程再送一程”;就重整工作开展与推进向法院与政府随时汇报、随时沟通、即时响应并积极配合。

渤钢集团重整项目一路走来,我们从与其他中介机构各司其职到跨领域专长共享与并肩作战,从被当作债权人的对立方到取得债权人信任,从稍显生疏到取得法院、政府相关部门的高度认可,从些微踌躇到重整企业及投资人的精诚配合……我们与渤钢集团重整相关各方逐渐建立起工作默契,逐渐磨合出良好的合作关系与和谐的工作关系。这种工作默契,这种工作氛围,让繁重的工作有了温度,它是甜的。

重整工作中的苦辣酸甜,一个都不少,它们构成了横跨3年的渤钢集团重整项目的底味,在不同时刻、不同阶段排列、组合、交替、交织。工作过程中难以避免的难题、瓶颈、误解等带来的压力、迷茫、委屈等苦、辣、酸在某些时刻或某些阶段可能会暂时成为主调，但它们总会被不经意的，来自债权人的信任的眼神、法院或政府对工作成果的认可、重整企业的期许抑或是团队内部的关怀或苦中作乐所带来的甜冲淡并变得平滑，而重整过程中所有的苦、辣、酸也经累积、发酵，最终结为果实化作甜味。至此，所有的努力、艰辛、付出都被证明是值得的。破产律师们经过重整案件中这些苦辣酸甜的洗礼与历练，得以成长与成熟，这恐怕也是所有从事管理人工作的同仁们同样的心路历程与成长轨迹。

扭动房地产公司破产的“魔方”

王建业*

房地产公司(以下简称房企)破产案件,是近年来愈加多发的破产案件类型,无论是受理的数量还是管理人的办案信心与能力、社会的接受程度都有明显提升。在此背景下,笔者有幸参与数起房企破产案件的办理,过程中产生若干感触,对该类案件逐渐形成了“魔方”的形象认知:一方面,是该类案件的高度模块化,对债权、财产信息的整理都有一定范式可循;另一方面,是不同个案、不同主体、不同方案的组合给这种案件带来了无限可能,不存在标准答案,而是不断总结经验为解决下一次的难题解决储备灵感。

一、“魔方”的基本面

何为房企破产案件?回答此问题是我们对该案件进行识别和思考的前提。[①] 将破产案件的工作分为债权、财产、营业三大版块是大部分实务从业者的共识,从此三个视角可看出房企破产案件的大致轮廓。

(一)个性化的债权:购房者债权和工程债权

房企破产案件的主要债权类型包括购房者债权、工程债权、融资类债权、其他债权,其中最有此类案件特点的为购房者债权和工程债权。购房者债权

---

* 华东政法大学法学硕士,浙江京衡律师事务所律师。

① 与此逻辑类似的是关联企业实质合并问题,即关联企业实质合并应首先讨论和明确的问题是“何为企业(公司)”,只有明确此问题,才能体系性的分析混同、合并等后续问题。

主要包括购房者支付的购房款和定金及衍生的违约金、售后返租租金等。按揭银行债权与购房者债权密切相关,商品房买卖合同、按揭贷款合同是否解除将极大影响按揭银行的利益:继续履行可保持原有的权利义务格局;解除后购房者往往可受到妥善保障,[①]按揭银行则无有力的顺位保障。工程债权的核心问题是主体识别,尤其是存在大量总分包、转包、挂靠的情形下,工程债权人的准确识别难度更大。同时,如果工程款支付环节政府部门或金融机构的监管有限,付款主体混乱、部分房企和施工总包单位串通超付、截留工程款[②],导致工程款账面超付、实际仍大量欠款,在破产程序中极为棘手。融资类债权,小型房企的民间借贷较为突出、并发虚假申报问题;大型房地产集团的金融机构融资较为突出,并发项目监管、控制权博弈。

(二)鲜明的财产特点:以土地和在建工程(房屋)为主

房企的主要财产为土地和在建工程(房屋),是该种案件最为直观的特点。管理人在案件伊始就应掌握土地和在建工程(房屋)信息,我国物权法规定不动产所有权变动实行登记原则,为此项工作提供了便利。管理人对信息的掌握可以朝"上游"和"下游"两个方向进行。"上游"方向包括房企获得该地产项目的方式、前期土地款缴付情况、报规报建方案和主要指标、个性开发要求等。"下游"方向包括房屋买受人、规划用途、合同约定用途、备案价、合同价、面积(套内和公摊)、车位价格(或赠送)、交房日期、装修程度、付款方式、实际付款进度、草签备案情况、预告登记情况、抵押查封情况、诉讼情况等,对该等信息进行梳理核对后形成的关键成果往往为"房屋清单""业态表"等文件。对土地和在建工程(房屋)的调查整理,与债权审查、资产处置密切关联,贯穿案件始终。

---

① 购房者的债权顺位,在现有法律规范体系下几乎为无解的问题,最高人民法院《关于建设工程价款优先受偿权问题的批复》《关于人民法院办理执行异议和复议案件若干问题的规定》第29条等规定常常处于"按需采用"的尴尬境地,实践中对购房者多采取"属人性优先"的顺位保护,类似于职工债权。

② 部分房企与总包单位或挂靠单位的实际施工人实际为同一实际控制人。

(三)以小博大、快周转的营业方式

房企的营业特点主要体现在人员构成和周期性方面。人员构成方面,常见为“公司总经理+工程负责人/销售负责人/财务负责人”的“1+N”架构,部分公司设有专门融资部门或由公司总经理或实际控制人直接负责融资工作。周期性特点,一方面,体现在不同部门衔接“投入—产出—销售”的流程,工程部门负责产货、销售部门负责销货,呈现“前店后厂”的样态;另一方面,是指房企的债权、财产情况随开发进度而不断变化,受理时项目开发进度极大地影响了管理人的工作开展和重点,如受理时是一块净地则不存在购房者问题,受理时已经部分预售则同时存在抵押权人、工程债权人、购房者的利益博弈问题。

二、“魔方”的内在转轴

(一)对债务危机的归因

进入破产程序的房企,其债务成因相比其他行业更值得管理人去探寻。一方面,房企尤其是大量中小房企的单体项目公司,关联往来相较集团公司更少,能更快地梳理该项目公司的资金往来情况。同时,房地产开发的财务会计、造价评估的规范化程度较高,完成开发所需的成本、费用有统一定额和公允市场价值作参考,使调查债务人资金往来的可行性更高。另一方面,房企的债务成因核查应更强调流动性问题而非资产负债率。房地产行业存在天然的高资产负债率,相当数量的房企按照资产负债表标准很容易具备破产法上的破产原因,[1]单纯通过资产负债表判断房企的状况意义有限。

调查债务人破产原因尤其是流动性问题最直接的意义在于,回答债权人对破产程序启动的天然质疑:钱到底去哪儿了?破产程序中债权人接受破产这一结果的主要原因是其利益诉求得到满足(如全额清偿)或通过破产程序的调查给债权人一个“说法”,让其理解破产下其债权不能全额清偿的原因在

---

① 可能导致房企高资产负债率的因素包括:注册资本与开发体量对比悬殊,大量项目资金通过股东/关联借款形式注入;房屋预售导致预收账款负债急剧增加;借款费用资本化条件的严格认定。

于市场、政策而非财产被恶意转移、挪用，这对债权审查、追索债务人财产也有积极作用。调查流动性问题的长远意义在于，为债务人走出困境提供教训。结合前文所述房企"前店后厂"的经营样态，其流动性问题一般出在欠付工程款导致产值下降直至归零和前端销售停滞、按揭受控无法回款两个层面，其背后的原因可能更广如回款分配时工程债权人和其他债权人（特别是担保权人）发生分歧而产生僵局。如何恢复产值和销售回款，是在破产程序中需要解决的核心问题。

（二）对破产价值的挖掘

房企破产案件中存在复杂而激烈的利益冲突和博弈，只有明确最核心问题，方可为整个案件指明方向、解决主要问题。笔者认为，房企破产案件，最核心的问题在于破产价值的发掘。即管理人必须回答的问题是破产程序中如何发掘了债务人财产的价值，这是任何一家负责任的管理人履职过程中自我确信的来源。

"债务人财产价值最大化"是破产程序中各方广为遵循的工作原则，但该原则仍需在个案中明确和实现。根据对债务人财产价值实现的不同程度，可将破产案件的效果分为 3 个层次：初级为价值分配，即通过常规的拍卖、变卖途径，辅之以必要的评估、表决程序，将债务人财产予以快速处置后分配给债权人，此操作与司法执行相似，多见于破产清算；中级为价值发现，即管理人在接管债务人财产后充分调查询问，掌握各方信息，结合自身和其他专业机构判断，发现债务人财产已具备但不显现的价值并由债权人、投资者甚至原股东分享；高级为价值创造，即管理人根据自身掌握的信息，预判债务人财产本身尚未具备但通过资产整合、商业合作可以新增的价值，辅之以债权人会议表决，实现超出常规、价值较大的收益。上述 3 个层次，也是管理人履职的 3 个层次。

具体至房企破产案件，核心问题是对作为主要债务人财产的土地和在建工程，如何价值最大化。现实情况是，土地和在建工程的高度标准化使其价值很容易"见底"，即根据项目本身参数、开发计划，评估机构甚至债权人能较为准确、模块化的测算出项目本身开发成本、货值、收益。管理人对如何价值最大化这一问题的回答，多数情况下是对土地和在建工程整体转让还是续建开发的选择。一方面,管理人将在破产程序中委托专业机构对项目价值采用不同评估方法进行评估,原先债务人自行制作的开发计划和测算可提供参考但部分重要因素已经发生变化,如税费问题。另一方面,是否“续建”需个案分析,而不是通用法宝。续建对土地和在建工程的价值实现有着显而易见的作用,但管理人和债权人仍需考虑续建的成本包括债权人可在整体转让下快速获得的分配额的财务成本,以及续建的实际所得低于测算时的损失承担等问题。案件的不同时期,续建是否为价值最大化的选择也可能存在变化。

(三)对不同主体作用的界定

在破产程序中除管理人外,还涉及法院、债权人、债务人、投资者等主体。债务人财产价值最大化这一原则,需通过各方主体的共同行动方可实现。同时,管理人应认识到不同主体对价值最大化的作用存在差异。

不仅是房企,进入破产程序的债务人均面临严重的资不抵债或是流动性问题,通过破产程序对债务人财产和负债的梳理可以让各方看到现在,但无法看到未来。笔者认为,破产案件特别是房企破产案件中最重要的主体是“投资者”。绝大多数破产的房企,其主要财产为土地和在建工程而无法直接分配,无论是转化为货币还是房屋,均需有投资者进入方可推动前进,就此而言,投资者是债务人财产价值的“直接实现者”。按此倒推,管理人工作伊始就应以投资者引入为指向,相关资料和数据的整理以投资测算和决策为目标,提高工作成果的可用性。需特别关注的是,投资者不限于完全与破产程序无关的第三方,也可在债务人、债权人中产生,同时匹配信息披露与公开竞价机制以保证公平公正。

根据我国《企业破产法》规定,债务人股东在破产程序中享有异议的权利,负有配合的义务。在大量破产案件中由于资不抵债的确认而使债务人股东处于出局的境地,如股东权益归零或股东债权劣后。债务人股东抱有“出局”的预判而可能采取抵制态度,在破产程序前转移债务人财产、虚构债务,在破产程序中拒绝配合管理人工作、发布误导虚假信息等,对破产程序的进程造成极大影响。在相当数量的债务人股东或实际控制人甚至其家族已经承担了巨额的担保责任或者已经被追究刑事责任,《企业破产法》规定的相关法律责任对债务人股东震慑有限。债务人股东或实际控制人固然负有相关法律责任，但在破产程序中仍可争取其理解和配合，包括债权审查、投资者引进以及经营方案之制订，甚至允许其作为投资者参与破产程序或对其导以激励措施，从此角度看，债务人股东或实际控制人是债务人财产价值的“间接实现者”。

债权人会议作为破产程序的核心机构，对程序的进行发挥重要的影响，债权人会议的表决通过是对相关方案和协议的重要合法性保障。充分重视债权人会议地位的同时，我们仍需对其在破产程序中特别是债务人财产价值方面的作用有客观的认识。一方面，不能将债权人当然理解为债务人财产的所有权人，债权人会议的权限仍有固有边界，其作为债权人集体决议机构，无法当然取代个别债权人或债务人的法律地位，债权审查规则、合并破产、债务人财产的放弃等均不属于债权人会议权限范围。另一方面，对于个体债权人，需按《企业破产法》规定行使权利。对于债权人会议和个体债权，是对相关方案进行审查和表决，其对债务人财产价值的实现是就结果而非过程而言的。因此，债权人更多属于债务人财产价值的“主要享有者”。

综上，在包括房企破产在内的破产程序中，不同主体的地位和角色不同，投资者、债务人、债权人分别以直接实现者、间接实现者、主要享有者参与。明确上述身份的意义在于，管理人的履职及评价，应围绕债务人财产价值实现特别是对投资者的引入展开，而非单纯围绕向债权人会议报告、通报信息展开。债权审查、债权人沟通固然非常重要，但准确归因债务危机、在破产程序中最大化债务人财产价值才是管理人履职的最高目标和价值。对上述3个房企破产案件内在转轴的把握，是破产程序推进的源动力。

三、对高阶魔方的探寻

（一）房企破产案件的三个层次

经过数年的发展，房企破产案件的办理已经取得相当的成果和经验，大量法院、管理人对房企破产案件的办理信心有了极大增强，特别是对债务人开发项目的主要业态为住宅的案件，对购房消费者优先保护达成了共识，形成了较为成熟的处理模式。整体来看，房企破产这一案件类型愈加出现分层的态势，主要差异在于债务人组织架构、开发业态、交易模式等。笔者认为，对房企的(预)破产案件可以分为3个层次①(见表1)。

表1　房企(预)破产案件的三个层次

	第一层次	第二层次	第三层次
债务人行业地位	无品牌识别度	当地有一定识别度	高品牌价值,“百强”“千亿”标签
组织架构	单体项目公司,单一实控人,家族色彩明显	多项目公司,可能合作开发	地产集团,辐射其他领域、控股公众公司,全产业链
开发业态	住宅为主	住宅和商业兼备	住宅和商业地产细分,区域运营商
融资渠道	股东借款、民间借贷	中小商业银行贷款、民间借贷	贷款、债券、信托、上市
开发周期	尽快去化,择机拿地	分期开发、自持或售后返租	滚动开发、集团内资金往来调度

上述3个层次的房企破产案件,包含的疑难问题逐步增加,涉众性、涉外性、利益博弈的体量和庞杂程度不断提升,对身处其中的法院、管理人都提出了更高的要求。对第一层次案件的办理实务已经积累了较多经验,实务和理论界予以较多关注,购房消费者的识别和保护、工程债权的审查、单项目的共益性融资等都产生了大量成果,为房企破产案件奠定了坚实成果。第二层次的案件,如何妥善处置如“招商”仍需进一步探索,尤其在该类案件有较强的地域性、政策性的情形下。第三层次的案件案例较少,债务人进入破产程序前后已被实控人、金融机构、民间借贷债权人、工程债权人、不同项目的地方政府、上市公司小股东以联保、互保、股权质押、股权让与担保、项目监管等方式层层盘结,如“铁幕”笼罩,尚待市场化的成功个案提供经验与教训。

(二)对从业管理人的考验

房地产开发本身有模块化的特点,其中成本、货值、收益、税费等有一定的规范性,众多著作文献、法律法规对房地产开发的流程和节点都予以梳理

① 笔者对不同层次案件的区分仍在持续思考,下文列举的若干区分要素可进一步完善和清晰。

和规定,为我们初识房地产行业提供了便利。与此相应,房企破产案件的办理也具备了格式化的基本前提,包括债权登记和审查、招商(尽调)资料等:管理人可以通过调取不动产登记信息、商品房买卖合同备案信息、销售台账快速知悉数量众多的购房者债权信息,债权审查的大部分工作实际在债权申报之前已经完成甚至可倒推为债权申报的顺序、格式、方式提供指引;管理人可以通过对地产项目上下游信息的调取和整理,在招商公告发出的同时一并提供投资者所需要的大多数信息。

与模块化特点并存的挑战在于,同时处理破产案件中法律、财务、营业事务的管理人,如何面对形势多变的房地产市场。房企破产案件的管理人,无法单纯通过纸面的资产负债信息开出放之四海皆准的处方,仍需根据自身知识结构和个案情况、各方主体博弈情况给出合法且可接受的方案。甚至,瞬息万变的房地产市场使得坐拥土地红利、政策红利、杠杆红利的时期已成过往,即便是大型地产集团也在各自寻求核心竞争力,打造差异化优势、雕琢细分市场。因此,对房企破产案件这一充满挑战性和魅力的"魔方"是转手、是归正,还是拆解组合,将考验每件房企破产案件的管理人的眼光和格局。

五、“破案”剖析

中小微民营企业“向死而生”的破产挽救探索

——浙江富德漆业有限公司破产清算转重整案速记

徐根才*

浙江富德漆业有限公司(以下简称富德公司)是一家中小微民营企业。其“富德漆”系浙江省名牌产品、浙江省知名商号、衢州市著名商标,产品在市场上有一定的知名度和竞争力。富德公司自成立以来,即向民间融资,用于购置厂房设备、开展生产经营。近年来,富德公司财务成本日益高企,资金也日见短缺。2018 年 1 月以后,富德公司被多家债权人起诉,资产被多个法院采取保全措施。之后,富德公司因安全生产许可证有效期届满又未能及时申请换证许可,终至停产。因执行程序移送破产审查,从而进入破产清算程序。笔者在审理中注意到该企业有挽救价值和挽救可能,在破产清算程序中以重整为导向,指导管理人首次尝试以公开拍卖竞价方式选定重整投资人。重整投资人通过买受对价取得富德漆业公司 100% 的股权及重整资产的控制权。这是一个中小微民营企业因民间借贷而陷入破产,在破产程序中通过新投资人收购而得以再建重生较为典型的破产挽救案例。对个案进行剖析总结,以提供有益经验来推动破产法实践,是对中央提出营造更好发展环境支持民营企业改革发展的有效贯彻落实。

---

* 浙江省江山市人民法院副院长,中国人民大学破产法研究中心兼职研究员,浙江大学光华法学院破产法研究中心兼职研究员。

一、艰难创业,山穷水尽已无路

融资难、融资贵,几乎是之前所有民营企业都会遇到的难题,所不同的只是程度区别而已。然而,20 年来,对于富德公司来说融资难似乎不是个问题。富德公司成立于 1997 年 10 月 18 日,注册资本为人民币 500 万元,公司性质为有限责任公司(自然人投资或控股),法定代表人为毛某某,股东为毛某某、李某某(系夫妻),住所地为浙江省衢州市江山市。公司经营范围为:醇酸类漆、丙烯酸类漆、氨基类漆、硝基漆、聚氨酯漆、硝基漆稀释剂、醇酸树脂生产、销售;非危险化学品的内外墙涂料的生产、销售;化工产品及原料(不含危险化学品及易制毒品)的销售;室内外装饰装修工程设计、施工等。公司靠借贷的款项生产经营,企业也逐步发展,品牌也逐渐打响。之后,又把注册资本增加到人民币 2000 万元,股东为毛某某认缴出资 1760 万元,占 88%;李某爱认缴出资 240 万元,占 22%。当然,两股东认缴该公司的出资金额 1431 万元在破产时没有实缴到位。到了 2018 年上半年,走过 20 年的企业终于走不下去了。债权人催索之急迫使法定代表人毛某某内心几近崩溃,但他自救的想法还是强烈的。一些债权人选择了起诉,富德公司资产被多个法院采取保全措施。富德公司又未能及时完成安全生产许可证换证工作,只能停产了。毛某某既要应诉,又要应付来催债的。实在负债太多,创业之路艰难,但这一次已到山穷水尽了。

二、执行移送,"僵尸"遇上"清道夫"

2018 年 9 月 4 日,杭州市萧山区人民法院在执行过程中发现作为被执行人的富德公司不能清偿到期债务,并且资产不足以清偿全部债务,经申请执行人书面同意和杭州市中级人民法院同意后,向衢州市中级人民法院出具破产移送函一份,将被执行人为富德公司的执行案件移送衢州市中级人民法院进行破产审查。2018 年 10 月 8 日,衢州市中级人民法院交由江山市人民法院进行破产审查。江山市人民法院审查后于 2018 年 11 月 5 日受理富德公司破产清算案件,并通过竞争方式指定浙江中桥律师事务所为管理人。本案是江山市人民法院首例收到异地法院执行移送破产审查的案件,经形式审查后,及时通知了债务人。之后,法院传债务人法定代表人毛某某到法院,并向其做破产法的释明工作,明确告知在法院裁定受理之日前,因管理人的指定有程序需要一定的时间,必须维护好企业的资产,不得流失,如有哄抢,应当及时报警,法院已与当地公安派出所进行了联系。执行程序移送破产审查,不能仅限于本院内部,法院之间的移送也应常态化。这样,不仅有利于及时处置“僵尸企业”,让破产审判发挥市场“清道夫”功能,实现“僵尸企业”市场出清;也有利于解决执行难,让涉同一被执行人(企业法人)的所有执行案件有彻底的了结;及时发现破产原因移送审查,还有利于通过破产救济,为挽救有挽救可能的企业争取时间。如富德公司再拖延下去,安全生产许可证就错过换证许可的时间,就会失去重整的可能。

三、破产清算,向死而生可重整

破产清算程序开始不到两周,根据管理人初步掌握的情况,法院与管理人分析后认为,在清算条件下,债务人财产在清偿别除权债权后,可能不足以清偿破产费用和共益债务。但债务人和债权人均反馈,债务企业所持有的安全生产许可证,目前很难新取得行政许可,具有较高的潜在市场价值。“富德漆”产品在市场上有一定的知名度和竞争力,系浙江省名牌产品、浙江省知名商号、衢州市著名商标。通过分析,发现富德公司尚有挽救价值和挽救可能。为了实现债务人资产价值最大化,提高债权人的清偿率,更为了兼顾破产的社会目的。法院指导管理人在破产清算程序中要以重整为导向。同时,对安全生产许可证有效期届满,债务企业因资金问题无力完成江山市安全生产监督管理局要求的整改工作,不能进行换证工作,要求管理人筹措资金、落实整改方案,抓紧安全生产许可证换证许可申请的办理。能否换发取得安全生产许可证,是从破产清算程序能否转入重整程序的关键。

为加快办理安全生产许可证换证工作,管理人团队专门指派一名律师负责,指定债务人一名留守人员主抓这项工作,全程协助管理人至换证工作结束。管理人经向江山市安全监督管理局了解,得知富德公司换证重点在于明确和完成整改方案,就马上与留守人员多次到选定的设计院、评价单位、专家处进行沟通协商,后经三方商定,明确了整改方案。有了明确的整改方案,管理人着手准备了整改所需要50万元资金,经过一个多月的努力,江山市安全监督管理局经现场查验后,签字确认整改完成。2019年1月21日,浙江省应急管理厅核准了债务人换证许可申请,颁发了编号为(ZJ)WH安许证字(2019)-H-0791安全生产许可证(年产:醇酸类漆1500吨、丙烯酸类漆200吨、氨基类漆100吨、醇酸树脂500吨、聚氨酯漆1300吨、硝基漆900吨、硝基漆稀释剂300吨)。从而为重整提供了现实可能。

四、拍卖选定,确定意向再重整

为了对案件有较为全面的了解,要先掌握债权人的债权情况和债务人的资产状况。

(一)债权人的债权情况

1.职工44人,劳动债权额约220万元(含经济补偿金等)。

2.其他债权如表1所示。

表1　其他债权情况

申报债权类别	申报情况		已完成审查情况	
	申报金额	人数	审查金额	人数
有财产担保债权	13,547,406.59	2	11,588,127.02	2
税收债权	243,602.67	1	200,498.20	1
普通债权	109,679,027.16	215	95,743,872.56	215
合计	124,017,462.51	217	109,747,567.21	217

(二)债务人的资产状况

1.重整资产(富德公司主营业务所涉资产)

(1)不动产。企业所有的国有土地使用权(面积19,662.6平方米)以及上述土地占用范围内的厂房等建筑物面积(7224.71平方米)。该等不动产评估价值总计13,153,000元。(2)动产。磨砂机、锅炉、三锟机等设备、办公设备,车辆等,评估价值为302,600元。(3)流动资产。原材料、半成品、成品等存货,评估价值为1,411,700元。(4)无形资产。债务人的商标、商誉等无形资产。

2. 非重整资产

不属于重整投资人收购范围的资产,主要为富德公司名下账面货币资金、应收账款、预付账款、其他应收款、对外投资等。

2019年1月11日,富德公司破产清算案第一次债权人会议召开,表决通过了《财产管理和变价方案》等3个方案。经核查无异议的债权金额为1.075亿元,债权人213位。《财产管理和变价方案》特别规定,在安全生产许可证换发完成后,对企业厂房机械设备等整体转让,通过拍卖选定重整投资人。拍卖成交后管理人将建议债务人提出重整申请。根据债权人会议表决通过的《财产管理和变价方案》,2019年3月29日管理人对富德公司相关资产进行公开拍卖,但仅有1人出价1800万元,因未达到保留价而流拍。鉴于流拍的情况,江山市人民法院指导管理人做好拍卖公告工作,通过报纸、网络、微信,省化工协会等不同渠道,做到面上公告和点上联系结合,积极寻找潜在意向参与人,鼓励更多的人参与竞拍。由于前期工作准备充分,第二次拍卖以1600万元起拍,经过3名竞买人激烈竞争,历经75轮竞价,最终富德公司相关资产以2570万元的成交,评估价与拍卖成交价比(评售比)为172.86%。根据拍卖公告明确拍卖成交的买受人作为富德公司投资人的约定。买受人在与拍卖人签署《拍卖成交确认书》,与管理人签订了《重整投资协议》,协议规定了由管理人制订重整计划草案,并对职工的安置作了约定。

五、水到渠成,重整计划得实施

2019年4月30日,经债务人申请,富德公司破产清算程序转入重整程序。5月28日,富德公司第二次债权人会议召开,会议对重整计划草案进行分组表决,出资人组、税收债权组、普通债权组经表决顺利通过重整计划草案,担保债权人组因内部决议程序无法当场表决,进行延期表决。会后,江山市人民法院指导管理人与担保债权人进行协商。6月6日,江山地区遭遇短时强暴雨,致使富德公司紧邻的棠坂溪两岸防护堤段被冲垮,紧靠富德公司一侧的堤坝垮塌,邻岸厂房裸露出地基部分的圈梁。为了重整计划草案的顺利表决和保障破债务人财产整体利益,江山法院与富德公司所在地贺村镇人民政府就灾后修复事宜进行对接,由政府将垮塌堤坝修复事宜统一纳入了灾后重建计划。6月10日,担保债权组顺利表决通过。经管理人申请,江山市人民法院裁定批准富德公司重整计划。6月17日,买受人作为重整投资人付清了款项、办理了相关过户手续,富德公司破产重整案进入重整计划执行阶段。《重整计划》中的相关部分内容摘要引述如下:

一、引进投资人重整营业相关资产

(一)投资人简介

本案重整投资人毛某、祝某,对漆类行业有一定的从业经验,对于富德公司后续的生产经营活动,能提供充分的资金保证。

(二)投资者收购资产范围及对价

重整投资人通过2570万元的对价取得富德公司100%股权及对重整资产的控制权。投资者及重整后公司除承担2570万元的债务(投资者负责提供2570万元资金用于支付破产费用、共益债务、破产债权及本重整计划特别约定的款项)以外,不再对富德公司的负债承担任何责任。

(三)其余资产与债务的约定

本重整计划经江山市人民法院裁定批准后,原富德公司的所有债权人和利益相关方均无权向富德公司主张权利。如有债权人和利益相关方主张权利,均应按破产程序向管理人申报债权,并按照本重整计划规定行使相关权利,并在重整资产拍卖所得价款和非重整资产处置所得价款的货币总资产中集中清偿。

二、出资人(股东)权益的调整

鉴于债务人实际已严重资不抵债,原富德公司出资人所持有的股东权益在债权人债权都无法满足清偿的情况下均归零。重整后新富德公司全部股权由重整投资人和/或其指定的第三方持有。

在管理人和江山市人民法院的监督下,债务人向股权登记机关办理股权变更手续。债务人原出资人应配合办理股权登记变更相关手续。

三、重整计划的执行期限

重整计划的执行期限为重整计划获得江山市人民法院裁定批准之

日起至所列事项全部完成。

四、普通债权组的清偿

1. 首期清偿。在法院批准重整计划后30日内分段、累计清偿。其中:普通债权额在5000元(含5000元)以下部分,100%清偿;债权额在5000元以上部分,按照7%的比例清偿。

……

六、总结经验,透明快捷有预期

本案既是江山市人民法院审结的首例异地法院移送破产的案件,又是第一次尝试在破产清算程序中以重整为导向,通过拍卖选定意向投资人后转入重整程序,通过重整挽救中小微民营企业由死向生的成功案例。关键时刻府院联运机制得到很好的发挥,促成重整成功。分配方案照顾到弱势小额债权人,对促进社会稳定和经济发展都起到较好的社会效果。该案从以下几个方面的经验值得总结。

1. 执行程序移送破产审查全面化。执行程序中发现被执行企业有破产原因,应当移送破产审查。不应只限于本院内部,而应是全国各法院在执行程序中发现被执行企业案件不能执行,企业发生破产原因,都应移送有破产案件管辖权的法院破产审查。执行程序移送破产审查应当全面化、常态化。这样,才能更好地体现全国法院一盘棋思想,更好地营造全国良好的营商环境和法治环境。因此,江山市人民法院收到移送案件后及时审查、裁定受理。重整计划经法院裁定批准,债权清偿方案实施后,江山市人民法院将审理结果及时书面函告移送法院,并附相关破产法律文书。以便执行法院可以依据破产审判相关法律文书实体终结相关执行案件,探索了执转破规范衔接机制。

2. 本案江山市人民法院创造性地指导管理人在制订《破产财产变价方案》中设定通过公开拍卖方式选定重整投资人,提交债权人会议讨论通过。然后,根据通过的《财产变价方案》,在拍卖公告中明确约定买受人即为重整投资方参与到转重整程序,协助管理人制订《重整计划草案》,由债权人会议表决通过。这既要求在破产清算程序准确识别重整可能性,又要通过拍卖公告约定,由拍卖成功来证明可能性的现实性。极大地提高了重整的成功率,更提高了重整的效率。有的放矢针对性极强,防止了从破产清算到重整程序的空转,既浪费时间,又损害债权人利益。而且,重整的债权清偿比例远高于破产清算程序清偿比例,实现了债务人资产价值最大化,债权人清偿率最高化,破产社会利益化和市场化。

3. 很好地体现了府院联动机制的作用。债务人财产在与投资者交接的临界点遭遇自然灾害。这对法院、管理人来说都是极尴尬事。洪水造成的垮塌不仅造成公共安全隐患,不及时跟进措施还将进一步会造成债务人财产的损失,更有可能造成投资人的退出,进而影响到众多债权人利益,引发群体信访隐患。江山市人民法院及时到现场指导管理人妥善处置,并编发《要情专报》向市领导报送,利用破产府院联动机制积极同当地镇政府协调形成统一意见,将上述堤坝修复事宜纳入统一灾后重建计划。稳定重整投资人的信心,确保重整计划顺利实施,债权人利益得以保障。

4. 创新债权清偿分段比例分配,满足弱势小额债权人诉求。因为该企业位于镇近郊,大部分民间借贷来自村民,金额小、人数多,有的是老年人来料加工积攒的一点儿钱,召开债权人会议前就有坐在地上哭的。要使分配清偿更为公平合理,更具人文关怀,既要在不同的案件中个性化对待,也要在不悖破产法的前提下,充分尊重债权人的意思自治。这种分配方式达到了实质公平,形式也是公平的。因此,债权人会议通过率高,而且效果好。整体清偿率很低,但无一信访。

5. 规范透明重整成功可期。这种方式可以说是真正意义上的清算式重整,是通过公开拍卖的形式买受企业有效营运整体资产,然后以拍卖成交价作为股权转让的对价,保证成交市场化竞争完成,公开透明债权人看得见。由于清算程序债权人会议对选定投资人通过合意的决议,在重整程序中分组表决通过重整计划草案就有了坚实的基础。因此,可以说通过拍卖选定投资人再转重整程序,重整成功在既定的程序中是可预期的。比一般破产清算转重整程序或直接申请重整的案件,效率高而且把握性大。

6. 无形资产依附企业体现价值。本案的商标、商号和品牌理论上可单独转让,但离开原企业应当说价值不大。而安全生产许可证属行政许可,该证依法不得单独转让,属于禁止流通物,其本身并不具备资产价值。但对该企业来说无安全生产许可证就不能生产经营。无知识产权的商品,在市场上的价值体现和销售也会受影响。破产清算程序虽然能够对企业的运行资产整体转让,但解决不了行政许可的证照问题。本案把企业业已取得的行政对资源配置转化为企业的市场优势,获得投资者青睐。从而使企业通过重整得以再建重生,也使破产资产价值最大化(评售比 170% 以上)。具体如何做,需要在破产审判中研究破产企业、研究市场,也需要咨询政府相关部门。

七、结　　语

这是对中小微民营企业破产清算转重整的一次尝试,这种方式的公开透明对重整成功可预期。只要前期精准识别重整的可能性和必要性,在债权人会议通过《财产变价方案》时,管理人说明到位,债权人多数表决赞成,拍卖也能以大多数债权人心理期望的价格成交,那么,分组表决通过重整计划草案也是水到渠成的一件事。由于通过买受人以拍卖成交价作为 100% 收购股权的对价,对投资人来说就如同新成立的公司,重整成功也是意料之中的。如何实施经营方案,自然是投资人的事,管理人可以在所不问。债权受偿方案因为有拍卖成交价款,管理人按通过的《财产分配方案》执行即可。但在实践中发现存在以下一些问题:

1. 这种以拍卖成交对价 100% 收购股权,"老企业新主人"能否割断原来隐性的对新投资人不利益的关系。虽然能预防的都作了隔离设定,但毕竟需要法律规定才能约束到合同以外的第三人。作为内部机制全新的"新债务人",将来《企业破产法》应明确将其与"旧债务人"的风险割断,这风险不仅《企业破产法》第 92 条第 2 款的或然债务,还包括一些民事、行政、刑事责任。

2. 重整企业修复信用记录、税收等问题。帮助重整企业修复信用记录仍是需要配套制度解决的问题,现实虽然形式上通过"大事记"等来修复信用记录,但重整企业的金融贷款审查还是存在挥之不去的阴影,比一般企业难以得到贷款审批。对重整前和重整程序中的税收问题,重整后的企业在一些地方和税务局还是存在割不断、理还难的情形。这些不利于重整企业恢复生产经营,需要从政策、法律层面尽快加以解决。

3.破产程序的衔接问题。这种破产清算程序中以重整为导向,以公开拍卖竞价方式选定了重整投资人,转重整程序的案件,虽然通过《重整计划草案》概率是极高的。但对不确定性的预防措施还需要完善,对未能通过的后果债权人会议也应设计解决的方案。破产清算和重整程序衔接如何做到更紧密和更有效率,以保证在最短的时间里使企业再建重生。这些都还有探索的空间。

当破产撤销权遇上第三人物保

——基于一起破产衍生诉讼的思考

程顺增* 曾祺玮**

笔者在办案当中遇到一件破产衍生诉讼,核心问题是偏颇清偿被撤销后,作为主合同贷款合同的从合同抵押合同的效力问题。案件虽小,但是涉及破产撤销权对主从合同效力的影响,颇为有趣,做心得一篇,供大家批评。

一、简要案情

2013 年 1 月 21 日,郑某、华某与银行签订《最高额抵押合同》一份,合同约定:郑某、华某以其两处房地产为银行与债务人 A 公司在 2013 年 1 月 21 日至 2016 年 1 月 20 日签订借款合同等文件而享有的对债务人 A 公司的债权在人民币 3,220,000 元的最高余额内提供抵押担保。同日,办理了抵押权登记。2014 年 12 月 18 日,A 公司与银行签订《小企业借款合同》一份,合同约定:借款金额为 2,200,000 元,借款期限自 2014 年 12 月 18 日至 2015 年 12 月 15 日,利率为基准利率上浮 20%。该笔借款的担保为前述《最高额抵押合同》约定的房地产抵押担保。嗣后,银行依约发放借款,2015 年 10 月 21 日,A 公司提前归还该笔借款本金并支付利息 12,320 元。同日,注销了郑某、华某提供的抵押物的抵押权登记。2016 年 4 月 21 日,法院裁定受理 A 公司破产清算申请并指定管理人。后管理人提出 A 公司对银行个别清偿无效,经一审、二

---

* 浙江省衢州市中级人民法院民一庭庭长,中国人民大学破产法研究中心兼职研究员。

** 浙江省衢州市中级人民法院民一庭法官助理。

审,该笔清偿被撤销。银行于 2018 年 6 月向 A 公司管理人返还受偿本息。另查明:银行与 A 公司之间存在多笔贷款,至 A 公司破产时尚有多笔未还清。郑某、华某提供原抵押物两处房产分别于 2016 年 2 月 22 日、2018 年 6 月 5 日出售,实际成交价分别为 120 余万元、170 余万元。后银行以 A 公司对其清偿行为被撤销,主债务恢复,相应的抵押权亦应恢复为由,提起诉讼,请求:郑某、华某对 A 公司欠付银行的借款本金 2,200,000 元及利息承担连带清偿责任,后将诉讼请求变更为:在转让原抵押物所得价款 3,000,000 元范围内优先清偿 A 公司欠付银行的借款本金 2,200,000 元及利息。

二、审理情况

一审法院认为,本案争议焦点是,债务人的个别清偿行为被撤销,主合同债务恢复,已注销抵押权登记的抵押人是否继续承担担保责任。本案中,银行基于 A 公司的全额清偿行为注销了郑某、华某提供的抵押物的抵押权登记,抵押权已消灭。抵押权登记注销后,案涉的抵押物已出让给他人,抵押权在客观上无法恢复。根据最高人民法院《关于适用〈中华人民共和国担保法〉若干问题的解释》第 56 条第 2 款的规定,法律规定登记生效的抵押合同签订后,抵押人违背诚实信用原则拒绝办理抵押登记致使债权人受到损失的,抵押人应当承担赔偿责任。即只有抵押人在违背诚实信用原则的情况下,才应承担赔偿责任。郑某、华某在银行合法注销抵押权登记后出让了抵押物,并不存在过错,诉请其承担连带清偿责任或在抵押物出让价格范围内优先清偿,缺乏法律依据,不予支持。法院判决驳回银行的诉讼请求。

银行不服一审判决提起上诉。二审法院经审理认为,本案的争议焦点为,进入破产程序的债务人的个别清偿行为被撤销,主合同债务恢复且为主合同担保的抵押权登记已注销,抵押人对主合同债务应否承担责任,如果承担应为何种责任。

第一,本案抵押合同应予恢复。第三人物保属于符合破产撤销权行使条件下应予恢复原状的撤销利益。首先,在第三人为破产债务人提供担保的情形下,对债权的个别清偿具有双重的偏颇效果,对获得个别清偿的主债权人为一重,对担保人则为另一重。虽然债权人对担保人的追偿之债属于或然之债,但该债权实际上在担保关系成立时就已经产生,属于破产受理前的既存债权,我国《企业破产法》第 51 条允许担保人以其对债务人的求偿权申报债权。该债权同样将因对主债权人的个别清偿而归于消灭,因而也具有偏颇效果。如果不允许恢复抵押合同,则无异于禁止主债权人保有偏颇清偿却允许担保人保有。这有违破产法公平清偿债务的立法宗旨。其次,我国担保制度的立法目的,就是通过担保合意将主债务不能履行之风险转移至担保人。破产程序中个别清偿制度撤销债务人对主债权人的个别清偿,但不应也不能否认担保法对风险转移的制度安排。并且根据我国《物权法》第 15 条的规定,是否办理抵押权登记并不影响抵押合同的效力,虽然本案中抵押物登记已注销,但这并不影响抵押合同的效力。

第二,郑某、华某承担的应是补充责任。虽然抵押物登记已注销、抵押物已被交易,但全部交易收益归郑某、华某所有,郑某、华某应在抵押合同约定的最高余额内以抵押物的交易价值为限承担责任。银行主张郑某、华某承担连带清偿责任,然而我国《民法总则》第 178 条第 3 款明确规定,“连带责任,由法律规定或当事人约定”,抵押合同有效但抵押登记注销情形,法律对担保人的责任形态未作明确规定,本案当事人也未约定承担连带责任,故原抵押人应在债务人不能清偿债务时在抵押合同约定的 3,220,000 元最高余额内以抵押物交易价值为限承担补充责任,根据郑某、华某二审中陈述的原两套抵押房产交易金额不少于 3,000,000 元,应以 3,000,000 元为限承担补充责任。判决:一、撤销原判。二、郑某、华某对银行在 A 公司破产程序中的债权本金 2,200,000 元及利息 12,320 元未受清偿部分在 3,000,000 元内承担补充清偿责任。

三、办案心得

由于破产法秉持公平、集体偿债的理念,形成了独特的破产撤销权制度。对于以“债权平等”“先到先得”为原则的民商事基本法律制度,破产撤销权形成了巨大的冲击,这种冲击的边界应该如何确定?在具体案件中如何衡平破产法的价值理念和传统民商事法律制度的价值理念(在本案当中是抵押权制度)?在这个案件中,还有哪些因素影响着法官?背后有哪些故事?

(一)争执不下

本案最初不可避免地形成了两种意见:

意见一:已在二审判决理由中论述。现补充如下:首先,若不允许恢复,违反破产法禁止偏颇清偿的原则。事实上,对担保人而言,偏颇效果可能更明显,因为主债权人只是债权得到清偿,而担保人则直接免去了担保责任。更进一步说,债务人之所以进行个别清偿,可能就是出于免去担保人的责任的目的(因为他们之间往往有特定的内部关系),再基于这一目的将担保物转让,而不是为了主债权人的利益。担保人与债务人的这种商业现实和商业关系必须要考虑到。其次,如果作为担保标的的财产已经转让,第三人应当提供替代担保或者将等值于担保财产的所获利益进行重新设保。无法替换抵押物时在抵押物价值范围内承担补充责任。

意见二:抵押登记已经合法注销,恢复缺乏明确法律依据。从法理角度看,本案存在破产法公平清偿原则与交易秩序的稳定及善意抵押人保护之间的冲突,破产法作为特别法其"优先"地位及对传统民商事法律关系的消解力不能无限拔高,撤销权的后果不应无限度扩张蔓延,应考虑更大社会效应的市场交易秩序的稳定及在此稳定秩序下的善意抵押人的利益。

影响这两种意见的,还有其他两个因素:一是双方当事人的过错情况。合议庭开始一致认为双方当事人均不存在过错,银行是在有了抵押担保后才放贷,而在案证据不能证明郑某、华某在提供担保中从债务人等处获得过利益,也不能证明郑某、华某与A公司串通,甚至双方还有着帮助当地企业发展的"善意"(郑某是当地一位领导,曾结对帮扶A公司),如果说双方主观上存在"问题",也只能是从结果上看对于风险的把控有些疏忽大意,综合评价本案双方当事人还够不上民事责任上的过错。二是个案的导向对金融行业的影响。意见一认为,倘若驳回银行诉请,则不但影响金融机构未来的放贷业务操作情况,也使已实际发生的巨量的与本案类似的抵押贷款陷入可能危险境地。可能会引发主债务人和抵押人道德风险,通过共谋使银行"财""物"两失。银行为了规避风险,可能将不再接受第三人物保的担保方式,或者在主债务人还款六个月之后再释放抵押物,这样将从根本上影响区域金融生态和担保信用的流通。意见二认为,在抵押担保是否应予恢复没有法律规定情形下,金融机构可以通过完善合同来规避或弱化未来风险;金融机构的企业客户中出现破产的毕竟是极少数,破产程序中撤销涉及第三人物保的个别清偿更是少之又少。

案件僵持不下提交审委会讨论。审委会讨论异常激烈,未形成多数意见。有委员提出,郑某与A公司之间可能有利益往来。A公司破产后有大量向公职人员借款未归还,唯独这笔归还,不合常理。审委会决定向上级法院请示。

(二)峰回路转

就在案件第一次上审委会讨论的当天下午,媒体公布了郑某接受纪律审查和监察调查的消息。后监委发布公告,经查,郑某存在利用职务便利为私营企业主谋取利益,并多次索取巨额财物的行为,给予开除党籍处分,按规定取消其享受的待遇;收缴违纪违法所得;将其涉嫌犯罪问题移送检察机关依法审查、提起公诉、所涉财物随案移送。

后经院领导提示,承办人辗转联系到了检察机关的经办人,得到了郑某的一些口供,和本案相关的有两个事实:一、郑某曾向A公司实际控制人出借资金并收取过利息。二、作为贷款原抵押物的其中一套房产的转让系虚假转让,受让人系郑某亲戚,约定实际使用权仍归郑某,五年后归还所有权。

上级法院也通过电话反馈了意见:业务庭组织了讨论,但分歧较大,同意意见一的理由为:一是债务人多笔抵押债务未清偿,单是本案债务提前清偿,清偿本身就是对抵押人的偏颇,该清偿行为具有不合理因素;二是清偿行为被撤销,抵押人不承担责任,属于允许抵押人保有偏颇清偿利益,与破产法公平清偿的原则不符;三是维持原审判决会对银行此类业务产生较大影响。对于主合同恢复,从合同亦恢复的理由,在本案特定情形下能否适用需要进一步研究。

第二次上审委会讨论,意见一获得了过半的支持。笔者认为,多半是郑某被监委调查的结论让各位委员对郑某和A公司之间存在较大串通的可能形成了内心确信。

(三)余波未平

案件虽然有了结论,但是仍有三个问题一直萦绕在笔者心头。

1. 贷款主合同因破产撤销权而恢复,从合同抵押合同一定恢复吗?

如果A公司不涉及破产,或者裁定受理破产的时间超过A公司向银行还款之日的6个月,那这笔清偿行为无疑是难以撼动的。主贷款合同因为主债务人“依约履行”的清偿而“合同权利义务终止”,从合同抵押合同因为主合同终止随之终止。但是主贷款合同因为被破产撤销权撤销了呢?

《民法总则》第155条规定:“无效的或者被撤销的民事法律行为自始没有法律约束力。”《民法通则》第59条规定:“下列民事行为,一方有权请求人民法院或者仲裁机关予以变更或者撤销:(一)行为人对行为内容有重大误解的;(二)显失公平的。被撤销的民事行为从行为开始起无效。”最高人民法院《关于适用〈中华人民共和国合同法〉若干问题的解释(一)》第25条规定:“债权人依照合同法第七十四条的规定提起撤销权诉讼,请求人民法院撤销债务人放弃债权或转让财产的行为,人民法院应当就债权人主张的部分进行审理,依法撤销的,该行为自始无效。”全国人大法工委《民法总则》相关起草者认为,这种自始无效意味着,民事法律行为一旦无效或者被撤销后,双方的权利义务状态应当回复到这一行为实施之前的状态,已经履行的,应当恢复原状。[①] 即普通民事领域的撤销权一经行使,被撤销的行为视为从未存在,与此相关的法律关系应当回转到被撤销行为发生之初的状态。破产法是脱胎于普通民法的特殊法,基本法理相通,破产撤销权虽与债权人撤销权在适用主体、发动条件、制度目的等方面均有所差异,但目标行为一旦被依法撤销,其法律效果均是该行为自始无效,应无异议。因此,偏颇清偿被撤销后借款主合同效力恢复,债权人重获申报破产债权的正当性在法理层面自不待言,在司法层面也是一直得到认可。但是,作为从合同的抵押合同呢?

支持抵押合同也恢复的最有代表性的观点是主从合同效力一致原理;另外,也有最新的总公司意见加持,《全国法院民商事审判工作会议纪要》强调,从属性是担保合同的基本属性,主合同无效导致担保合同无效又是从属性的

① 参见贾东明主编:《〈中华人民共和国民法总则〉释解与适用》,人民法院出版社2017年版。

核心特征,[①]也即效力的依附、相随和同步乃是主从合同之间紧密联系的关键。正在制定的民法典合同编草案(二审稿)第472条第1款规定:“保证合同是主债权债务合同的从合同。主债权债务合同无效,保证合同无效,但是法律另有规定的除外。”这一表述将此前《担保法》第5条第1款规定的“担保合同另有约定的,按照约定”这种留有意思自治余地的表述升格为“但是法律另有规定的除外”,进一步重申和再一次强调担保合同的从属性。最高人民法院的麻锦亮法官在向全国法院视频授课时也强调了这一观点。

但是笔者仍认为,仅有这样的论述是不充分的:第一,无论是《担保法》《民法典(草案)》还是《全国法院民事审判工作会议纪要》,强调的均是在无效的情形下,主合同与担保合同的一致性,而本案的情形是撤销而非无效,合同无效和合同撤销虽然在法律效果上高度一致,但还是存在重要区别的。更何况本案是破产撤销偏颇清偿,与民法上的撤销也有不同。有观点认为,民法撤销权的后果是法律关系恢复到撤销前状态,而破产法撤销权的后果是以法定的债权实现方式(债权申报)代替撤销前的合同债权,而不是恢复到撤销前状态。这是因为,民法撤销权是基于错误的意思表示,即有瑕疵的法律行为被消灭而不是被修正;而破产法撤销权是基于所有债权人公平清偿原则,所有在破产申请受理前一定期限的债权均以法定的债权实现方式(债权申报)代替合同债权,即撤销的法律行为被修正而非消灭。第二,现实当中,担保合同确实具有某些独立属性,例如,最高额抵押、最高额保证,这些合同一般都早于主合同贷款合同签订,往往还由“一份从合同(最高额抵押或保证合同)”对应“多份主合同(贷款合同)”。第三,抛开本案当中主观的因素,如果郑某仅仅是一个善意的抵押人,应该在多大程度上保障他的信赖利益呢?或者说A公司的债权人的利益和为A公司提供抵押的郑某信赖利益以及银行的利益应该如何平衡?

2. 关于本案的主观过错

我国《企业破产法》对破产可撤销行为的主观构成要件未做要求。但是在具体个案当中,法官往往会考虑主观因素,进而作出利益平衡。就本案而

---

① 参见最高人民法院民事审判第二庭编著:《〈全国法院民商事审判工作会议纪要〉理解与适用》,人民法院出版社2019年版。

言,银行先后对A公司发放了十几笔贷款,并且直到A公司破产还有其他贷款尚未收回,虽然从事实来看银行一直在缩减对于A公司的授信额度,根据破产案件管辖法院反馈的情况,A公司早已符合破产原因,贷款银行就是A公司所在地最基层银行分支机构,说银行对于A公司的情况全然不知也不符合客观实际。但是仅凭上述事实,法官仍无法认定银行在本案当中存在任何过错,只能说风控意识还"有待加强"。对于郑某来说,确系当地党政领导,又在监委的笔录中承认和A公司实际控制人有借款往来,对于A公司濒临破产的情况理应了解,在A公司向银行的其他贷款未归还的情况下,推动A公司对于郑某提供房产抵押的这笔贷款提前清偿,导致房产释放,确实事出反常。也就是说,郑某与A公司在A公司符合破产原因的情况下,协商由A公司提前还款,释放郑某提供抵押的房产,这一事实具有高度盖然性,这一偏颇清偿的实际受益人正是郑某。正是有了这一番论证,二审法院才从破产禁止偏颇清偿的基本原理出发,支持了银行的诉讼请求。首先,在前案的破产撤销权诉讼中,法院从破产债权人公平受偿原则出发,保护了A公司债权人的利益,撤销了A公司向银行的个别清偿行为。其次,在本案的诉讼中,因为郑某并非善意抵押人,在银行与郑某的利益衡平中选择了银行。但如果郑某是一个善意的抵押人,在强势的银行和弱势的抵押人之中,如果你是法官,你会选择保护谁的利益?

3. 本案存在其他救济途径

笔者曾在"破人与破事"群请教各位专家,有意见指出,如原抵押物未被转让,银行可起诉要求恢复抵押权登记并行使抵押权或径行行使抵押权,此时抵押人所承担的担保责任并不具有补充性,只要抵押权的实现条件成就,抵押人即应承担抵押责任。在原抵押物已被转让的情况下,也可起诉现抵押物的所有权人要求恢复抵押权登记并行使抵押权或径行行使抵押权。两者的请求权基础均为抵押权的物上代位性,银行可就抵押物变价款取得优先受偿权,此时请求权基础在解释上应为法定质权,且顺位与原抵押权相同。笔者个人认为,《物权法》第174条规定:"担保期间,担保财产毁损、灭失或者被征收等,担保物权人可以就获得的保险金、赔偿金或者补偿金等优先受偿。被担保债权的履行期未届满的,也可以提存该保险金、赔偿金或者补偿金等。"本案中,担保财产并非毁损、灭失或被征收,而是被依法注销,理应首先提起一个抵押权恢复登记之诉,依据担保物权物上代位性原理径行行使抵押权值得商榷。

值得思考的是,在郑某本人承认其中一处房产系虚假转让的情况下,银行起诉郑某和房产受让人要求恢复抵押登记,是否可获法院支持?笔者认为是可以支持的。银行之所以未提起恢复抵押登记之诉,也是囿于善意取得制度对房产受让人的保护,各位专家学者的认为难以提起恢复登记之诉的意见也都是基于郑某转让房产系善意的基础。现在郑某转让原抵押物非善意,抵押物受让人不再受善意取得制度保护,自然可以以此途径起诉。值得注意的是,郑某的主观过错分为两个阶段第一个阶段是在与 A 公司合意个别清偿行为之时,此时的过错更多是一种具有信息优势的债权人的“先到先得”心态,有一定放任的成分。第二个阶段是发现个别清偿行为被撤销之后转移原抵押物的故意心态,这个阶段的过错非常明显,使本项救济途径从理论可行转化为现实可行。

破产程序中债务人自行管理制度的探析

——以浙江雅迪纤维有限公司破产案为切入点

李乐敏*　丁天甲**

2020年年初，新冠肺炎疫情肆虐，口罩、防护服等医疗资源稀缺，在此背景下，苏州市吴江区人民法院紧急许可一家已进入破产程序的防护物资生产企业恢复生产。据悉，这是全国首例因为疫情而被许可恢复经营生产的企业。此案亦引起了笔者的关注，如何探索并开创破产企业的自行管理模式以激发破产企业的最大市场价值，向来是破产管理制度的核心问题。在破产实践中，债务人采取自行营业方式的相对较少，而且大部分破产案件名为自行管理实质上是管理人主导下的营业。但是随着破产案件的日渐复杂，管理人作为中介机构并不具备相应的专业知识以及能力，无法真正意义上实现债务人的正常生产运营。从这个角度而言，债务人自行管理就显得非常有必要。2019年11月14日，最高人民法院公布了《全国法院民商事审判工作会议纪要》（以下简称《会议纪要》），其中，第111条和第115条这两条规定对债务人自行管理财产和营业事务的条件等给出明确的意见，这进一步推动了债务人自行管理制度的发展。但是债务人自行管理制度依旧存在大量现实难题需要通过不断的实践来完善。笔者拟就自身承办的浙江雅迪纤维有限公司破产案为切入点，对目前债务人的自行管理方式进行分析，以期对破产实务有所裨益。

---

* 浙江振邦律师事务所主任，中国人民大学破产法研究中心兼职研究员。

** 浙江振邦律师事务所律师。

一、基本案情

浙江雅迪纤维有限公司是诸暨辖区内大型骨干型民营规模企业,曾为地方财政和金融做出不小贡献。然而,近年来,氨纶市场正处于行业整合的阶段性时期。一方面,劳动力、土地等生产要素成本不断上升,而主要工业品出厂价格指数PPI却持续下跌,库存压力不断加大,导致企业经营效益下降,不能清偿到期债务;另一方面,行业整体的创新投入不足,产品核心竞争力不强,附加值不高,负重爬坡下难以完成转型升级,伴随产业结构转型和发展驱动优化,优胜劣汰作用加速发挥。在此背景下,雅迪纤维内部经困难、资金链断裂,多个债权人纷纷起诉,从而企业进入破产程序。

在进入破产程序后,债务人即向管理人申请,在管理人的监督下继续营业。管理人考虑到雅迪纤维的生产工艺和生产设备等较为特殊,如果停产,大量昂贵的原材料将直接损耗,机器设备也将损坏或难以恢复正常状态。另外,雅迪纤维尚有500余名在职职工,如果停产,该数百余名职工将立即失业,容易引发涉众涉稳的群体性事件。而且,该批职工大部分是雅迪纤维多年来培养的核心管理人员和熟练技工,如果停产,该批核心管理人员和熟练技工即会流失,以后将很难重新召回。鉴于债务人生产工艺和生产设备的特殊性,如果没有相应配置的核心管理人员和熟练技工,财产处置难度将很大,不利于财产的保值和财产的变价处置及其处置价值最大化,也不利于有序顺利推进破产程序。故管理人在收到债务人的申请后,即向人民法院报批许可,雅迪纤维清算期间实行在管理人的监督下自行管理财产和营业事务。为使监督工作有章可循,在征求债务人管理人员意见的基础上,管理人制定了《印章使用管理和监督办法》《资金支付审批管理和监督办法》《合同管理和监督办法》,建立了债务人清算期间印章使用、资金支付审批、合同签订及履行的监督制度,确保债务人营业事务有序合规开展。

在此种方式下,最终案外人以2.143亿元拍得雅迪纤维的整体资产,并顺利接收了原雅迪纤维的所有员工,保留了其氨纶产能。

二、债务人自行管理制度的意义

2006年《企业破产法》施行后,原先单一的破产清算制度扩张为破产清算、破产重整、破产和解三“驾马车”并行的破产规范。《企业破产法》也从单纯的企业退出制度逐渐进化为企业退出与企业挽救并重的新型制度。就破产重整制度而言,其是通过外部力量解决企业目前暂时的困境,从而激活企业本身的“造血”功能,实现企业新生的制度。而债务人自行管理,是维持和激活债务人自身造血功能的最佳武器。

从上述案件中可以看出,相较于简单的停业清算,由债务人自行管理的继续经营方式,极大地增加了债务人的资产价值,更保住了雅迪纤维原有的氨纶产能以及多年培养的核心管理人员和熟练技工,也为后续投资人的接手打下了良好的基础。那么债务人自行管理的意义具体为何呢?笔者认为,主要如下:

1. 重整程序产生就是源于债务人企业本身具有挽救的营运价值,因而重整首先应当考虑立足于债务人企业的自救,故债务人的自行管理本应是能够充分体现重整营运价值的首选方式。

2. 债务人对于其自身的优势以及劣势都更为清楚,对于企业的生产、销售、管理等较为熟悉。在维持企业继续生产经营方面,由外部引入的管理人负责显然不如由债务人自行管理更为高效。

3. 债务人自行管理制度对重整程序的及时启动与顺利进行具有重要的促进与保障作用。在司法实践中,许多企业之所以迟迟不愿意进入重整程序,一个重要的原因就是重整程序的主导运行方式是管理人管理,债务人自行管理的不确定性与实际缺位,导致企业股东和高管人员在发生债务与经营危机时,往往是极力在破产程序外自我挣扎而不愿主动进入重整程序,乃至耗尽企业资源,以至于进入重整程序时基本上丧失了最佳的自救时机,只能通过引入新的投资人的外力方式解困。而由债务人自行经营管理,有助于调动债务人的积极性,使其认识到破产重整程序是能够真正帮助其走出困境的。

4. 在管理人管理之下,重整计划草案的制订往往更关注于债务清偿、招募投资人的投资等问题,重整实际上仅仅是对债务的清偿与减免,所谓计划也仅是根据法律对重整债务清偿的要求进行计算与调整，而对企业运营价值的恢复、重整计划在经营上的可行性等重视不足，极有可能导致重整的最终失败，即便重整成功，二次破产的案例也到处可见，已经远离破产重整制度的原本含义。同时，在忽视激活企业本身造血功能的情况下，也不利于重整投资人的招募，就重整投资人而言，一个架构完成、生产销售能力均在的企业肯定是更具吸引力。

三、自行管理的申请与批准

我国《企业破产法》第73条规定："在重整期间，经债务人申请，人民法院批准，债务人可以在管理人的监督下自行管理财产和营业事务。"而《会议纪要》更进一步对于债务人自行管理制度进行了明确。笔者就目前已有的法律规定结合实践，对债务人自行管理的申请与批准归纳如下：

（一）申请主体

依据《企业破产法》第73条，在重整期间，经债务人申请，人民法院批准，债务人可以在管理人的监督下自行管理财产和营业事务。该条对于债务人申请自行管理的主体明确为债务人。但是鉴于企业进去破产程序后，其民事行为能力是受到限制，同时企业的印章、证照等均已被管理人接管，无法直接以债务人的名义提出申请。

根据《会议纪要》第111条的规定，债务人提出重整申请时可以一并提出自行管理的申请。但是，如果在进入重整程序后或者债务人是先进入破产清算程序后转入破产重整程序，那么谁可以代表债务人提出自行管理申请？可供选择的有股东会、董事会以及法定代表人。同时考虑到，目前我国大部分的企业中，其实并不存在董事会，因此在这样的情况下，考虑的就是股东会以及法定代表人，当然原则上是要两者均同意债务人自行管理企业财产以及营业事务。

另外值得一提的是，如果企业的法定代表人以及股东会对于企业是否自行管理存在不同意见的，那么应该如何处理？笔者认为，在债务人本身的管理人员都对于是否应该由债务人自行管理存在分歧的情况下，即表明其债务人本身对于能否自行管理上存在疑问。此种情况下,出于谨慎原则的考量,不应该同意债务人自行管理。

(二)债务人自行管理的条件

债务人提出申请后,并不意味着就一定会获得准许,还应当重点考察一下以下几点因素,综合考虑后方可决定是否准许。根据《会议纪要》第 111 条规定,债务人自行管理的条件,重整期间,债务人同时符合下列条件的:

1. 债务人的内部治理机制仍正常运转;
2. 债务人自行管理有利于债务人继续经营;
3. 债务人不存在隐匿、转移财产的行为;
4. 债务人不存在其他严重损害债权人利益的行为。

根据《会议纪要》,债务人自行管理存在两个积极条件:首先,债务人的内部治理机制仍正常运转,在雅迪纤维案件中,债务人其进入破产程序的主要原因在于市场行情的下滑,其本身从公司管理层到下属的生产、销售人员均完备。同时,公司上下游的企业关系网尚在,公司生产与销售均不存在问题,完全具备公司自行管理的可能。其次,债务人自行管理有利于债务人继续经营,雅迪纤维作为本地一家大型氨纶企业,其本身的生产技术较好,产品质量较可,管理人作为中介机构无法对其日常的生产经营作出有效的管理,只有在债务人自行管理的情况下才能实现债务人资产价值的最大化。管理人贸然介入,只会导致公司经营的不善。

考虑上述两个积极条件的同时,尚有两个消极条件,即债务人不存在隐匿、转移财产的行为,债务人不存在其他严重损害债权人利益的行为。而这就需要管理人充分行使监督权,规范债务人在自行管理过程中的各项行为。

尽管《会议纪要》中已经对受理的条件进行了一定程度上的明确,但是笔者参考实践案例,同时总结一些管理人的实践中的做法,认为还需要考虑以下几点因素:

1. 导致债务人破产的主要原因是否为债务人以及管理层人员的经营管理不善

债务人进入破产程序的主要原因如果是债务人以及管理层人员的经营管理不善,则笔者认为此时不宜由债务人自行管理。在破产程序中,债务人是否需要继续经营，主要的考量在于继续经营是否能增加债务人的资产价值，是否有利于广大债权人。在债务人本身就是因为经营管理不善导致破产的情况下，由债务人自行管理实属不妥。而在雅迪纤维破产案中，公司进入破产程序的主要原因是在于市场行情的下滑，而在市场回暖的情况下，自行管理实属可行。

2. 是否会对其他债权人的权益造成不利影响

债务人自行经营是否会对债权人利益造成不利影响。这是批准自行管理与否的核心因素，需要法院根据具体情况裁量判断。债权人如果就此提出合理的反对理由，法院应当采纳。例如，在雅迪纤维案中，管理人作为中介机构不具备对于氨纶生产的把控以及管理能力，如不采用自行管理的方式，则只能够考虑托管经营的方式。而托管经营相较于自行管理其成本则大大上升。此时，债务人自行管理不仅不会对债权人的利益造成不利影响，反而能大大减少运营成本，更好地维护债权人利益。

3. 自行管理是否会延误破产程序

延误破产程序会增加破产成本，间接损害债权人的利益，因此也应列为是否批准自行管理的考量因素。[①] 如果债务人自行管理将导致整个程序的大大延长，那么此时就要考虑是否改变经营方式。

四、债务人与管理人之间的职权分配

(一) 债务人与管理人之间的事务分配

依据《企业破产法》第 73 条，在重整期间，经债务人申请，人民法院批准，债务人可以在管理人的监督下自行管理财产和营业事务。有前款规定情形的，依照本法规定已接管债务人财产和营业事务的管理人应当向债务人移交财产和营业事务，本法规定的管理人的职权由债务人行使。

在此处较为明确的是，债务人自行管理的是财产以及营业事务。如涉及破产相关事务，仍然由管理人负责实施。同时，管理人作为债务人自行管理

① 参见宋自学、郝勇晓：《破产重整语境下债务人自行经营管理模式的探索与实践》，第十二届“中部崛起法治论坛”论文，长沙，2019 年 11 月。

下的监督者,还需要充分履行其监督职责。因此按照目前的实践中,往往是由债务人负责日常经营性事务,管理人负责监督以及破产事务。但是对于具体的事务,法条是没有进行明确的列举。在目前的司法实践中,也有部分法院对于职责进行了明确的分工,如深圳地区,明确规定债务人自行管理的,应当履行下列职责:(1)负责营业事务;(2)管理债务人的财产、账簿和文书等资料;(3)建立债务人日常管理的制度架构,制定相关规范文件;(4)决定债务人内部管理事务;(5)决定债务人的留用人员;(6)按财务管理制度决定日常开支和其他必要开支;(7)向债权人会议报告财产状况;(8)接受管理人监督,向管理人提交预决算表,定期对账;(9)制订重整计划草案及其说明文件;(10)相关法律或职责分工方案规定的债务人其他职责。债务人签订新的合同、继续履行合同以及实施涉及财产、经营和人员的其他重大处分行为的,应当提请管理人审核。债务人自行管理的,管理人应当履行下列职责:(1)调查债务人资产、负债状况;(2)受理、审查债权申报,审查取回权、抵销权主张;(3)根据《企业破产法》第31条至第33条规定追回财产;(4)组织召开债权人会议及关系人会议;(5)代表债务人参加诉讼、仲裁或者其他法律程序;(6)督促债务人按期制作重整计划草案;(7)相关法律或职责分工方案规定的管理人其他职责。①

(二)管理人对债务人的监督

尽管在自行管理的方式下,是由债务人其自己来负责主要的营业事务。但是管理人的监督依旧是必不可少的,盖因破产企业不同于正常企业,不能完全按照正常企业的方式予以对待。而管理人的监督方式主要为以下几种:

1. 管控企业印章、证照,用印需经过审批

企业生产经营,对于印章的使用的监管尤为重要,由管理人管控债务人印章、证照,需要经过审批方可适用。然而,在某些情况下,由于债务人印章的使用非常的频繁,此时管理人管控印章反而有可能影响债务人的生产经营,那么管理人直接管控就显得不那么恰当,此时监管更为合适。

① 深圳市中级人民法院《关于印发〈审理企业重整案件的工作指引(试行)〉的通知》(深中法发〔2019〕3号)第60条规定。

2. 管控企业财务

在管控企业印章后，对于企业财务也是需要由管理人管控，特别是涉及资金支付等，需要经过严格的审批手续，以防止债务人转移资产。例如，雅迪纤维破产案中，管理人对于债务人的资金是进行严格监管，对于最终的资金支付审批是由管理人派专门的工作人员予以把控。同时为了尽最大可能地保障日常生产经营活动的顺畅，管理人在制定《印章使用管理和监督办法》《资金支付审批管理和监督办法》《合同管理和监督办法》提前与债务人的工作人员进行沟通，尽最大可能做到灵活性与原则性兼顾。

3. 建立定期报告和重大事项报告制度

定期报告主要针对债务人日常的经营活动，定期向管理人进行汇报。重大事项报告主要是对应于非债务人的主要经营事项。对于具体的事项，笔者则认为可以参照《企业破产法》第 69 条所规定的事项，债务人如果实行该条文所规定事项的，应当提前报告。管理人通过此项措施，一方面，在于及时掌握和了解债务人自行管理的状况，为管理人、法院及债权人的相关决策提供基础信息，比如，发现债务人缺乏挽救的价值和希望的，则应考虑申请法院宣告破产，避免损失的进一步扩大；另一方面，在于观察债务人相关人员是否存在不忠实履行职务的行为，并及时予以纠正或追究相关人员责任。

五、结　　语

随着破产法制的发展，企业挽救的价值与功能将在制度体系构建中更为突出。如何维持债务人的营业事物，激活债务人“造血”功能，以弥补管理人作为中介机构无法参与实质性生产经营的缺陷？笔者认为，在这样的情况下，如债务人具备自行管理能力的，由债务人自行管理营业事务也是个良策。当然，我国目前对于债务人自行管理，已经作出了进一步的探索，但是依旧存在许多问题需要等待实践的回应。

从南方系合并破产清算案看清算程序实现重整效果

陆 诚* 朱强和**

一、案件基本情况

浙江南方石化工业有限公司(以下简称南方石化)、浙江南方控股集团有限公司、浙江中波实业股份有限公司(这3家公司以下简称南方系)系绍兴地区最早一批集化纤、纺织、经贸为一体的民营企业,3家公司受同一实际控制人控制,其中南方石化在职职工1310余人,年产40万吨各类化纤产品,年产值20亿余元,纳税近2亿元,曾入选中国民营企业500强。由于受行业周期性低谷及互保等影响,2016年上述3家公司出现债务危机。2016年11月1日,浙江省绍兴市柯桥区人民法院裁定分别受理上述3家公司的破产清算申请,并通过竞争方式指定江苏百年东吴律师事务所、浙江点金律师事务所、诸暨天宇会计师事务所有限公司担任联合管理人。

管理人接管3家企业后做了大量工作推进本案破产程序,主要有以下3项亮点工作:

(一)破产不停产

考虑到南方石化是24小时连续作业,生产设备一旦停机再开机损失巨

* 江苏百年东吴律师事务所主任,苏州市破产管理人协会会长,中国人民大学破产法研究中心兼职研究员。

** 江苏百年东吴律师事务所律师。

大,从资产的保值增值、维护社会稳定以及方便买受人顺利接收资产角度出发,在南方石化陷入危机后,法院即向地方政府及企业建议"破产不停产"的方案。同时,通过府院联动机制,利用政府的招商平台,以破"产"招"商",实现资产的快速处置。上述方案经府、院、企及主要债权人的多次协商、确定后,地方党委政府积极努力,引介全球500强国企浙江物产化工集团有限公司作为托管企业,以委托加工的形式继续经营南方石化,确保了企业在进入破产程序前、后的平稳,为之后的审理及资产的快速处置奠定了良好的基础。江苏百年东吴律师事务所、浙江点金律师事务所、诸暨天宇会计师事务所有限公司被指定为联合管理人后即刻开展了接管工作。同时,3家单位共同研究认为"破产不停产"的方案有利于本案破产程序的推进,有利于债务人资产的保值增值,有利于社会稳定。管理人随机提请人民法院许可债务人企业继续经营,并且提请第一次债权人会议表决通过继续营业的报告。

(二)额资产一拍成交

2017年2月23日,柯桥区人民法院宣告南方石化等3家企业破产。后经3次专项会议论证,依照《债务人破产财产变价方案》,利用化纤行情好转的有利时机,管理人及时拟定了拍卖方案,于2017年3月10日上网拍卖。通过管理人积极寻找战略投资人、政府的招商平台与政策支持等大力推介,最终3家企业550亩土地、26万平方米厂房及相关石化设备等资产于2017年4月18日以6.88亿余元一次拍卖成交。

(三)保障职工合法权益,维护社会稳定

南方石化在岗职工1310余人,职工稳定是本案的重大问题。案件受理前,通过托管和委托加工,确保了职工收入不变、工资不欠、人员不流失。案件受理后,高管依法限薪、普通职工和技术人员的待遇不变,稳定了队伍,留住了人才。在资产拍卖成交后移交前,就职工债权与员工进一步确认、协商,对其留职意愿进行摸底,并与买受人达成一致,最终由买受人以不低于原工作待遇的方式全员接收南方石化原有职工。

管理人通过债权审查,发现债务人债务规模庞大,经过多次模拟测算,若通过重整程序推进本案,将产生大额的重整所得税,这不利于重整后企业正常经营和战略投资人的利益保障。因此,管理人在此种事实下,积极在清算程序下极大发挥现有债务人财产价值,充分发挥债务人产品的市场占有率高、生产线完备、人才齐全等优势,尽量保证债务人产能不减少,从而达到重整的效果。

二、正确理解"多兼并重组、少破产清算"

2015 年中央经济工作会议提出:"积极稳妥化解产能过剩。要按照企业主体、政府推动、市场引导、依法处置的办法,研究制定全面配套的政策体系,因地制宜、分类有序处置,妥善处理保持社会稳定和推进结构性改革的关系。要依法为实施市场化破产程序创造条件,加快破产清算案件审理。要提出和落实财税支持、不良资产处置、失业人员再就业和生活保障以及专项奖补等政策,资本市场要配合企业兼并重组。要尽可能多兼并重组、少破产清算,做好职工安置工作。要严格控制增量,防止新的产能过剩。"从此,"多兼并重组、少破产清算"成为破产实务界的口号之一,然实务操作者对此口号多有误读并且严重影响了破产案件的推进,认为破产重整应当优先破产清算程序适用,管理人也以成功办理破产重整案件为荣,但是此种误读或导致案件适用程序不当或导致程序空转,此等理解实在是曲解中央经济工作会议的原意。笔者以为,可以从以下几个方面理解"多兼并重组、少破产清算"的含义。

(一)要稳妥推进去产能工作

中央经济工作会议提出"多兼并重组、少破产清算",是在我国经济运行产能过剩严重影响经济高质量发展背景下提出的。2008 年为了应对金融危机造成的中国出口下降,中央作出拉动内需的决策,"4 万亿"应运而生。"4 万亿"主要投向制造业,如钢铁、煤炭、汽车等,再加上银行贷款杠杆的作用,财政和金融政策极大地刺激了传统制造业,但也加大了经济泡沫、产能过剩的风险。2009 年之后,这些产能逐渐释放,企业市场占有规模被摊薄,经营越来越困难,逐渐形成了传统制造业的过度投资。中央在统筹去产能工作中也注意到维护社会稳定的问题,因此在去产能过程中要做好职工安置工作。从客观情况来看,破产清算下,债务人被宣告破产以后,职工与企业的劳动关系被解除,职工只能另行寻找工作;在破产重整条件下,重整以后的企业应当继续履行劳动合同。但是这并非意味着重整程序优先清算程序:

首先,破产清算程序下,虽然职工的劳动关系要被依法解除,但是管理人在进行职工债权调查时应当主动计算赔偿职工的经济补偿金,这也保障了职工的合法权益。在南方系破产案件中,大部分职工不但与新的企业签订了劳动合同并继续从事原岗位工作,而且拿到了原破产企业支付的经济补偿金。

其次,破产重整程序下,意味着对原有企业的投资结构、股权结构、市场结构、产品服务结构、管理结构、职工结构等方面进行调整,在此情况,投资人有可能要求对原有职工岗位、人员进行调整,而管理人为了重整成功,也有可能通过谈判等形式与原有职工进行协商调整岗位、薪资、是否去留等问题以满足投资人的需求。因此,只要在承办破产清算案件时,妥善地做好职工安置工作,这与中央经济工作会议精神并不违背。

(二)更加关注营运价值

实际上"多兼并重组、少破产清算"表达的另一层意思是要尽可能地发挥进入破产程序企业的营运价值或破产财产的效能。在破产重整程序下,通过重整计划对原有企业的投资结构、股权结构、市场结构、产品服务结构、管理结构、职工结构等方面进行调整进而保留原有的企业,让原有企业的营运价值得以保留并且提升。虽然破产重整意味着重生,但是破产清算并非意味着必然死亡。破产清算程序下,虽然破产企业需要被注销,但是破产企业的资产也会投放到市场上进行拍卖,破产企业的人才也会通过劳动力市场进行重新配置,因此,破产清算也是生产力要素在市场上的重新配置。管理人承办破产案件应当首先考虑的是这个企业还有价值吗、主要价值是什么、如何使这个企业的价值最大化等问题,而非只是考虑优先选择重整程序。管理人先考虑企业的营运价值最大化或者要使企业资产价值最大化,而后再考虑相应的选择何种程序以实现前面的目标。在南方系破产案件管理人正是从关注企业的营运价值最大化和要使企业资产价值最大化的角度出发,采用重整程序不合适本案,果断快速推进本案破产清算程序,同时在淘宝网络拍卖程序下,积极与潜在买家积极沟通,最后做到了资产一拍成交,买受人留用了破产企业的大部分职工。虽然本案采用了破产清算程序,但是资产处置快、职工权益得到高度保障,从而实现了重整效果。

(三)市场化破产成熟运行下的理解

若要从程序适用上理解"多兼并重组、少破产清算",那么此句更多表达的是破产市场化运行成熟后的状态。当前人民法院受理破产案件中,绝大部分是以清算进入破产程序的,以重整、和解进入破产程序的是少数。这是我国市场化破产发展不够充分的体现。"多兼并重组、少破产清算"应当是在市场化破产充分发展的状态,就像人生病了应当首先进行自我调养,进医院进行整治,而非直接送至火葬场。笔者以图1来表达在市场化破产充分发展的状态,企业出现危机的处理先后顺序和程序选择。

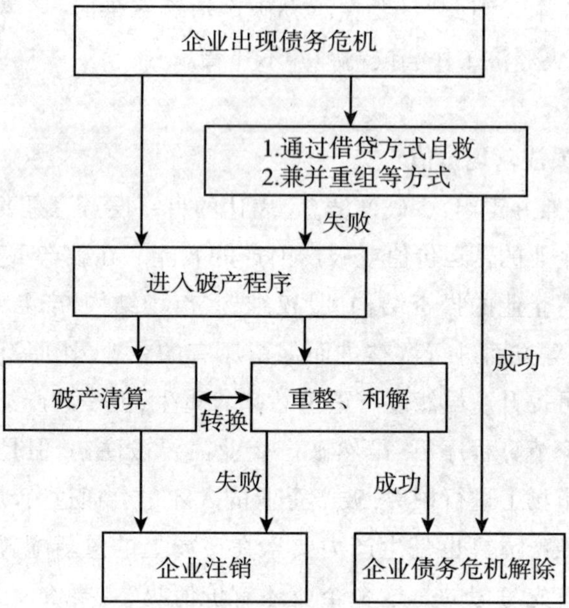

图1　市场化破产

当目前"僵尸企业"处理结束、以前积案消耗完毕后,市场主体进入破产能够常态化时,企业出现一般债务危机后应该首先通过自救方式解决,只要妥善处理企业应该可以渡过难关;若不能解决并且危机进一步加剧,一般会通过兼并重组等法庭外方式、和解与重整等法庭方式解决;若无法通过和解与重整等法庭方式解决并且债务危机已经到了无法挽救之时,最后才进入清算,极少有企业一出现债务危机就直接进行破产清算。因此,在未来理想状态下,应当多兼并重组、少破产清算。

三、管理人在破产程序选择上的主动性

我国2007年施行的《企业破产法》规定了清算、重整、和解三种破产程序。破产清算是通过宣告债务人破产后,由管理人对破产财产进行清算、评估、处理,并按照规定的程序和分配规则对破产财产进行分配;企业重整则着眼于积极预防破产,充分调动各方利害关系人的积极性,共同拯救陷入经营困境的企业,从根本上恢复债务人的生产经营能力,维持企业正常的生产经营秩序,实现企业价值的更生再造;破产和解制度着眼于通过债权人与债务人的协商,减免债务数额、延缓债务履行期限等方式,使债务人摆脱了经济困难、避免破产从而恢复企业正常的生产经营秩序。从以上可以看出重整、和解程序下,管理人的核心是在解决债务人债权债务关系的同时要考虑企业的营运价值并且要维系企业的生产经营秩序。在清算程序下管理人应当做到:第一,提高自身对营运价值的识别能力,对于那些虽然以清算名义进入破产程序的,但是企业还有极大的营运价值而有重整、和解可能的并且清算会损害该种营运价值的,管理人应当积极与人民法院沟通,与企业的股东、破产申请人、债权人、战略投资人等沟通,积极推动由清算转换为重整或和解;第二,若企业没有重整、和解可能,只能走清算程序的,管理人也应当本着使债权人利益最大化、充分发挥破产企业资产效能的原则处置破产财产,从而以破产清算程序实现重整效果。

六、破产“税痛”

破产涉税协调联动机制的“破冰”之旅

王　静*

一、困境：制度供给与企业退出需求的不平衡

破产制度是市场经济的基础性法律，破产法制健全是国家市场经济地位确立的重要标志。积极运用破产法治思维和方式，构筑中国特色市场退出机制，对于我国经济结构的调整、营商环境的优化有着重要意义。当前，我国市场主体退出实践面临市场主体破产清退比例低、与市场主体规模和经济运行周期不相适应等突出问题。随着我国经济进入增速换挡期和结构调整期，市场主体退出数量和效率都无法与加速出清的需求相适配。这其中有破产程序自身的问题，但更重要的是市场主体退出制度与其他相关配套机制不健全、不完善等问题。破产法的法治化实施受限于相关配套制度，然而，现行大多数制度都是按照企业持续正常经营而进行的设计，与破产法之间形成了冲突。有关政策供给与企业退出及救治的需求不平衡，成为制约破产功能发挥的主要因素。破产涉税的协调处理就是其中的典型表现。

由于现行《税法》主要聚焦于健康且持续经营的正常纳税主体，无论在实体方面还是程序方面，都缺少对于破产企业这种陷入困境甚至丧失存续希望的特殊纳税主体的关注。《税法》与《企业破产法》之间产生了一些空白、模糊甚至冲突的地带，这导致在实践中出现法院与税务机关之间理解和操作不协调的现象。企业破产所涉及的税收债权申报、税务注销乃至税收优惠等问题也一直是困扰破产司法和税收征管的焦点、堵点和痛点。

---

* 南京市中级人民法院清算与破产审判庭庭长，中国人民大学破产法研究中心兼职研究员。

我们审理的某房地产公司强制清算转破产清算案,就集中体现了破产审判中涉税处置的困境。该公司系房地产开发企业,公司注册地与其开发的房地产项目所在地分别位于不同税务机关的管辖范围,如何确定主管税务机关,管理人与税务机关、税务机关彼此之间都存在争议。而且,由于该公司之前未按照规定期限申报纳税,已被税务机关列入非正常户,无法进行纳税申报,之前拖欠税款的情况不明。清算过程中,在处置公司名下车位、房产等不动产时,又产生了土地增值税、企业所得税、营业税等,因公司的公章、证照、财务账册等资料缺失,管理人未能接管到相关证照和资料,致使管理人与税务机关无法了解该公司已缴纳的税款情况、房产建设成本等数据,税务机关内部就如何确定该公司应缴纳的税款科目及相关金额也存在争议。所欠税款是依照《企业破产法》的规定由税务机关主动向管理人申报,还是依照《税法》的规定由管理人主动向税务机关进行纳税申报,也各执一词。税务机关如果作为债权人参加债权人会议的话,对于管理人按照最高人民法院有关规定对税款债权核查的结果是否要提出异议甚至是否要提起债权确认之诉,对管理人提出核销或者拍卖难以追回的应收账款等财产管理及变价方案如何行使表决权,在实际操作中都存在争议。经管理人调查,该公司并没有其他外部债权,所欠税款债权无法确定、税务债权人不依法参会依法行使表决权的话,将直接影响后续破产程序的推进与企业的最终注销,进而导致企业无法有效及时退出市场。这些问题纠缠许久,严重拖延了案件办理的进程。

二、"破冰":从个案协调到长效机制

市场主体退出是一项社会治理的系统性工程,相关配套机制的全面构建需要时间和过程。在暂时缺乏全面、系统、完备制度设计的情况下,统筹协调解决破产涉税等重点问题的可行途径在于建立破产处置协调联动机制。2019年7月中旬,国家发改委、最高人民法院、国家税务总局等13个部委联合发布了《加快完善市场主体退出制度改革方案》。在这份国家层面确立市场主体退出制度的重磅文件中明确要求完善市场主体退出相关财政税收政策,优化企业破产税收政策环境。2019年6月、8月,江苏省政府和南京市政府连续出台文件,建立省、市层面的府院联动机制,组织包括税务机关在内的20多个职

能部门和法院建立健全制度化、常态化的企业破产处置协调联动机制，合力破解企业破产处置中的有关问题。

正是在这样的背景下，我们和南京市税务局法规处以前述个案中的破产涉税问题的协调为契机，经过多轮座谈研讨，征求管理人与相关税务机关的意见，梳理破产涉税常见问题，厘清制度障碍成因，探讨可行的操作路径，及时巩固共识，将个案协调上升为长效机制，共同制定了《破产清算程序中税收债权申报与税收征收管理实施办法》。该办法在现有法律框架下，进一步理顺了破产审判、税收征管与管理人履职的关系，明确了各自职能定位和职责范围，规范了破产程序中税收债权申报和纳税征管程序的操作，对于依法维护国家税收权益，平等保护各方主体利益，畅通破产企业退出渠道具有重要促进作用。该办法通过建立联席会议机制，率先搭建起破产涉税问题处理的常规化沟通协调平台，在破产涉税领域取得“破冰”性进展，形成了推进破产案件依法高效审理的合力，为推动区域破产法治环境优化起到了良好的示范效应。

《破产清算程序中税收债权申报与税收征收管理实施办法》针对目前企业破产程序中存在的相关税收问题，特别是税务机关不能及时申报债权或者申报的债权不完整、破产企业不能正常进行纳税申报、税务登记注销难等问题，作出了较明确的规定，多项内容具有领先性，体现了法院与税务局的担当精神。具体而言：

一是明确主管税务机关的确定方式。破产管理人对于主管税务机关不明确的，可以将债权申报通知统一寄送到南京市税务局，由南京市税务局查明并通知主管税务机关。由此打通了关键性环节，便利管理人的操作。二是明确税款债权的主动申报及依法参会要求。在企业正常经营过程中，税务机关可以通过纳税人的纳税申报、税务机关的检查和稽查以及《税收征收管理法》赋予的特别措施来实现税款征收的目的。但企业一旦进入破产程序，相关权力即受到《企业破产法》的限制，税务机关应当根据企业破产法的规定参与破产程序，实现税收债权，此即“作为破产债权的税收债权”理念在程序法层面的体现。所以，办法规定主管税务机关在收到管理人的债权申报材料后应积极申报债权、按时参加债权人会议并依法行使表决权。三是明确税收债权申报与确认范围。按照遵循法律文件的位阶效力以及尊重司法裁判的原则,搁置争议以推进工作。办法规定税务机关依照税法的规定进行全面申报,管理人首先要根据税务机关的申报进行详细、完整的登记,以备债权人等查阅,其次要按照破产法及有关司法解释的规定区分税款、滞纳金、罚款等不同性质的债权分别予以审核、确认。四是明确管理人的职责与义务。对于债务企业被列入非正常户状态的,破产管理人持法院的受理裁定书、指定管理人决定书即可办理解除,代表债务企业作为纳税人向税务机关领用发票,办理有关涉税事宜,极大地推动了企业破产的进程。同时也明确了对管理人履职的监督。破产清算过程中财产拍卖、变卖等产生的税款,属于破产清算费用,管理人有义务及时向税务部门缴纳税款。对未依法勤勉尽责履行纳税申报义务的管理人,税务机关可以将有关情况通报审理破产案件的法院,法院经核实后作为减分因素纳入管理人履职评价。情节严重的,由法院依法处理。五是明确税务注销的办理。对于企业破产财产分配以后,确实无法偿付的税款、滞纳金和罚款等,税务机关根据法院的破产终结裁定书出具清税证明办理注销,未清偿的税款、滞纳金和罚款由税务机关按照相关规定进行处理,解决了市场主体彻底退出的问题。六是明确税务机关的配合职责。破产清算过程中需要对财产尤其是土地、房产等实物资产作价变卖,税务机关可以配合法院和破产管理人,提供房产的计税基准价格和相关税收政策咨询。七是明确了强制清算的案件可以参照适用,解决了强制清算案件中涉税问题"无法可依"的窘境,拓宽了协调联动机制的覆盖面,增强了制度的可推广性,在全国居于领先地位。该办法的相关内容也被近日国家税务总局出台的《关于税收征管若干事项的公告》吸收采纳。

三、成效:合力助推市场退出机制的完善

破产涉税协调联动机制的建立,有效破解了长期困扰破产审判的突出问题。南京市首例法院宣告破产纳税人注销即办事项在江北新区税务分局办理成功。2019 年 10 月 11 日,破产企业某汽车销售服务有限公司持浦口区人民法院终结破产程序的裁定书向江北新区税务分局申请税务注销。江北新区税务分局按规定核销"死欠"863, 191.49 元,当场就为破产企业办理了税务注销事项。栖霞区税务分局辖区内的一家小规模纳税人因经营不善,被栖霞

区人民法院裁定受理破产清算。但法院指定的管理人未能有效接管到企业的公章、证照、财务资料,在破产处置过程中遇到一系列难题。栖霞区税务分局依据《破产清算程序中税收债权申报与税收征收管理实施办法》的规定,多次与管理人充分沟通,最终由管理人持法院的受理裁定书及指定管理人的决定书,解除了该企业的纳税人户的非正常状态,为后续破产处置中的涉税问题扫清了障碍。

通过破产涉税联动机制也顺利清结了多件长期破产案件。如我们审理的某制造公司破产清算案中,通过启动省、市两级破产涉税协调联动机制,有效平衡了职工债权的保障与国家税收利益的维护。该公司成立于1988年,系老牌国有企业。作为全省造纸印刷行业的主管公司和龙头企业,也曾有过辉煌。但之后因产业方向调整,该公司自2006年起停产歇业,被省国资委列入"僵尸企业"清理名单。经管理人调查,该公司的职工债权金额为390余万元,涉及12名在册职工和3位离休干部,在册职工中有2人身患重病,离休干部中有2位参加过抗日战争和解放战争,1位参加过抗美援朝战争,为民族独立、新中国成立和保家卫国作出过贡献。但是,该公司可供分配的破产财产系仅有的几套房产。根据债权人会议表决通过的破产财产变价及分配方案,房产经网拍成交,可供分配的财产总额为690余万元。除了已明确的破产费用、共益债务120余万元外,还要缴纳房产处置产生的税款。由于该公司的房产土地性质为划拨用地,如按常规超率累进税率计算、缴纳土地增值税,在扣除破产费用和共益债务后,预计职工债权仅能获得不足一半的清偿。为此,我们及时启动破产涉税联席会议机制,通过联席会议、个案座谈、征询意见等多种方式,会同破产管理人积极与省、市税务机关协调联动,在确保国家税收利益的前提下,对土地增值税依法采取核定征收,国有企业职工债权得到了全额清偿,不仅有效保障了职工的合法权益,也促进了长期破产案件的有效审结。

前述某房地产公司强制清算转破产清算案中,按照《破产清算程序中税收债权申报与税收征收管理实施办法》的规定,在市税务局的统一协调下,及时确定了主管税务机关,明确了主管税务机关依法申报债权、依法参加债权人会议、依法行使表决权的要求。管理人也依法勤勉履职,到房产登记部门查询之前房产销售的具体情况,详尽调查应收账款的金额与性质、对应的债务人情况及追收的成本与可能性,在此基础上制订合理的财产管理、变价及分配方案,并及时提供给主管税务机关,充分保障税款债权人的知情权、表决权。之前困扰许久的诸多“死结”也顺利解开,由此,该案已经终结,管理人凭法院出具的破产终结裁定书正在办理税务注销。

自《破产清算程序中税收债权申报与税收征收管理实施办法》施行以来,南京地区已完成184户破产企业的税收债权申报,合计金额达2.17亿元,有6家破产企业解除了非正常户状态,10家破产企业开具了清税证明,破产企业申请并开具发票298份,开票金额3.92亿元。有效解决了破产实践中突出的涉税问题,促进破产府院联动机制的落地生根,充分发挥了破产审判在完善社会主义市场经济主体救治和退出机制中的重要作用。

破产税务的现实图景与未来展望

徐战成*

在我国的法律体系中,《税法》和《企业破产法》都是相对小众的领域,破产税务作为两个小众领域的交叉问题,其关注者和研究者更是寥寥。近五年来,基于工作需要和个人兴趣,我围绕该问题撰写了一些文章和著作、参与了一些课题和项目、起草了一些文件和报告。作为破产税务问题处理的见证者和参与者,笔者将自己的研习心得和我国的探索历程概括为八个字:"窄门远路,初见微光。"

一、窄　　门

《马太福音》中有一句非常有名的话:"你们要进窄门。因为引导灭亡,那门是宽的,路是大的,进去的人也多;引导永生,那门是窄的,路是小的,找着的人也少。"我是一名党员而非基督徒,但觉得这句话的确很有道理。窄门小路,非但不容易找,而且比较难走,进来的人自然也不多。因此,窄门固然初始难进,但路上并不拥挤,越走越顺利。无论对于破产界还是财税界来说,破产税务都算是一道窄门:因为话题边缘,所以关注者少;因为入门艰难,所以同行者寡。

常有朋友问:你是怎么想到研究这个问题的?坦白地说:纯属偶然。作为税务机关政策法规部门的一名公职律师,笔者的本职工作主要是税务行政

* 国家税务总局浙江省税务局公职律师,中国人民大学破产法研究中心兼职研究员,国家税务总局第六批全国税务领军人才学员。

复议和应诉案件的办理。但在税务系统有个惯例:一项工作只涉及单个税种时,由该税种的主管部门负责;如果涉及两个以上税种,则由政策法规部门负责。企业破产事务涉及多个税种,既包括税收实体问题又包括征管程序问题,因此该工作就落到了政策法规部门。随着供给侧结构性改革的深入推进和最高人民法院一系列举措的推出,企业破产案件数量激增。作为全国破产案件数量排名第一的省份,浙江得天独厚的肥沃土壤,给我提供了丰富的研究素材。

当笔者投身这一领域,就立刻感受到了其中的魅力。通过检索和梳理现有的学术成果,笔者发现除了探讨税收优先权①和注销税务登记②等方面的零星的若干高质量文章之外,破产税务领域的其他问题几乎还属于亟待开垦的“荒地”。造成这一现象的主要原因是,研究破产法的人往往不关注财税法,研究财税法的人也很少关注破产法。另外,税法本身纷繁复杂,专业术语自成体系,实务操作性很强,破产法学界的人若要研究税务问题,需要耗费的精力过多。而对笔者来说,这种情况恰恰是一个难得的机会,是一座天降的宝藏。

于是,笔者将工作中碰到的破产税务难题认真研究、逐一突破,每每琢磨清楚一个,就写成文章在《中国税务报》等媒体或者“中国破产法论坛”等微信公众号刊登。随着一篇篇破产税务主题文章的陆续发表,破产税务问题的关注度得到很大提升,笔者也得到了来自不同方面的鼓励。同时,也有质疑的声音。例如,税法博大精深,可以研究的东西很多,为什么偏偏选择一个冷门话题?又如,破产是个不吉利的话题,搞这个是没有前途的。再如,企业都要破产了,你还研究如何去收税,良心上过得去吗?面对这些声音,笔者常常选择忽视,继续坚持自己的路。因为笔者深信,做这件事情一定是有意义的。欣喜的是,笔者走的虽然是一条窄门小路,但前进路上逐渐聚拢了一群志同道合、亦师亦友的好兄弟:王维顺、郭明磊、罗显峰、巴特、王典、韦国庆、徐飞,等等。我们通过微信、电话、文章等各种方式,持续关注、交流破产税务问题,

① 例如,熊伟:《论税收优先权与担保物权的竞合》,载《法学评论》2002 年第 4 期;熊伟、王宗涛:《中国税收优先权制度的存废之辨》,载《法学评论》2013 年第 2 期;李慈强:《破产清算中税收优先权的类型化分析》,载《税务研究》2016 年第 3 期。

② 例如,蒋卫君:《破产企业税务登记注销制度的完善》,载《税务研究》2015 年第 12 期。

常常乐此不疲。

二、远　　路

破产税务是一条远路，值得研究和需要解决的问题很多。并且，随着实践探索的推进和政策法规的变动，新情况新问题还会不断出现。因此，这条路可以越走越宽、越走越远。庆幸的是，在笔者踏上这条路之初，就遇到了王欣新、徐阳光、章恒筑等老师的指点和引路，并有机会借助中国破产法论坛等平台展示笔者的研习心得。

2016年8月，应徐阳光教授邀请，笔者参加了在北京举办的第七届中国破产法论坛，并做了破产税务主题的大会发言。这是笔者第一次参加破产法学界的活动。根据此前和破产法官及管理人打交道的经历来看，税收是令他们“又爱又恨”的话题。在这种情况下，笔者务必做到客观中立、不卑不亢，发出税务机关理性的、负责的声音。因此，笔者兼顾企业破产法和税法规定，简要分析了“税收债权的申报”“税收债权的优先性”“破产程序中的发票供应”“破产企业的税务注销”等10个问题，得到了与会嘉宾友好的回应。后来，笔者将演讲稿整理成文章，以《破产涉税处理十问》为题在《中国税务报》发表。

从这次论坛开始，笔者连续参加了第八届、第九届和第十届中国破产法论坛，以及2018年4月在温州举行的“中国破产法论坛·破产法市场化实施的配套法律制度专题研讨会”（以下简称温州专题研讨会）和2019年2月在北京举行的“中国破产法论坛·破产企业税收征管问题专题研讨会”（以下简称北京专题研讨会）。每次参会，笔者在思想上、认识上都有新的提升。其中，在第八届中国破产法论坛上，笔者作了题为“拍卖公告中税费转嫁承担条款的合法性与操作之张力”的发言，并在期间受聘为中国人民大学破产法研究中心兼职研究员，加入了徐阳光教授领衔的国家社科基金项目《破产法视野中的财税问题研究》的研究团队。在温州专题研讨会上，笔者作了题为“论破产税务的实践困境”的发言，提交的同名论文获评论坛一等奖，该文章后来被收录于《破产法论坛》（第17辑），由法律出版社出版。

在2018年4月召开的温州专题研讨会期间，在徐阳光教授、沈小英社长及刘莹老师的鼓励下，笔者接受了他们交办的一项艰巨的任务：将近年来关于破产税务的研究成果和心得系统整理形成专著，纳入中国人民大学破产法研究中心和法律出版社联袂打造的“破产法文库”。之所以答应如此爽快，是因为笔者刚刚拜读了徐阳光教授在《中国法学》上最新发表的《破产程序中的税法问题研究》一文，[①]文章提出的课税特区理论让笔者如获至宝。在课税特区理论指导下，笔者前期碎片化的研习心得和零散素材就可以串珠成线。接下这个任务的同时，笔者就拟定了书名，即《企业破产中的税收法律问题研究——以课税特区理论为指导》。

写作过程中，有艰辛也有快乐。那段时间，笔者和妻子还没有孩子，她在备考一个职业资格考试，这对笔者来说简直是写作的黄金期。每当晚上和周末，我们的“二人世界”就是这样一幅场景：相对而坐，笔者码字，她学习。写累了、学累了，就停下来聊聊天，然后继续。在笔者写作的半年时间里，我们推掉了所有的应酬，取消了逛街、看电影等一切活动。周五回家买好菜，周末两天不出门，生活质量自然下降了很多。妻子非但没有一句怨言，还给了笔者很大的精神鼓励，正如笔者在该书后记中写的那样：“感谢妻子陪伴、包容、理解和支持，为我提供了良好的写作环境，让我可以心无旁骛地投身其中，本书得以顺利完成，应该说‘军功章里也有她的一半’。”

书稿完成后，笔者将其发给徐阳光教授，请他拨冗审阅并帮忙作序。徐教授在序言中提道：“我感受到了作者虽为税务局公职人员，却并未完全基于其工作立场来分析破产涉税问题，而是密切关注和吸收学界最新研究成果，以学术的态度撰写了国内第一部破产涉税问题的法学专著。”事实上，笔者看到这句话的时候是有点惭愧的。这是因为，笔者在初稿中夹带了一些“私货”，甚至有一次笔者和徐教授对于书稿中某个裁判观点曾经有过分歧、有过争论。案情大概是：管理人在破产程序中处置破产财产没有依法申报纳税，税务机关催告之后实施了强制执行，从管理人的账户上划扣存款抵顶税款。一审法院认为，破产程序中的新生税款属于破产费用和共益债务，理应依法申报缴纳，否则税务机关有权强制执行，因此判决税务机关胜诉。二审法院认为，破产案件尚未进入分配清偿程序，税务机关即实施扣缴行为明显违法，因此判决税务机关败诉。我对此评论道：税务机关严格依照《税收征收管理

① 参见徐阳光：《破产程序中的税法问题研究》，载《中国法学》2018年第2期。

法》(以下简称《税收征管法》)实施强制执行却被判决败诉,确实比较委屈。而徐教授认为,《企业破产法》明确规定了破产程序启动后所有的执行程序都要中止,都要按照《企业破产法》规定的程序受偿债权,即便是作为破产费用从破产财产中拨付,也应该在破产程序内进行,不应由税务机关采取强制执行措施来处理,败诉并不委屈。在徐教授的影响下,笔者才更加深刻地认识到:撰写学术专著就要有学术态度,不应该受到身份和立场的干扰。于是,笔者尽可能地剔除了带有明显立场的表述,作了相应修改并如期出版。

2019 年 2 月的北京专题研讨会,规模不大但规格较高,来自全国人大常委会预工委、最高人民法院和国家税务总局的工作人员,以及财税法学界和破产法学界的顶级学者济济一堂。笔者结合国内各地尤其是浙江地区关于企业破产涉税问题处理的经验,提出了对《税收征管法》和《企业破产法》的修改建议,得到了与会嘉宾的认同。会议结束后,徐阳光教授鼓励笔者在研究国内法的同时,多学习先进国家在破产涉税问题处理方面的经验,要进一步提升外语水平,尽可能阅读外文原著。此后,笔者开始重点关注外国破产法领域的译著,并尝试翻译外国破产法中的涉税条款,收获很大。下面举两个例子:

一是关于税收债权的优先性。国内学界普遍认为,破产程序中的税收优先权在世界范围内存在取消和弱化趋势,不少国家如德国早已取消了税收优先权。然而,根据笔者对主要国家破产涉税规定的梳理来看,结论没这么简单。例如,美国破产法规定了 10 类优先破产债权,税收债权排在其中第八位。① 尽管从表面上看,税收债权优先顺序比较靠后,但前七位优先债权中,仅第二位的破产案件管理费用和第四位、第五位的工资类债权属于常见债权。德国破产法规定,联邦、州、市镇和市镇联盟根据法律规定对标的物征收的关税和其他税收,适用与担保债权相同的单独清偿规则,以确保支付公共开支。② 日本破产法规定,破产程序开始时纳税期限尚未届满或者已经届满但未满一年的税收债权作为特别优先的财团债权(相当于我国的破产费用和

① 参见[美]查尔斯·J. 泰步:《美国破产法新论》,韩长印、何欢、王之洲译,中国政法大学出版社 2017 年版,第 735 页。

② 参见德国《破产法》第 51 条第 4 项。

共益债务),纳税期限已经过一年以上的税收债权作为地位稍微下降的优先破产债权,至于优先破产债权之间的顺位,按照相关的实体法规则确定。根据日本国税征收法和地方税法规定,税收债权优先于劳动债权,并且在特殊情况下,税收债权还优先于作为别除权的抵押权等担保债权。[①] 另外,英国政府2019年7月颁布的《2019年金融法案》规定,自2020年4月6日起,英国将恢复企业破产程序中增值税和个人所得税等个别税收债权的优先权,英国税务海关总署将从普通的无担保债权人变成次级优先债权人(a secondary preferential creditor)。[②]

二是关于破产程序中新生税款的定性。国内学界和实务界普遍主张,破产程序中的新生税款应当豁免或者劣后处理,以体现"国不与民争利"的原则。在应然层面,该观点是可以成立的。但在实然层面,尚缺乏域外立法例的普遍支持。在主要国家中,日本破产法规定,破产财团基于破产程序开始之后的原因而发生的税收债权,作为劣后债权处理。[③] 这是因为,在日本1922年《破产法》上,大部分税收债权都被作为财团债权处理,破产管理人往往被当作专门为税收债权人服务的人员,从而备受诟病。[④] 但在美国和德国,对于新生税款的保护力度仍然非常大。根据美国《破产法》规定,破产财团作为独立的法律主体,自身也负有纳税义务。除了明确属于前述第八顺位的特定情形之外,任何破产财团所负担的税收均具有管理费用的优先顺位。[⑤] 根据德国破产法规定,处置破产财产的过程中产生的流转税应当依法收取。[⑥]

随着视野的拓宽、素材的丰富和上层的重视,破产税务之路越来越有吸引力。这是一条通向光明的路,并且,目前已经可以看到微光初见。

---

① 参见[日]山本和彦:《日本倒产处理法入门》,金春等译,法律出版社2016年版,第65~66页;[日]谷口安平主编:《日本倒产法概述》,佐藤孝弘等译,中国政法大学出版社2017年版,第76~77页。

② HMRC, Protecting your taxes in insolvency-summary of responses, 11 July 2019.

③ 参见[日]谷口安平主编:《日本倒产法概述》,佐藤孝弘等译,中国政法大学出版社2017年版,第78~79页。

④ 参见[日]山本和彦:《日本倒产处理法入门》,金春等译,法律出版社2016年版,第65页。

⑤ 参见[美]查尔斯·J.泰步:《美国破产法新论》,韩长印、何欢、王之洲译,中国政法大学出版社2017年版,第761页。

⑥ 参见德国《破产法》第171条第2项。

三、微　　光

（一）税收债权的特权地位逐渐弱化

长期以来，税收债权在破产程序中都处于强势甚至特权地位。例如，根据已失效的《企业破产法（试行）》及最高人民法院《关于破产企业拖欠税金是否受破产法规定的破产债权申报期限限制问题的答复》（法研〔2002〕11号）的规定，破产企业所欠税款不属于破产债权，具有优先于破产债权的地位，无须税务机关申报而自动获得优先清偿。再如，根据已失效的国家税务总局《关于广信深圳公司破产案件有关法律问题的批复》（国税函〔2000〕103号）规定，滞纳金是纳税人因占用税款而应对国家作出的补偿，属于税款被占用期间的法定孳息，与滞纳税款不可分割，应对所欠税款及滞纳金一并征收。

近年来，随着《企业破产法》的实施和社会观念的进步，税收债权的特权地位逐渐弱化。例如，根据《企业破产法》第48条的规定，在各种类型的破产债权中，除了职工债权“不必申报，由管理人调查后列出清单并予以公示”之外，其余债权人均“应当在人民法院确定的债权申报期限内向管理人申报债权”。也就是说，税收债权也必须依法向管理人申报，否则不得依照破产法规定的程序行使权利。但在《企业破产法》实施之初，不少税务机关往往以税法没有明确规定该项职责为由，怠于向管理人申报税收债权，这不仅给破产程序的顺利进行制造了障碍，还面临税收债权不能得到清偿的风险。

2017年12月，国家税务总局办公厅在《对十二届全国人大五次会议第7352号建议的答复》中认为：“根据《企业破产法》的规定，人民法院受理破产申请后，税务机关应当就人民法院受理破产申请前债务人欠缴的税款向管理人进行申报，并按照《企业破产法》的有关规定进行后续处理。”答复虽然不是正式文件、不具有法律效力，但它表明了国家税务总局对该问题的态度，即税收债权也应依法申报。

2019年12月31日晚，国家税务总局推出重磅文件《关于税收征管若干事项的公告》（国家税务总局公告2019年第48号，以下简称48号公告），它以规范性文件的形式正式明确了税务机关在破产程序中的税收债权申报义务：“税务机关在人民法院公告的债权申报期限内，向管理人申报企业所欠税款(含教育费附加、地方教育附加)、滞纳金及罚款。因特别纳税调整产生的利息,也应一并申报。”自此,税务机关在破产程序中是否需要申报税收债权的争议最终尘埃落定。

(二)滞纳金在破产程序中属于普通债权

无论是在《税收征管法》还是在《企业破产法》上,税款债权都属于优先债权。但欠缴税款产生的滞纳金属于何种债权?法律层面没有规定,国家税务总局和最高人民法院对于该问题曾经有过观点分歧。

国家税务总局《关于税收优先权包括滞纳金问题的批复》(国税函〔2008〕1084号)规定,税款滞纳金在征缴时视同税款管理,《税收征管法》第45条规定的税收优先权执行时包括税款及其滞纳金。该文件虽然在形式上只是一份个案批复,但是鉴于当时国家税务总局尚未制定《税收规范性文件制定管理办法》,该批复事实上发挥着税收规范性文件的作用,并且目前仍在国家税务总局发布的现行有效的税收规范性文件目录中名。但是,最高人民法院《关于税务机关就破产企业欠缴税款产生的滞纳金提起的债权确认之诉应否受理问题的批复》(法释〔2012〕9号)规定,破产企业在破产案件受理前因欠缴税款产生的滞纳金属于普通破产债权,排除了国家税务总局《关于税收优先权包括滞纳金问题的批复》(国税函〔2008〕1084号,以下简称1084号文)在企业破产程序中的适用。

由于国家税务总局文件并未规定破产程序中可以例外,导致实践中经常出现税务机关提起债权确认之诉,争取滞纳金优先清偿的案例。但是,根据既有司法裁判来看,税务机关的这类诉求从未得到过人民法院支持。面对该问题,48号公告明确规定,企业所欠的滞纳金应按照普通破产债权申报。但是,48号公告并未废止1084号文。那么,关于滞纳金的性质问题,目前逻辑如下:在破产程序中,滞纳金属于普通债权;在其他程序中,滞纳金仍然属于税收优先权的范围。此外,48号公告还规定了对欠税及滞纳金不再要求同时缴纳,可以先行缴纳欠税,再依法缴纳滞纳金。该规定与企业破产法的精神是一致的。

(三)滞纳金在破产受理时停止计算

根据《税收征收管理法实施细则》第75条的规定,加收滞纳金的起止时间,为法律、行政法规规定或者税务机关依照法律、行政法规的规定确定的税款缴纳期限届满次日起至纳税人、扣缴义务人实际缴纳或者解缴税款之日止。而根据《企业破产法》第46条第2款规定,附利息的债权自破产申请受理时起停止计息。根据“上位法优先于下位法”及“特别规定优先于一般规定”的法律适用原则,滞纳金在破产申请受理时当然应当停止计算。但对于税务机关来说,基于征管系统的设置和执法风险的考虑,往往主张按照税法规定加收到实际入库,导致实践中出现较大争议。因此,48号公告明确:“企业所欠税款、滞纳金、罚款,以及因特别纳税调整产生的利息,以人民法院裁定受理破产申请之日为截止日计算确定。”该规定打消了税务机关的顾虑。

(四)明确破产程序中管理人代办涉税事宜

企业进入破产程序后,虽然负有纳税申报义务,但鉴于其财产、印章和账簿、文书等资料均由管理人接管,内部管理和营业事务也由管理人决定,破产企业事实上已经失去了相应的行为能力。因此,在破产程序中,对于纳税人的发票使用和申报纳税等方面,应当给予特殊的征管方式。对此,48号公告规定,从人民法院指定管理人之日起,管理人可以按照企业破产法规定,以企业名义办理纳税申报等涉税事宜。企业因继续履行合同、生产经营或处置财产需要开具发票的,管理人可以以企业名义按规定申领开具发票或者代开发票。

(五)税收债权与担保债权的冲突得以化解

根据《企业破产法》的规定,对破产人的特定财产享有担保权的权利人,对该特定财产享有优先受偿的权利。这实际上是一种“别除权”,其优先受偿权是针对特定担保财产行使的,不受破产清算与破产和解程序的限制,优先于任何其他债权,当然包括税收债权。但是,按照《税收征管法》第45条的规定,税款债权和担保债权的优先顺位,取决于二者的发生的时间,即哪个发生在先,哪个债权优先。如果破产企业除了已设立担保的财产之外,再无其他财产,在这种极端情况下,税务机关该如何主张税收债权?人民法院该如何裁判?实践中已经发生了此类案件,裁判观点认为应当适用企业破产法规定,即按照担保债权优先于税收债权处理。

对于该问题,48 号公告正文没有提及,但其解读中提道:“根据税收征管法第四十五条,税收优先于欠缴税款发生之后的担保债权;企业破产法中,有担保的债权优先受偿,剩余财产在优先清偿破产费用和共益债务后,再按规定顺序清偿。为更好保护其他债权人利益,促进市场经济发展,《公告》明确税务机关按照企业破产法相关规定进行申报。”笔者认为,国家税务总局的态度应该是尊重《企业破产法》的规定,从而更好地保护其他债权人利益。

(六)破产企业税务注销难题得以解决

根据《税收征管法》第 16 条和《税收征收管理法实施细则》第 16 条规定,纳税人在向工商行政管理机关(现为市场监管机关)申请办理注销登记之前,应当持有关证件向税务机关申报办理注销税务登记;纳税人在办理注销税务登记前,应当结清应纳税款、滞纳金、罚款,缴销发票、税务登记证件和其他税务证件。税法关于企业注销清税前置的要求,是防止企业通过注销逃避纳税。但是,它并没有规定破产清算情况下可以例外适用,这是现行《税法》本身考虑不周的地方。在破产程序中,按照企业破产法及其司法解释的规定清偿所有破产债权,作为优先债权的税款清偿情况相对比较理想,但滞纳金和罚款几乎不可能得到全额清偿。长期以来,税务机关面对这种情况出于各种顾虑,往往拖延或者拒绝办理税务注销登记,给破产案件的终结造成障碍。

2019 年 5 月,国家税务总局发布《关于深化“放管服”改革更大力度推进优化税务注销办理程序工作的通知》(税总发〔2019〕64 号,以下简称 64 号文),规定:“经人民法院裁定宣告破产的纳税人,持人民法院终结破产程序裁定书向税务机关申请税务注销的,税务机关即时出具清税文书,按照有关规定核销‘死欠’。”并在配套解读中明确:“此类纳税人可持人民法院出具的终结破产程序裁定书向税务机关申请办理税务注销,税务机关即时出具清税文书。对于纳税人仍存在的欠税,税务机关按照规定进行‘死欠’核销处理。”这意味着,税务机关对于该类注销申请应当即时办理,化解了破产企业的注销难题。

四、结　语

毋庸置疑,64 号文和 48 号公告为破产税务问题的处理带来了一线曙光,令从事破产税务工作的我们为之振奋。但是,这两个文件都只是关于征管程序领域的规定,未涉及实体税收政策的变动和变通,而且法律位阶太低,或许给人一种"不够解渴"的感觉。企业破产法和税法之间需要协调的问题还有很多,尤其是在税收优惠和特殊性税务处理等实体政策方面,这有赖于法律和行政法规层面作出回应。随着破产法文化的普及和跨学科对话的加强,以及国家开门立法的开放姿态,我们有理由相信,破产税务必将大有作为。

英国破产程序税收优先权的回归及其启示

高文忠[*]　朱　浩[**]　徐战成[***]

一、英国税收优先权的回归

2019年7月11日,英国政府发布《2019~2020年财政法案》(2019-2020 Finance Bill,以下简称《财政法案》)的讨论稿,其中包括对英国《1986年破产法案》有关税收债权清偿顺位的调整,即部分税收债权(主要包括增值税和员工个人所得税)在企业破产程序中被重新赋予优先受偿权。《财政法案》的最终版本内容(final contents)将通过《2019预算案》(Budget 2019)得以确认,①新的税收债权清偿规则自2020年4月6日起开始实施。鉴于英国财年起止日期为每年4月6日至次年4月5日,按照以往惯例来看,《2019预算案》预计将于2020年3月公布。因此,尽管《财政法案》尚未发生法律效力,但其中涉及的税收优先权的回归几乎已成定局。

某种程度上来讲,英国是现代意义上的破产法的发源地。纵观英国《破产法》的发展历程,不难发现英国均适时地根据本国经济发展的特点和方向,逐步进行开展对破产法的变革,在利益冲突中寻找平衡的路径。在英国《1986年破产法案》之前,税收债权享有普遍的优先性。这类优先清偿制度虽

* 北京中企华资产评估有限公司执行总裁。

** 北京中企华资产评估有限公司业务总监。

*** 国家税务总局浙江省税务局公职律师。

① 资料来源:https://www.gov.uk/government/collections/finance-bill-2019-20,最后访问日期:2020年3月5日。

然有利于财政收入,但受到广泛质疑和批评。《1986年破产法案》保留了所得税、关税和社会保险税等部分税收债权优先性,可在浮动抵押债权前以及无担保的优先债权后受偿,但是依然备受诟病。为了活跃和振兴经济,英国在新世纪对破产制度进行了新一轮的改革,通过《2002年企业法案》将所有税收债权的地位均降格为普通债权。[①]

然而,英国政府在其《2018年预算案》(Budget 2018)中提出,将通过立法修订部分税收债权(增值税和员工个人所得税,其并非由企业本身业务经营产生而需自行承担的税款)在企业破产程序中的清偿顺序的规定,重新赋予其优先受偿权。关于此次修订的主要原因,英国政府声称,部分由雇员和顾客承担但由企业代为扣缴的税款,未能在企业进入破产程序后得到有效保护,从而产生了税收流失。而这部分税款主要用于开发和发展公共事业,如果该类型税款在企业进入破产程序前未能及时上缴给税务机关(国家),根据英国目前法律规定,则很有可能转用于偿还受偿顺序靠前的其他债权人(尤其是金融机构),从而无法实现这部分税款的既定使用目的和价值。因此,尽管英国政府在此次税收债权清偿顺序调整过程中收到了不同的声音甚至质疑和批评,但仍尽力向民众做好解释并决意推进这项改革。

二、英国税收优先权改革的背景

根据英国现行《破产法》的规定,企业破产中各类债权和剩余财产分配权的清偿顺序为:(1)固定抵押债权。对于抵押物处置价值低于债权价值的部分,债权人可以按照普通的无担保债权向破产企业求偿。(2)破产费用或清算费用。破产费用或清算费用的支付要优于优先债权和浮动抵押债权(对于清算人而言,相关费用的支付需获得浮动抵押权人的授权或批准)。(3)无担保的优先债权:主要是指雇用相关的费用,包括未支付的工资薪金以及养老金等,可进一步划分为普通优先债权和次级优先债权。(4)浮动抵押债权。[②]

---

① "Crown Preference-an Unwelcome Return", Accessed March 5th, 2020, https://www.accountancyage.com/2019/04/02/crown-preference-an-unwelcome-return/.

② 2003年9月15日起,抵押物处置获得的收入除偿付浮动抵押债权外,需预留一定比例用于偿还普通债权(称为 prescribed part)。

(5)普通的无担保债权。(6)债权在破产开始后未被偿付期间产生的未担保债权的利息。(7)股东。任何剩余资金将根据股东所持有的股份进行分配。① 其中,英国皇家税务与海关总署(Her Majesty's Revenue and Customs, HMRC)被归为上述第5顺位的普通的无担保债权人。

根据《财政法案》的内容,从2020年4月6日起,英国皇家税务与海关总署对于代为扣缴的增值税和员工个人所得税等部分税收债权的受偿顺序,将从第5顺位的普通的无担保债权人调整至第3顺位中的次级优先债权人,排在第3顺位中的普通优先债权人之后和第4顺位的浮动抵押债权人之前。

需要注意的是,上述被调整的税收债权,既不包含公司税,也不包含与税收债权相关的罚款和利息,罚款和利息仍属于非优先性质的(non-preferentially)债权。这就意味着,英国此次对于税收债权清偿顺序的调整,税种范围仅仅限于增值税和个人所得税,而不包括其他税种;效力范围仅及于税款本金,而不及于利息和罚款。此外,《财政法案》并未对上述优先税收债权的欠缴期限或者可主张的金额设定上限,这必将影响那些清偿顺位劣后于英国皇家税务与海关总署的其他债权人可以实现的清偿结果。

那么,为什么在诸多税种中,英国政府仅调整了增值税和个人所得税的清偿顺序呢?有人认为,原因在于英国政府财政吃紧,急需扩充税源。但英国政府表示,此次调整并非单纯以增加政府税收收入为目的,而是旨在保护破产程序中理应用于公共事业的部分税收收入,实现该部分税收收入的既定目的和价值。笔者认为,"增加收入"和"公共事业"两种因素都固然存在,但还不足以消除"为什么仅仅调整增值税和个人所得税的清偿顺序"这一疑问。对于"增加收入"一说,事实上该因素对财政收入的贡献微乎其微。根据英国政府的测算,该调整可能涉及的税收债权最多为每年1.85亿英镑。② 加上此次清偿顺位调整的力度并不大,这部分调整后的税收债权也只是一种非常有限的优先权。如果想要扩充税源,完全可以将所有税收债权的清偿顺位统一调整,并且清偿顺位还可以更提前一些。对于"公共事业"一说,从理论上说,

---

① See "Restructuring and insolvency in UK (England & Wales): Overview", Accessed March, 5th, 2020, https://uk.practicallaw.thomsonreuters.com/9-501-6812?transitionType=Default&contextData=(sc.Default)&firstPage=true&bhcp=1.

② See HMRC, Protecting Your Taxes in Insolvency-Summary of Responses, 11 July 2019, p.9.

所有税收都是公共财政收入的主要来源，也将用于公共事业开支，为什么其他税种不作调整呢？因此，上述两种因素虽然比较直观且通俗易懂，但还不足以令人信服，或许我们还需要从增值税和个人所得税的性质和原理层面进行深入探究。

增值税是一种作为价外税的流转税，在每个生产、分销商品和提供服务的环节，按比例对每个纳税企业所产生的商品和服务增值额课征的多环节销售税。这些税由应税商品和服务的销售方收取，但预设由这些商品和服务的最终消费者承担。增值税好似一种采用预提形式的零售销售税，除了对销售给最终消费者的零售环节课征的增值税之外，从销售方纳税人身上课征的增值税税额，可以由购买方以进项抵扣的方式加以消化。① 也就是说，销售方在销售商品和服务时向购买方收取的价款中，已经包括了购买方本应向国家支付的增值税税额。这部分增值税税额，对于销售方来说，可以称为“销项税额”；对于购买方来说，可以称为“进项税额”。它本来就是购买方需要上缴给国家的增值税税额，无非是在销售方这里过了一道手、由销售方代为收取再上缴而已。因此，表面上看起来是破产企业作为销售方欠缴国家的增值税税款，实质上是其交易对手即购买方应缴纳且已经支付的税款，只是“暂存”在销售方而已。个人所得税则更容易理解，虽然它是一种直接税，其纳税义务人是企业的雇员，但是基于征管便利的需要，法律一般规定由作为雇佣单位的企业统一代扣代缴、上缴国家。由此可以看出，对于破产企业欠缴的增值税和个人所得税来说，尽管从表面上看是破产企业对国家的欠税，实质上则是隐藏在背后的购买方和员工对国家的欠税，购买方和员工已经将这部分税款“转交”给了破产企业，那么在破产程序中，对这两个税种的清偿顺序予以提前，是合乎法律原理的，而其他税种则不存在这种特征。关于这一点，在英国政府征询意见过程中，也有少数民众表示认同：“我们认可对于企业向雇员和顾客代收代缴的税款，英国皇家税务与海关总署在企业进入破产程序后对这些税款享有优先的受偿权是有合理依据的。”②

---

① 参见艾伦·申克等：《增值税比较研究》，熊伟等译，商务印书馆2018年版，第20页、第23页、第35页。

② HMRC, Protecting Your Taxes in Insolvency-Summary of Responses, 11 July 2019, p.5.

三、关于税收优先权回归的各方意见及政府回应

英国此次改革,使部分税收债权相较于以往更能优先获得满足,必将影响其他普通债权的清偿,进而影响交易秩序。此外,这种调整还提升了英国皇家税务与海关总署更多介入和影响破产程序的能力,可能存在延长破产程序或增加其复杂程度的潜在负面影响。因此,在英国政府公开征询意见的过程中,英国民众和破产从业机构,提出了各种意见和质疑。对此,英国政府也进行了一一回应。根据英国政府发布的有关资料,笔者将主要的公众意见和政府回应摘录整合如下。①

(一)政府应该通过何种方式保护税收债权

大多数意见认为,从短期来看,这次调整会带来税收收入的增加,但经济增长放缓可能会抵消这一增长。从长远来看,这可能会导致整体税收收入的减少。但提出该意见的人并未提供相关证据支持其观点。少数意见认为,税收债权应该得到保护,但英国皇家税务与海关总署应该充分运用好现有权力去追收税收债务。他们拥有其他无担保债权人所不具备的权力,包括在没有法院指令的情况下可以强制扣押资产以及直接从银行账户扣款等强制执行权。英国皇家税务与海关总署还有权向未支付个税的企业高管出具个人责任通知。如果英国皇家税务与海关总署认为企业确实存在不支付个税和增值税的风险,其有权要求企业预先支付保证金。对债务追收采取更一致和有力的方法有助于防止税款的大量积欠。另有少数意见表示,目前次级优先债权人在破产程序中的使用并不普遍,将英国皇家税务与海关总署设定为次级优先债权人会给所有破产程序增加复杂性。极少数意见认为,这次调整存在一个风险,即英国皇家税务与海关总署将成为重要的诉讼债权人(petitioning creditor),其对破产程序可能产生过于重大的影响。一些破产顾问代表则表示,尽管对这次调整仍持保留意见,但如果政府希望通过此次调整提高部分税收债权的受偿顺序,他们认为将英国皇家税务与海关总署设定为次级或第

① HMRC, Protecting Your Taxes in Insolvency-Summary of Responses, 11 July 2019.

三级优先债权人是可行的方案。还有一些人表示,希望进一步明确此次调整是否同时适用于个人和公司破产。

对于上述意见,政府回应称,英国皇家税务与海关总署一直致力于提升其追征税收债务的能力并努力以最有效的方式行使其权力。此次调整的主要考虑是,对于由雇员和顾客承担但由企业代收代缴的部分税费,如果在企业破产发生前尚未能缴进国库,英国皇家税务与海关总署应能采取相应的措施确保这些税费的收取,以用于支持公共服务的既定目的。此次调整不会增加英国皇家税务与海关总署对公司破产程序的控制和介入,也不会导致这种结果。英国皇家税务与海关总署仅仅将破产程序的使用作为保护税收债权的最后手段,启动破产程序主要用于防止税收债务的增长。为了增加税收收入和提振整体经济,对于具有经营能力但暂时面临财务困难的企业,政府将一如既往地继续提供各种支持,比如,延期缴税安排(Time-to-Pay)。[①] 英国皇家税务与海关总署将在破产程序中作为次级优先债权人,该调整将同时适用于个人和公司破产,主要适用于公司破产案件。

(二)此次调整会不会给破产管理人处理英国皇家税务与海关总署的诉求带来特别的困难或挑战

大多数破产从业者对此表示担心。很多破产从业者和专业顾问表示,多数破产企业的报表通常不能反映最新情况,英国皇家税务与海关总署对此评估时可能会给出偏高的结论,这进而会损害其他无担保债权人的受偿比例和金额,同时这也会增加破产程序中对英国皇家税务与海关总署评估结论进行审查确认的工作量。

对于上述意见,政府回应称,政府会继续与破产从业者开展密切合作,确保此次调整的有效落实,尽可能减少破产从业者的额外工作量,并确保通过此次调整措施进行优先受偿的税收债权仅限于企业进入破产程序前发生的税收债务。此外,政府也在不断完善与破产从业者的合作方式。例如,英国

① "Time-to-Pay"是一种具有成本效益的税收征收方式。英国皇家税务与海关总署允许某些信用好但短期内无力支付到期税款的企业延长支付期限。根据企业的支付能力,可以延长数月至1年。该措施能够帮助企业克服短期和暂时的财务困难,也能让政府收到更多税收用于支持公共事业。

皇家税务与海关总署通过设立专项联络窗口,提高破产从业者和税务机关的沟通效率。此外,英国皇家税务与海关总署一直致力于改进其工作流程及规章制度,将通过与破产从业者的密切合作,争取在该项调整措施实施之前解决与破产诉求处理相关的所有技术难题。

(三)此次调整会不会给其他相关主体带来额外工作量

该担忧主要来自金融界。金融界大多数意见认为,他们预计放贷机构和企业会因此产生额外的工作量,因为他们未来需要将税收债务纳入贷款审查的范围,而目前他们并没有(也不需要)这么做。

对于上述意见,政府回应称:在商业贷款决策中,放贷机构本来就应该将贷款企业的纳税情况和税收债务问题纳入审查范围。由雇员和顾客承担但由企业代扣代缴的税款应当按照其本来的目的用于支持公共服务,而非转用于偿还给其他债权人(如金融机构)。

(四)此次调整会对破产程序产生影响

要求资产担保的放贷机构(asset based lenders)、部分专业顾问以及相关公众认为,鉴于此次调整,预计放贷机构会降低向中小企业发放有资产担保的贷款(asset based lending)的意愿。放贷机构在发放贷款时会更加谨慎,尤其是针对中小企业,因为担保债权的清偿率在未来违约时将会降低。但学术界对此持不同看法,他们认为浮动抵押债权人的潜在损失可能相对是最大的,贷款机构可能会限制此类贷款的发放量,但一般不会影响破产程序本身,因为这些债权人可能会在更早的阶段寻求保护。一些专业顾问则担心,普通的无担保债权人受偿率的减少,可能会降低他们在破产程序中的参与度,这与政府原本的意愿背道而驰。

对于上述意见,政府回应称,预计此次调整措施不会对企业融资产生重大影响,预算责任办公室(Office for Budget Responsibility)也并未因此项调整对经济预测进行任何实质性调整。即便部分税收债权清偿顺位进行了调整,但金融机构的固定担保债权的清偿顺序仍排在英国皇家税务与海关总署税收债权的清偿顺序之前。该调整可能涉及的税收债权最多为每年 1.85 亿英镑,这些影响由无担保债权人以及浮动担保债权人共同承担。英国有资产担保的贷款市场总额为44亿英镑,而中小企业贷款市场总额为580亿英镑,因此,受此次调整影响的无法得以偿还的浮动担保债权,仅占英国整体贷款融资市场的很小一部分。

(五)在实施此次调整措施时有哪些需要考虑的过渡性问题

大多数意见认为,此次调整措施不应追溯适用于目前已经在开展的破产项目,这有可能会影响当前的债权分配。多数人建议,此次调整措施应仅限于2020年4月6日以后产生的税收债权,而非在该日期或之后开始的破产项目。还有一些观点认为,英国皇家税务与海关总署在破产程序中优先受偿的税收债权应限制为发生在一年以内或更短期限内的债权。他们认为这将为放贷机构提供更大的确定性,并在某种程度上消除部分人对此次调整措施可能对资产担保贷款产生的负面影响的担忧。

对于上述意见,政府回应称,此次调整适用于2020年4月6日以后启动的破产程序。政府不会限定纳入调整范畴的税收债权的欠税期限。如果在破产清算中未能有效地保护好这些税收债权,对每一个纳税人及公共利益都不公平。政府明确表示,此次调整措施已经权衡了债权人和国库双方的利益,后者依靠这些税款开发和发展公共服务。

四、英国税收优先权改革对我们的启示

(一)对税收债权应当进一步精细化处理

英国此次法案修订将英国皇家税务与海关总署的部分税收债权(增值税和个税)的受偿顺序将从普通的无担保债权人调整至次级优先债权人,以保护破产程序中理应用于公共事业的部分税收收入,实现该部分税收收入的既定目的和价值。

笔者认为,我国在探讨税收债权优先权存废的话题以及未来对于税收债权(可能)进行调整时,应当根据不同税种的性质、税款本金和利息/滞纳金的区别,进行精细化处理,避免对税收债权"一刀切"的判定。这种思路还可以

进一步拓展到破产程序中新生税款的性质和清偿顺位该如何认定,即也应当对不同税种以及税款本金和利息/滞纳金进行差别化处理,以尽可能平衡国库、债务人和其他债权人的利益。

(二)发展破产税务从业者队伍,建立与税务机关的合作机制

合理的税收债权清偿顺序的制定,离不开由破产税务从业者、政府机构、破产企业和债权人等参与者组成的良性和谐的生态圈。在英国企业破产实践中,破产税务从业者在破产从业者中起着举足轻重的作用,这在此次改革中政府和民众之间的意见互动方面得到了很好的体现。

目前,我国企业破产从业者多为律师事务所、会计师事务所和评估师事务所等机构,偶尔出现由于破产企业资产特性而特别邀请特定鉴定机构加入。但少有专业的税务从业者参与破产重组/清算过程。建设破产税务从业者队伍,是我国未来对破产税务理论研究和实务探索的一个重要基础。此外,还应当制定一套破产税务从业者工作规则,包括破产税务工作的流程和内容,破产税务从业者技术和道德标准,以及破产税务工作成果的程序和要求等。在此基础上,还应当建立破产税务从业者和税务机关沟通协作机制。目前,国内很多地方都正在或者已经研究和实施企业破产涉税协调联动工作机制,其可以有效推进破产涉税工作的配合和开展。目前的破产涉税协调联动工作机制主要是政府、法院、公安等机构与税务机关的协作和沟通。在完善和推广上述破产涉税协调联动工作机制的同时,还应鼓励让更多的机构和破产税务从业者加入沟通协作机制,共同保障税收债权清偿的有效实施。

(三)税法和税务机关在避免困境企业破产方面应当有所作为

英国税法上的"Time-to-Pay"制度,旨在帮助困境企业通过合适的拯救程序来摆脱困境,有利于避免破产。根据该制度,企业清偿欠缴税款的期限最长可以延长到1年,对于困境企业的支持力度相当大。

根据我国《企业破产法》规定,税收债权具有优先性,在破产程序中可以得到优先保障。这在一定程度上使得税法和税务机关可能产生"等靠"倾向,对于困境企业拯救方面缺乏主观能动性。合理的税收债权清偿规则,应当有完善的企业拯救机制来配合。尽管我国税法上也有延期缴纳税款制度,但最长期限只有3个月。在这个方面,我国税法可借鉴英国的"Time-to-Pay"制度,在拯救困境企业方面出台更有支持力度的政策,为仍有前景的困境企业提供更多"涅槃重生"的机会。从长远看,这也将为国家带来更多的税收收入,实现国民"双赢"。

七、个 人 破 产

中国个人破产制度萌芽与台州实践

——以切实解决执行难为切入点

钱为民*

自2016年最高人民法院出台《关于落实“用两到三年时间基本解决执行难问题”的工作纲要》，提出用2～3年时间基本解决执行难以来，台州两级人民法院在强化执行手段、建立财产查控体系、出台联合惩戒机制、加强执行力量配置等方面做出了卓有成效的工作，2016年至2018年，执行案件年结案数分别是4.9万件、6.9万件、6.8万件，4个核心指标全部达标，并通过第三方评估，基本解决执行难取得了阶段性成果。但是，仍然有相当数量的案件，在通过财产查控并穷尽了执行手段后，被执行人处于无财产可供执行状态，案件实际执行不能，这部分案件主要体现在终本案件之中。根据2018年台州法院执行数据分析，2018年台州两级法院执行案件进入终本程序的共31,798件，终本率约占总执结案件数的40%，其中涉个人执行的终本案件共28,099件，占终本案件的89%强。从全国法院的执行情况看，涉企业执行案件约占执行案件总数的20%，此类执行案件可通过启动破产程序予以退出，达到市场主体依法退出的目的。但约80%涉个人执行案件中，仍然有相当一部分案件处于“执行不能”状态，如果此类无财产可供执行案件不建立有效的退出机制，不仅无助于化解债权债务纠纷，整个社会和司法机关也将因此背负沉重的负担。为探索建立制度化的“执行不能”退出长效机制，适当调整个人债务人与债权人之间的债权债务关系，保障债权人公平清偿、集中受偿，给予诚信债务人基本经济生活保障及重生机会，推动社会诚信体系建议，严厉打击虚

* 浙江省台州市中级人民法院民二庭副庭长。

假破产、欺诈、逃避执行等违法行为,台州法院在全国率先开展以“执行程序转个人债务清理”为创新工作的个人破产制度的司法实践。

一、台州法院探索个人破产制度的实践回顾

台州法院在司法实务中探索个人破产制度,肇始于天台县人民法院审理浙江银象生物工程有限公司破产清算一案,自此,台州两级人民法院开启了个人破产制度的台州实践之路,历经将公司股东个人财产与公司财产合并破产处置、在执行程序中引入执行义务宣誓退出机制、在执行程序中引入管理人清算机制、将执行不能案件转入个人债务清理程序审理四个阶段。

第一阶段,探索在破产清算中将公司股东财产与公司财产合并破产处置。2012 年 3 月 12 日,天台县人民法院受理(2012)台天破字第 1 号浙江银象生物工程有限公司(以下简称银象公司)破产清算一案。该公司成立于 2002 年 5 月 21 日,注册资本为 5000 万元,是一家专业从事生产天然食品添加剂的企业。银象公司生产的“银象牌”乳酸链球菌素的全球市场份额一度达到 70%,属全国食品防腐剂生产的龙头企业。该公司曾荣获国家科学技术进步奖二等奖等多项国家级奖项。但该公司从设立开始其资金自有率不高,企业在经营过程中存在大量向民间融资的情况。2008 年金融危机爆发后,企业融资成本上升,该公司开始出现财务问题。企业法定代表人沈某为使企业度过危机,陆续向社会高利借贷,造成恶性循环。2011 年 10 月,该企业的债务危机全面爆发。由于该案涉及众多普通债权人,其法定代表人在公司经营中的不规范行为,导致公司财产与其个人财产高度混同,社会维稳压力大,债权人要求对法定代表人的家庭财产予以一并处置。因此,天台县人民法院在浙江省内首次尝试将个人破产制度引入该案的破产财产处置工作之中,由管理人提出将法定代表人的个人财产及债务与公司财产及债务合并破产处置,同时免除法定代表人个人余债的债务清偿方案,该债务清偿方案获得债权人会议表决通过,一举了结涉公司和法定代表人个人的众多诉讼、执行、刑事追赃及信访案件,取得了较好的社会效果,台州市中级人民法院据此完成《涉刑民交叉破产案件问题研究》课题研究。

为此,浙江省高级人民法院民二庭委托台州中院民二庭起草《关于在审

理企业破产案件中处理涉集资类犯罪刑民交叉若干问题的会议纪要》初稿，在起草中，台州中院在纪要初拟条款中提出两种方案：(1)破产企业的股东，参与涉集资类犯罪，且其个人财产与企业财产混同，股东的债权债务及财产可以一并纳入破产程序处理。破产财产不足以清偿债务的，由股东对清偿不足部分承担连带偿付责任。(2)股东财产与企业财产高度混同的，股东财产及债务与企业财产及债务合并破产处置，剩余债务予以免除，并由债权人会议表决决定；倾向性意见是采用第二种方案，即股东财产及债务与公司财产及债务合并破产处置后，经债权人会议表决，股东个人债务及对公司债务所负连带责任予以免除。

浙江省高级人民法院民二庭于2013年出台《关于在审理企业破产案件中处理涉集资类犯罪刑民交叉若干问题的会议纪要》，其中第3条规定：在破产案件审理中的债务人企业或"企业股东及高管"涉嫌犯罪，且企业财产与以上相关个人财产高度混同的，法院可以结合债权人会议讨论意见，或者征询主要债权人和相关部门的意见后，裁定将债务人企业及"企业股东及高管"的财产合并处置。第9条规定：经法院批准的合并处置清算分配方案，应保留合并破产的"企业股东及高管"自身及其所抚养家属的生活必需费用。"企业股东及高管"在刑事诉讼中退赔受害人损失和在企业破产程序中清偿债权人态度积极，没有隐匿财产的不诚实行为，得到债权人谅解的，经债权人会议讨论并由法院依法裁定的破产财产分配方案可以对前述相关人员的债务清偿责任作一次性确认或有条件减让、豁免。浙江省高级人民法院上述会议纪要的规定，应当是人民法院最早涉及自然人破产问题的审判指导性文件。

自浙江省高级人民法院颁布该会议纪要后，省内各级法院适用该条款进行合并破产处置案件鲜有报道。就台州两级法院破产案件审理情况看，也没有进一步推进该合并破产处置机制。主要原因如下：(1)自2013年推动破产审判工作，破产案件受理数量不断增加，在案件审理中发现破产企业财务制度不规范、财务账册不全或灭失、股东隐瞒或拒不提交财务资料的情况比较普遍，因此，台州两级人民法院在这一时期的破产审判工作中，重点在于打击和惩罚破产企业股东、董事、高管或实际控制人逃废债行为，追究股东、董事、高管或实际控制人相应的民事责任。(2)由于个人破产制度的缺失及社会对个人破产制度缺乏了解，推动企业财产高度混同下的股东财产与公司财产合并破产处置存在障碍。

第二阶段,探索建立执行程序中执行义务宣誓退出机制。在3年基本解决执行难工作推进中,台州两级人民法院积极探索无财产可供执行案件的退出机制。台州市中级人民法院与黄岩区人民法院于2016年分别出台了《"无财产可供执行"案件退出机制实施办法(试行)》,在全国首次创新建立执行义务宣誓退出机制,并指定辖区黄岩区人民法院进行试点。该执行义务宣誓退出机制特点:一是严格甄别债务人是否诚信,对于诚信债务人给予退出强制执行程序;二是借鉴个人破产制度中的"豁免财产"制度,对被执行人八类生活基本需求财产不予查封冻结,保障被执行人基本生存权利;三是引入义务宣誓保证制度,由被执行人进行执行义务宣誓;四是加强事后跟踪监督,对退出强制执行程序的被执行人进行公告,接受社会监督;五是加强违反惩戒,被执行人一旦违反宣誓保证的,在法律规定的范围内对被执行人从重处罚,情节严重的,移送公安以拒执罪追究其刑事责任。自该办法实施以来,共对38例被执行人案件予以执行宣誓退出,37例获得了申请执行人谅解,1例在退出强制执行措施后查明有拒执行为,已追究其拒执的刑事责任。

第三阶段,探索在执行程序中引入管理人清算机制。2018年5月,台州市中级人民法院民二庭与执行庭制试行《在执行程序中引入个人破产清算机制操作规程》,探索借鉴破产管理人制度,在执行程序中由管理人对被执行人财产及债务状况进行全面调查和清理,在执行中形成法院强制执行与管理人财产及债务状况调查相结合的工作机制。从两起案件的管理人清算成效来看,管理人对于被执行人的财产调查和债务清理比执行工作更为全面、仔细,经分析,原因在于执行人员有大量的执行案件需要执行,工作任务重,对财产查找难免存在疏漏,而且执行程序重在财产有无的查找,而缺少对财产去向的清查。实务中两起执行案件经由管理人进行清算,一起案件查明被执行人通过离婚协议将名下财产转移到子女名下,另一起案件查明被执行人存在隐匿收入情况,两起案件均由管理人终结清算工作,交回执行部门重新恢复强制执行措施。

第四阶段,探索具备个人破产制度要素的个人债务清理机制。台州市中级人民法院在总结过去八年来的经验基础上,于2019年4月出台《执行程序转个人债务清理程序审理规程(暂行)》,在全国首次建立执行程序转个人债务清理程序审理机制，并确立了两种债务处理模式：个人债务清理机制和个人债务整理机制。其主要内容是：

1. 财产不足以清偿全部债务或明显缺乏清偿能力的自然人、起字号的个体工商户、个人独资企业、合伙企业均可申请进行债务清理。

2. 对于经过强制执行程序，仍然无财产或财产不足清偿债务的个人债务人，经审查，其遵守强制执行相关要求，能够如实申报财产的，启动对该债务人进行债务清理或债务整理程序，并参照《企业破产法》分别立“破申”“破”字号审理。

3. 依法指定管理人，由管理人在执行程序查找财产的基础上，对债务人在一定时期内的财产和债权债务进行全面调查。

4. 经管理人调查后，债务人无财产或财产不足清偿债务，且未来没有预期收入的，提请法院裁定终结债务清理程序；债务人无财产或财产不足以清偿债务，但未来有预期收入的，在法院主持下进行债务整理，达成分期还债计划。

5. 在管理人完成债务清理后，债务人在债务清理期间没有违反相关规定，或者债权人与债务人达成还债计划，法院执行部门根据破产审判业务部门的终结债务清理程序裁定或者批准债务整理计划裁定，裁定终结执行案件。

同时，为了继续给予债务人在债务清理后一定时期内的义务负担和诚信考验，在终结债务清理后，由法院对债务人作出行为保全令，规定债务人在债务清理结束后的四年至六年，限制其实施相关行为，在此期间如债务人有收入所得，在扣除其基本生活费用后，剩余所得部分的60%应用于清偿债务人，40%归债务人。债务人在上述诚信考验期内遵守行为保全令和法律的相关规定，保全令期限届满后，债务人回归正常的生活、工作和社会活动。另外，为了防止债务人借助债务清理程序逃避债务，规程规定对于债务形成有赌博挥霍消费原因、不如实申报财产、不能合理说明财产去向、不配合债务清理工作、未经报告擅自离开住所地、有转移隐匿财产行为、提供虚假信息行为的，法院不受理债务人债务清理的申请。对于已经进入债务清理程序的债务人有以上行为的，法院裁定终结债务清理程序，恢复对债务人的强制执行措施。同时，对债务人上述违规违法行为，加大民事制裁措施和刑事追究力度。债务清理结束后，法院编制债务人债务清理名册向社会公开债务人债务清理信息，条件成熟时与相关征信系统信息互联。

二、台州法院创新个人债务清理机制的司法实践

台州市中级人民法院自2019年启动个人债务清理创新工作以来,截至2019年12月,全市法院受理个人债务清理案件总数达117件,已审结15件。审结的15件案件相关情况统计如下:

(一)个人债务清理案件的审理情况

1. 申请人:债权人申请10件(金融机构3件、道路事故救助基金1件、企业债权人1件、自然人5件),占比66%;债务人申请5件,占比34%。

2. 债务类型:5件为金融债务,1件为侵权债务(系交通事故产生的债务),1件为遗产债务,其余8件为民间借贷等普通债务。

3. 审理结果:经债务清理后终结执行程序4件;经债务清清后恢复强制执行8件,经债务整理促成双方达成债务减免及分期还债计划后退出执行程序2件,另一件因债务人失联无法债务清理而终结债务清理程序。

4. 债务人情况:债务人不配合债务清理4件;债务人有失信行为2件;以上两者情形都有2件;债务人配合债务清理6件;债务人失联1件。

(二)个人债务清理的成效及存在问题

1. 个人债务清理成效

台州两级人民法院前期对15起案件实施债务清理,取得以下三方面成效:一是管理人的债务清理工作有效弥补执行程序在查找被执行人财产方面存在的不足。比如,在所清理的一起案件中系债务人夫妻通过离婚协议将在外地的财产转移到子女名下,另一起案件查明债务人存在信用卡使用频繁情况,已移送执行部门进一步查证处理。二是通过个人债务清理有效甄别债务人的诚信度,在所审理的案件中,有失信行为及不配合债务清理行为的,均终结清理程序,交回执行部门恢复强制执行措施,加大打击逃避债务清偿的力度。三是通过债务清理宣传个人破产制度,逐步营造“鼓励创新、宽容失败、惩罚失信”的社会氛围。目前通过个人债务清理案件审理及媒体报道,在台

州地区已引起社会一定程序的关注,部分债务人专门咨询债务清理机制,说明该项机制在台州已开始产生一定的影响。

2. 个人债务清理存在的问题

(1)制定个人债务清理机制的目的过于单一

台州市中级人民法院制定个人债务清理,是以切实解决执行难为切入点,从有利于推动个人破产制度角度而言,有着现实性和必要性。因此,台州市中级人民法院以执行程序终结为目的制定个人债务清理规程,存在筛选案件难、可选案件范围小的问题。因为进入债务清理的目的是终结执行程序,案件基本要符合以下条件:债务人配合、能如实申报财产并合理说明财产去向、与债权人没有严重对立、是单一被执行人的案件、没有其他失信行为。但法院在案件受理时即存在以下问题:一是债权人同意申请,但债务人不配合、躲避或下落不明,案件最后只能终结清理程序,退回执行部门继续强制执行,债务清理程序空耗;二是申请执行案件中多被告多执行人的案件占很大一部分,如果终结对其中一个被执行人的执行程序,全案仍无法终结,执行部门移送案件积极性不高;三是因出于审慎推进债务清理机制的需要,前期为了防止产生不必要的争议,对于债务金额较大的案件一般不受理。因此,选择债务金额适中、债务人能够配合且前期不存在失信行为、债权人能够谅解、财产能够查得清楚、执行案件能够全案终结的案件并不多。这是导致前期无法让更多案件进入的原因。但就个人破产制度而言,余债免除虽然是个人破产程序独立的程序目标,但不是唯一的程序目标。

(2)债务清理问题之债权人因素

首先,在人民法院长期加大强制执行措施情况下,对"执行不能"案件,债权人明知被执行人无财产可供,但仍然强烈要求对被执行人实施失信名单、拘留等强制执行措施,存在过度依赖司法强制执行手段。原因有以下三个方面:一是被执行人曾有失信行为,或双方发生争端和情绪对立;二是在当前强调解决执行难情况下,过度实施强制执行措施,助长债权人对"执行不能"案件不切合实际的债权回收空想,耗费司法资源;三是债权人明知被执行人无法清偿债务,其要求人民法院加强强制执行措施,目的是惩罚债务人,但实际上,包括限高及列入失信名单等措施,对于相当一部分无高消费需求及信用需求的被执行人来说,不能发挥相应的作用。此类情况具有一定的普遍性。

过度强制执行的负面作用就是,债权人利用强制措施的戾气多了,宽容他人的和气少了。明知债务人无财产可供执行,债权人仍然希望债务人不得解脱强制执行措施。执行部门则反复实施司法拘留等强制措施,债务却实际上得不到终局性处理。

其次,债权人不了解债务清理机制及程序后果,其申请的目的不明确。一方面,受理案件时法院对债务清理程序释明不够,没有明确说明经过债务清理后,对失信债务人加大强制执行,对诚信债务人退出执行程序这一债务清理后果;另一方面,与"个人破产"这一用语相比,"债务清理"更为债权人所不知。但在金融机构提出对被执行人申请债务清理的案件中,金融机构比普通债权人更为深入了解债务清理程序的功能、效果。

最后,从债务清理案件的审理情况看,债权人不同意债务人退出强制执行程序的理由主要认为债务人存在不诚信行为。比如,无法合理说明财产去向、存在转移隐藏财产的可能、在清偿债务时区别对待不同债权人的偏颇性清偿行为等。对于确无财产可供清偿债务且诚信的债务人,其提出问题通常如下:一是法院如何认定债务人是否诚信;二是如何在诚信考验期内对债务人进行监督;三是如果考验期过后,债务人有收入所得,是否要清偿债务。

(3)债务清理问题之债务人因素

在台州两级人民法院实施债务清理的15件案件中,与债务人有关的问题有以下几方面:

一是债务人同意对其进行债务清理后,随着管理人对财产的调查,其又拒绝配合债务清理,此类债务人有转移、隐匿财产的可能性。

二是部分债务人因强制执行措施,无法正常就业或进行经济活动,不仅债务无法清偿,也无法改善自身的生活,需要通过个人债务清理方式,给予其经济生活发展的空间和机会。

三是至少有两个债务人,其愿意通过债务清理解决执行案件的债务,但一旦要进行债务清理公告,其又不愿意进行债务清理。主要原因是,除执行案件外,尚有其他债务系其向亲戚好友借款,此类债权人知道其无法偿还债务,均未起诉或催讨,债务人担心债务清理予以免除余债后,无法面对亲戚好友,不愿背负"赖账"的名声。该问题背后的因素是,中国社会具有熟人社会的特点,相当一部分债权人出于人情关系,只要债务人不明确表示不清偿债务,即使债务实际上无法清偿,债权人也容忍欠债状态持续稳定保持下去。但该状态却有可能因个别债权人提出债务清理申请,打破原来稳定的基于人情关系的债权债务关系,给债权人造成债务人逃避债务清偿的印象,效果适得其反。

四是至少有6位债务人,躲避管理人调查或不配合调查,致使债务清理无法继续进行。原因可能有以下几方面:债务清理对其的好处不了解,债务人存在失信行为,前期的强制执行造成债务人回避心理。

五是在筛选案件中发现有一部分债务人,所欠债务金额并不巨大,一般在两三万元到10万元不等而无法偿还,其自身劳动技能较低,靠打零工维持家庭生活。台州属于民营经济发达地区,这一因债贫困的现象出乎意料。

六是在多被执行人案件中,存在主债务人配合,但保证人不配合,或保证人配合,但主债务人不配合的情况。

七是在一起案件中,债务人名下虽无财产可供执行,其丈夫系某经联社负责人,其女儿留学国外,其称女儿系亲戚资助留学,但没有提供相关证据及女儿留学费用明细,因此,债务清理的结果是不予退出执行程序,否则,会引发社会负面影响。

八是个别债务人的账户款项支取款项较大,其辩称为他人借用其信用卡,管理人经调查认为其存在高消费及隐藏财产行为,实务中存在债务人借用他人账户的情况并不在少数。

(三)债务清理问题之程序因素

一是推动债权人申请难。债权人不愿意放弃债权,哪怕债务人客观上已无法清偿清债务,这是债权人普遍存在的心态,除非通过个人债务清理能够额外发现债务人财产。此外,除非个别债权人在个案追债中处于比其他债权人更为劣势地位,否则,该债权人也无意愿启动债务清理程序。

二是个人债务清理中特有的债权清偿顺位问题。在个人债务清理中,有一些债权构成独特的个人破产债权,比如因扶养、收养,因侵犯隐私、人身自由,因赠与等产生的债权和财产权,在破产财产界定和确定破产债权清偿顺序需要进一步探讨。

三是个人债务清理中债务人死亡后遗产债务处理问题。该问题与普通民商事案件中因债务人死亡形成的遗产债务由继承人进行诉讼担当所引发的争议有密切关联,个人债务清理机制可以提供一个解决路径。

四是破产费用无法落实问题。个人进入债务清理,一般其财产价值不高或无财产,破产费用及管理人报酬无法支付,台州市中级人民法院目前以破产援助资金对管理人进行报酬补偿,但从长远来看,应当建立国家财政补助制度。

五是诚信考验期的监管问题。在终结清理程序并终结执行程序后,对长达四至六年的诚信考验期的监管,要考虑监管的成本与效率。制度监管而非人力监管是解决这一问题的关键:一是债务清理对债务人是否诚信的甄别机制,是债务清理后有效监管的前提和基础;二是建立和加强违反惩罚机制,降低债务人失信的侥幸心理;三是建立债务清理人名录公开制度,加强社会对债务人的监督;四是建立财产定期申报制度,提高债务人的诚信意识。

三、对个人债务清理司法实践的思考与总结

(一)个人债务清理机制的程序价值

台州两级人民法院前期开展的个人债务清理工作,在案件筛选方面出现选择难困境,主要原因是,为切实解决执行难及稳妥推进个人债务清理的需要,在制定个人债务清理规程时,是以终结执行程序为程序的优先及唯一目的,从而达到类似于余债免债的效果。因此,在受理个人债务清理案件中,存在债务人不配合就无法继续清理和审理,只能退回执行程序处理。就个人破产制度角度而言,余债免除并非为个人破产唯一的程序目的。个人破产的程序价值应当是:公平清偿、集体受偿、债务重建、余债免除、欺诈惩罚。并存在三种程序结果:清算不免责、清算免责、债务和解或重组。因此,我们认为,凡债务人出现财产不足以清偿全部债务的条件时,即可由债权人或债务人启动债务清理程序。通过债务清理甄别诚信债务人,诚信则终结执行程序,不诚信则进入强制执行,使执行程序与债务清理程序在程序分工上各有侧重点,即执行程序专注打击失信债务人,债务清理程序专注债务清理、财产分配,并让诚信债务人退出执行程序,发挥“鼓励创新、宽容失败、惩罚失信”的制度导向作用。

(二)个人债务清理机制与国家宏观政策的关系

台州系股份制经济发源地,民营经济、个体经济比较发达。通过前期的案件筛选工作,发现仍然有部分的人群处于因债贫困之中。这部分小额债务人无法清偿债务,原因并非单纯的逃避债务,而是其经营和生活失败,又无相应的劳动技能,只能依靠打零工维持基本生活。这部分债务人,债务发生并不频繁,前期申请贷款时,也经过银行相当细致的信贷调查。对于这部分债务人实施债务清理,从而让其重新获得正常生活,是符合国家脱贫扶贫政策。事实上,社会上还存在因病贫困、因灾贫困情况。这是其一。其二,台州中小企业众多,上市公司数量位列全国地级市第五位,最近几年台州市大力推进“台州智造”产业,但也存在企业家创业失败甚至出现自杀的情况。在下一步工作的推进中,我们将关注股东与企业债务的连带责任问题,再次推动公司财产与股东财产合并破产。这同样与国家鼓励科技创新的政策相符,个人债务清理机制要为科技创新失败者提供重生的机会。

(三)当前的强制执行过犹不及状况应通过个人破产债务清理机制来平衡

3 年基本解决执行难主要成果在机制建设上面,比如,查控体系和联合惩戒机制的建立。但实务中,出现强制执行措施不当实施情况。比如,不区分执行不能的原因,一概对没有履行债务的被执行人列入失信名单。而且执行程序无法解决财产去向和债务清理问题,只能以强制措施来促使债务人履行义务。另外,债权人更多关心的是债务形成原因,以及债务人财产去向,这是执行程序无法承载的功能。更为值得关注的是,过度的强制执行至少会对债权人在心理上造成过分依赖强制执行程序,影响债权人对债权回收风险的正确认识。

(四)个人债务清理为解决遗产债务提供机制路径

实务中,相当一部分债务人死亡后,其遗产不足以清偿债务,在此情况下,债务人的继承人往往放弃继承遗产,导致债权人在主张权利时存在“三无”状况,即无交涉对方、无诉讼对方、无法查明遗产范围和价值。根据当前法律规定,继承人放弃继承,遗产即成为无主财产,可以按照无主财产制度来处理,但当前无主财产的归属、管理和处理均有待制度的具体化。在债权人无法通过无主财产制度来处理遗产债务的情况下,其往往将放弃继承的继承人作为被告提起诉讼,有些法院以继承人在一定时期内有管理遗产的职责而判决其在遗产范围内承担责任,不仅与继承法相关规定不符,其判决及执行往往损害继承人的合法权益。因此,个人债务清理机制可为此类遗产债务提供处理路径。

(五)个人债务清理在程序价值上的几对关系

其一,程序上是侧重程序速度还是权利保护。笔者认为,在个人债务清理中,债务人财产价值偏低甚至无财产的情况比较多,债权人人数也不如企业破产众多,因此,在对债务人进行债务清理时,程序上应以简易程序为主。因为速度代表效率和低成本,如果侧重于债权人权利保护,相反的效果是成本高、效率低,对于个人债务清理及债权人回收债权并非有利。因此,台州市中级人民法院规定个人债务简易审程序,以简易的听证会代替债权人会议,以异议期默认机制代替债权人表决机制。其二,程序设定上是以法官还是管理人或者是债权人为中心。我们认为在个人债务清理程序设定中,在某些具体程序上可考虑侧重于以法官为中心。比如,在财产处置和债务整理方案上,可以考虑由法院决定,这是由于个人财产不足以清偿全部债务时,其财产价值偏低及债权债务关系相对企业破产更为简单这样的特点所决定的。以韩国为例,对于个人重整计划,债权人有异议权,但无表决权,由法院批准。其三,是单一程序还是多程序。目前,台州法院的个人债务清理还是以法院的程序为主。但从长远来看,多程序推进是一个方向,一方面,如果有大量的个人破产案件进入,法院无法消化;另一方面,由债权人与债务人进行庭外债务清理,也是效率和成本的体现。因此,个人债务清理可以探索与行业协会、多元化调解组织等协同,共同推动形成债务化解合力。

笔者认为,债务无法清偿,是债务本身原因而非个人破产制度所造成,个人破产制度本身并不会为逃避债务提供路径,实务中严格把握程序准入和余债免除的条件,强化财产清理和对债务人的监管,才是防范逃避债务的关键。对于消费、商业所形成的债务,个人破产制度还将发挥与贷款调查制度、担保制度等相同的债务风险控制作用。个人破产制度是社会诚信体系的一部分，与征信等相关制度互相关联，其制度的推出不存在孰先孰后问题，应当相辅相成，协同推进。

英国个人破产法立法及其实践概要

徐阳光*

英国在世界银行2019年发布的营商环境评估报告中总排名第8位,“办理破产”的指标排第14位,其悠久的破产立法史和市场化的破产法实践,值得我们关注和借鉴。笔者在此对英国个人破产立法概况和破产清算程序作简要介绍,以供我国立法研究参考。

一、个人破产立法简况

英国的第一部破产法是亨利八世时期制定的《1542年破产法》。该法仅适用于自然人,公司破产制度则是1844年才有的制度。现代破产法的两个基本特征,即将债务人财产进行汇总和变现,以及为了全体债权人的利益而管理和分配破产财产,都能在《1542年破产法》中找到渊源,英国学术界也基本认可按比例分配原则的确立是该法最大的贡献。

1542年至1986年,英国历史上有过很多部个人破产法,且各有其特色与贡献。比如,《1570年破产法》明确规定个人破产制度仅适用于商人;《1603年破产法》首次确立反破产欺诈的调查制度;《1705年破产法》确立破产免责制度;《1732年破产法》规定由债权人任命的受托人来管理破产事务;《1861年破产法》彻底废除商人与非商人的区别;《1883年破产法》明确区分破产中的司法职能与管理职能;《1976年破产法》首创自动免责制度。

* 中国人民大学法学院教授、博士生导师,中国人民大学破产法研究中心副主任兼秘书长,北京市破产法学会副会长兼秘书长。

英国就这样在一步步的立法演进中,确立了现代个人破产制度所要求的普遍适用、集体清偿、同比例分配、破产免责等核心要素。英国现行破产立法是《1986 年破产法》,这是英国历史上第一部统一适用于企业和个人的破产立法,深受 1982 年"科克报告"(Cork Report)的影响。

1977 年,英国政府任命了一个由肯尼斯 · 科克爵士(Sir Kenneth Cork)担任主席的委员会,主要职责是对英国当时的公司和个人破产制度及相关法律制度进行全面的审查评估,审查设计一套综合的破产法律制度的可能性以及现行制度可以协调和整合的程度,并提出适当的、可行的非正式程序作为个人破产及公司清算的替代机制。

1982 年,"科克报告"正式发布,强调破产问题关系债务人、债权人和社会三方面,认为破产不仅仅有集体清偿、同比例分配、破产免责的作用,更有重要的社会和金融含义。我们生活的这个世界和财富的创造依赖于一个建立在信用基础上的制度体系,需要有破产程序来应对它的损失,尽量在早期(而非晚期)诊断和处理即将到来的破产情形;在必要的时候,减轻无力偿债者(尤其是自然人)的负担,保障他们免受其债权人的骚扰及其无理要求,兼顾无力偿债者(如个人及其家人)应继续合法享有的权利。同时,要考虑债权人的权利,因为他们自身的地位也会因破产程序而受到影响。防止个别债权人之间发生冲突,以最短的延误和最小的成本变现破产财产以用于清偿债务。

英国个人破产制度建基于"科克报告"的分析,并根据发展形势的变化,进行过多次的修订和调整。比如,自 1989 年 4 月 3 日起废止刑事破产令制度;2009 年 4 月开始实施债务舒缓令制度(Debt Relief Orders,DROs);2015 年将申请破产清算的最低债务标准由 750 英镑提高到 5000 英镑;从 2016 年 4 月 6 日开始,债务人提出的破产清算申请,统一在线提交,由破产服务局的审裁员进行审查并作出是否颁发破产令的决定,无须法院的介入;2019 年提出要通过立法确立"喘息空间计划"(breathing space scheme),具体制度内容包括法定喘息空间(statutory breathing space)和法定债务清偿计划(statutory debt repayment plan)。

英国《1986 年破产法》和《2016 年英格兰和威尔士破产规则》是目前最为主要的法律文本,在个人破产部分,确立了破产清算(bankruptcy)、债务舒缓令(DROs)、个人自愿安排(individual voluntary arrangements,IVAs)3 套破产法框架内的法定债务解决方案,英文 insolvency 在个人破产法中则涵盖这 3 类程序。此外,立法外非正式的债务清理程序,如债务管理计划、象征性支付、债务合并等机制,与正式的破产程序相互配合,共同致力于解决个人的债务困境。

在案件分布上来看,英格兰和威尔士地区 2019 年度个人破产案件总量(Insolvencies)为 122,181 件,其中,16,702 件为破产清算案件(bankruptcies),占比 13.7%;债务舒缓令(DROs)的案件为 27,497 件,占比 22.5%;个人自愿安排(IVAs)的案件为 77,982 件,占比 63.8%。

二、破产清算程序的启动

一是债务人申请(bankruptcy application)。债务人出现了不能清偿到期债务的情形,且负债金额超过了 5000 英镑,就可以选择申请破产,需要支付 680 磅的申请费用。自 2016 年 4 月 6 日起,所有债务人提出的破产清算申请,不再向法院提交,而是通过政府专门的网站入口向破产服务局(Insolvency Service)提交,统一由政府部门任命的审裁员(adjudicator)来进行审查并作出决定。审裁员如果作出拒绝颁发破产令的决定,必须通知债务人并说明拒绝的理由,并告知债务人有权要求审裁员复议。如果审裁员复核之后还是拒绝颁发破产令,债务人可以在 28 日内起诉到法院。法院根据债务人的起诉,可以驳回申请或者直接对债务人颁发破产令。

破产服务局(亦有学者译为破产管理署)是值得我们关注的一个重要机构。作为英国政府的执行机构,破产服务局隶属于英国商业能源产业战略部(Department for Business, Energy and Industrial Strategy, BEIS),通过支持那些陷入财务困境的人、处理金融违规行为和实现债权人利益最大化,来帮助提振经济信心。在公司破产和个人破产程序中,破产服务局往往代表内阁大臣行使英国《1986 年破产法》《1986 年公司董事资格取消法》《1996 年就业权法》《1985 年公司法》等法律及其委任立法所赋予的法定职责。破产服务局由官方接管人机构(official receiver)、执法调查机构、行业监管部门等内设机构组成,主要履行官方接管、破产调查、职工遣散管理、破产行业监管等职责。

二是债权人申请(bankruptcy petitions)。债权人可以单独或者联合向法院提起针对债务人的破产清算申请。提出申请的债权人应当在申请时符合以下条件：(1)债权总额或者合计的总额达到或者超过了5000英磅；(2)申请人的债权是无担保的债权；(3)债务人已经无法清偿到期债务或者是有合理理由相信债务人无法清偿债务；(4)债权人已经按照破产法的要求向债务人就每一项债务都发出了法定要求偿债书(statutory demand)。债权人提出的申请都由法院来审查并决定是否颁发破产令。法院亦有权驳回当事人的申请，或者在出现特定情形时，决定中止破产程序。

无论是债务人申请，还是债权人申请，破产申请一旦提出，非经许可不得撤回，但申请人可以经许可后修改申请书。

三、自由财产的界定

破产人的自由财产包括工作与生活两个主要的方面：一是破产人在其受雇、商业运用和职业工作中自己使用的，必要的工具、书籍、车辆及其他设备；二是为满足破产人及其家人的基本生活需要，而必需的衣物、床上用品、家具、家庭设备及供应品。在实践中，破产管理人一般都会让破产人继续保留上述财产，除非可以有更便宜的替代物。此外，按照学术界对自由财产的认定标准，破产人"事后取得的财产"和"通过继承取得的财产"，如果不需要交付给破产管理人，也将构成破产人自由财产的一部分。

破产管理人有权依法决定对自由财产进行合理的置换。破产管理人认为某项自由财产整体或者部分变现的价值超过了将其进行合理置换的成本，则可以采书面通知的形式告知破产人，该财产全部或者部分地归入破产财产，但管理人需要从破产财产中出钱给破产人购买或者代表破产人购买合理的置换物。所谓合理的置换，是指替代物能够合理、充分地满足原自由财产所能满足的需求。

破产管理人应该在知道破产人此项自由财产之日起的42日内作出是否置换的决定并通知破产人。一旦管理人发出了书面的置换通知，通知中所指向的财产就归为破产财产的一部分，管理人对该财产享有的权利可以追溯到破产清算程序开始之初，但不得对抗支付了对价且没有得到债务人破产通知的善意购买人。

四、收入支付协议和收入支付令

如果尚未免责的破产人在维持自己和家庭的基本生活需要的基础上,还有一些多余的收入,是否都属于自由财产的范围?根据英国破产法的规定,答案是否定的。因为英国法上明确规定,对于这种情形,可以通过“收入支付协议”(income payments agreement,IPA)或者“收入支付令”(income payments order,IPO)来处理,即让破产人在一定的期限内,从自己的“可支配收入”中,按照要求拿出一定的比例交给破产管理人,以更好地维护债权人的利益。

收入支付协议,是指破产人与管理人或官方接管人之间订立一份书面的协议,在规定的期限之内,破产人从其收入中拿出协议规定的一定比例的金额,交给破产管理人或者官方接管人;或者是直接由有付款义务的第三方按照协议约定的比例,将本来应该给破产人的收入直接支付给破产管理人或者官方接管人。收入支付协议约定的期限,可以涵盖破产人获得免责之后的一定时期,但协议规定的期限最长不得超过3年。一般来说,如果破产人唯一的收入是来自国家的福利,破产管理人一般不会要求订立收入支付协议。

收入支付令,是指由法院签发的命令,旨在要求破产人在规定的期限之内,从其收入中拿出令状中明确规定的一定比例的金额,交给破产管理人或者官方接管人;或者是直接由有付款义务的第三方按照令状要求的比例,将本来应该给破产人的收入直接支付给破产管理人或者官方接管人。法院签发收入支付令必须以破产管理人的申请为前提,而且破产管理人必须在破产人获得免责之前提出申请。法院如果认为签发收入支付令将会让破产人及其家人无法满足合理的生活需求,则可以拒绝签发收入支付令。但一旦法院签发了收入支付令,则破产人必须履行支付义务,否则,破产管理人有权申请法院延长破产程序的期限。收入支付令的期限同样可以涵盖破产人获得免责之后的一定时期,但最长不得超过3年。

根据英国破产服务局提供的官方统计数据,2018年总共有17,459件破产清算的案件,其中存在收入支付令和收入支付协议的案件合计2886件,占比17.4%。2010~2018年,收入支付令和收入支付协议的案件占比都在20%左右,最高的是2011年,占比24.8%。

五、自动免责制度

英国个人破产法采取的是自动免责主义,即债务人一般都可以自破产令颁发之日起12个月之后自动免责。所谓自动免责,是指债务人不需要做任何事情,包括不需要给法院提交任何的申请表,不需要进行法庭听证,只需等待12个月的期限届满,债务人就可以自动从破产程序中获得免责。债务人不能在12个月免责期满之前提出提前免责的申请;如果满足取消破产令的条件,债务人可以申请法院裁定取消破产令。以下情形的存在并不影响破产人取得免责的后果:(1)债权人没有得到任何清偿;(2)破产人仍然在依据收入支付协议(IPA)或收入支付令(IPO)进行付款;(3)部分破产财产尚未出售。

英国《1986年破产法》原本规定的是3年后自动免责,但《2002年企业法》将此期限修改为1年,主要有3个立法目的:一是消除破产的污点和烙印;二是给予债务人尽快恢复财务状况的机会;三是鼓励企业家"东山再起"。在该免责期限调整之后,英国破产服务局2006年进行的一项调查研究表明,从3年改为1年,并没有对债务人申请破产时的决定产生明显的影响。

需要注意的是,如果债务人没有履行破产法规定的义务,比如,债务人隐匿财产(没有交出财产),没有如实提供与财产有关的信息,没有出席会议等情形,官方接管人或者破产管理人可以向法院申请颁发"中止令"(suspend order),由法院裁定在一定时期内中止免责期限的计算,直到相关条件具备再继续计算免责期限。

破产免责是一种让债务人从破产清算程序的限制中和沉重的债务包袱中走出来以重新开始生活的法律程序。破产免责之后,如果法院没有颁发破产限制令,债务人没有作出破产限制承诺,则债务人可以正式开始新的生活,比如,可以担任有限责任公司的董事,可以参与经营管理(除非法院颁发了资格取消令),可以在不提自己破产的情况下获得新的贷款(除非有特别的要求)。

破产免责之后,未能清偿的债务予以豁免,但破产免责并不能免除以下债务:(1)家事法院判决需要支付的费用(如抚养费);(2)因破产人的行为引发的人身伤害之债(包括造成他人死亡、引发疾病或者其他身心上的伤害);

(3)法院的罚款以及因为欺诈或者其他犯罪行为引发的债务;(4)在法院颁发破产令之后产生的债务;(5)自2004年9月1日之后的所有到期的学生贷款。

破产免责之后,债务人取得的财产不再属于破产财产,但如果有收入支付协议或收入支付令,债务人仍需遵守。破产免责之后,如果担保债权尚未进行清偿,担保债权人仍然可以继续行使担保权以实现自己的担保利益。

六、破产限制令和破产限制承诺

在英国《2002年企业法》出台之前,破产人需要在破产程序启动后的3年期满后,方可获得免责,而在此期间,其资格与行为将受到一系列的限制。《2002年企业法》出台之后,将自动免责的时间由3年修改为1年,同时推出了新的民事制度,即破产限制令(bankruptcy restrictions order,BRO)和破产限制承诺(bankruptcy restrictions undertakings,BRU),旨在对少部分滥用破产免责制度且行为被认定为"不诚实、鲁莽或其他有罪的"破产人施加特别的限制措施。

立法的基本考虑是,债务人在获得破产免责之后,可以走出债务的困境,获得重新开始的机会。但是,如果债务人在法院作出破产令之前或者之后,有过违反破产法及相关法律规定的行为,法院可以基于相关主体的申请,颁布破产限制令,对债务人(包括免责后的债务人)的行为在一定期限内(2~15年)作出相应的限制。债务人也可以向内阁大臣提出一个破产限制承诺,以节约法院破产程序的成本。如果内阁大臣同意批准,则债务人的行为也将在一定期限内受到限制,其限制范围与DRO相同。

一旦法院颁发了破产限制令或者临时限制令,或者是内阁部长接受了破产人的破产限制承诺,则破产人将在规定的期限内失去某些资格或者其行为受到相应的限制,待限制令的期限过后或者限制令依法被取消之后,再予恢复。此即破产限制令、临时限制令、破产限制承诺的法律后果,亦即理论界所谓之"失权"与"复权"问题。

在英国,此种法律后果源于破产法以及公司法、企业法、有限合伙法、教育法等许多相关法律的规定,由英国破产服务局来负责实施。2019年4月,英国破产服务局更新了官网上发布的《破产限制计划》(schedule of bankruptcy restrictions),列出了破产限制令、临时限制令和破产限制承诺的14个方面共计84种具体的法律后果,即资格取消和行为受限的具体情形。

此外,英国破产法明确规定了八种破产犯罪行为:(1)不披露信息;(2)隐藏财产;(3)隐藏或者伪造账簿、文件资料;(4)错误陈述;(5)不当处置财产;(6)携带财产潜逃;(7)不当处置财产以获得贷款;(8)对外借款与从事商业行为。如果要对破产人的犯罪行为提起诉讼,一般来说,需要经过一个简易的程序来作出决定。对犯罪行为的惩罚,包括监禁或刑事罚金,也可以两者结合并罚。

日本的个人破产免责制度及其滥用防止措施*

杉本和士(Sugimoto Kazushi)** 著 张莯文*** 金 春**** 译

一、日本的个人破产制度

在日本,陷入债务危机的个人债务人可以适用的破产法律制度包括日本《破产(清算)法》规定的破产清算程序、免责程序及复权程序,①《民事再生法》规定的再生程序,后者包括通常的再生程序和个人再生程序。②《破产(清算)法》和《民事再生法》在清算和重整方面具有不同的目标,但都将个人债务人"经济生活的复苏"作为立法目的之一[日本《破产(清算)法》第1条,日本《民事再生法》第1条]。

当陷入债务危机的个人债务人达到不能清偿到期债务[日本《破产(清算)法》第15条第1款]的状态时(债务人停止支付时,推定为不能清偿到期债务。同条第2款),可以申请启动破产清算程序并有机会获得免责许可(同法第18条第1款、第248条第1款、第4款)。个人债务人如果通过民事再生

---

* 本文根据作者在2019年东亚破产重组论坛大会报告的基础上修改而成,经作者授权后翻译并刊发,特此说明并致谢。

** 日本法政大学法学院教授。

*** 日本京都大学法学院研究生。

**** 日本同志社大学教授,中国人民大学破产法研究中心研究员。

① 破产清算程序、免责程序及复权程序虽然都是特别程序[日本《破产(清算)法》第3条],但免责程序和复权程序是以破产清算程序为前提的。

② 个人再生程序是有关个人债务人的特别规定,详见日本《民事再生法》第13章"关于小规模个人再生及工资所得者等再生的特则"。

计划中对再生债权的权利变更(债务减免或延期清偿),有望基于其未来收入对债务进行分期清偿,也可以选择适用再生程序(参照日本《民事再生法》第21条1款、第25条)。需要注意的是,在日本当前的法律体系下,即使有预期收入的个人债务人,只要满足不能清偿到期债务这一破产清算程序的启动要件,就可选择适用破产清算程序,从而在(在短期内)获得免责及复权。换言之,此类有收入的个人债务人享有程序的选择权,无须适用个人再生程序。

债务人如果选择适用破产清算程序,则可作为破产人在免责程序中获得免责许可裁定,从过去的债务负担中解放出来[日本《破产(清算)法》第253条第1款主文正文]。法院裁定启动破产清算程序后取得的新的财产(包括破产清算程序启动后所得的工资等),均不作为用于清偿破产债权人的破产财产,而属于债务人的自由财产,可以用于经济生活的再建。对债务人而言,一方面,选择破产清算程序有的优势是显而易见的;另一方面,除了特定的不能执行财产和其他自由查封财产(同法第34条第3款),①破产人在破产清算程序启动时所拥有的一切财产,都应当作为破产财产,用于清偿破产债权人(同法第34条第1款)。因此,债务人将失去不属于自由财产的住宅、土地不动产、汽车,甚至债务人日常生活所必需的财产。② 与此相对,适用民事再生程序的优势在于(特别是个人再生程序的情形下),债务人可以保留以上财产,特别是房产等。③ 实践中,特别是债务人本人在决定选择适用哪一种程序时,一般会根据债务人所处的状况综合判断。④

---

① 被破产财产排除的禁止查封扣押财产包括禁止查封扣押金钱和禁止查封扣押动产、债权。

② 法院依破产人的申请或者依职权,在听取破产管理人的意见之后,可以裁定扩张自由财产的范围[日本《破产(清算)法》第34条第4款第5项]。但考虑到破产债权人的利益,这种扩张被允许的范围有限。在东京地方法院民事第20庭(破产再生庭)的实践中,将自由财产总额定为99万日元(相当于破产法中禁止查封扣押的现金总额)。参见中山孝雄=金澤秀樹編『破産管財の手引』(金融財政事情研究会,第2版,2015年)147頁参照。

③ 《民事再生法》设有住房抵押贷款债权特别条款(《民事再生法》第196条至第206条),允许维持住房的同时,基于再生计划进行清偿。

④ 从日本《(旧)破产(清算)法》及《旧和议法》(该法2000年随着《民事再生法》诞生而被废除)的时代开始,就有观点认为有固定收入的债务人不能一举获得破产免责而应该尝试分期清偿,虽然现行法认可了债务人可以自由选择程序,破产清算程序和再生程序合理的功能分担,一直成为讨论的对象。

二、免责制度概要[①]

(一)总论

日本《破产(清算)法》的目的在于,当债务人陷入债务危机时,在破产清算程序中对其财产进行公平合理的清算,从而对债权人实现公平平等的清偿[日本《破产(清算)法》第1条]。就个人债务人而言,该法还强调"力图确保债务人获得重新开始经济生活的机会"。换言之,对于陷入债务危机的债务人,日本《破产(清算)法》着力保障其"重新开始"(fresh start)的机会,具体表现为免责制度及复权制度。

按理,在破产清算程序终结后,除非债务还清,个人债务人将不得不继续承担剩余债务。[②] 但是,个人债务人在破产清算程序开始时的财产极少,几乎没有债权人仅满足于破产清算程序的清偿,程序终结后,个人债务人很可能仍然继续负担着大额且沉重的债务。但是,这无法给予债务人在经济上重新开始的机会,债务人很有可能再次陷入破产。放任这种情况,不仅妨碍债务人重新参与社会生活,甚至还有可能使社会陷入不稳定的状况。从宏观经济的角度来看,这也不是理想的状态。免责程序是除特定的不免责债权[日本《破产(清算)法》第253条1款各项]外,允许个人债务人免除全部[③]剩余债务

① 关于消费者破产的破产及免责程序,山本和彦『倒産処理法入門』(有斐閣,第4版,2018年)123頁以下を参照。关于现行法下的破产免责制度的概要与问题分析,参见小川秀樹「破産免責をめぐる諸問題」田原睦夫先生古稀・最高裁判事退官記念論文集『現代民事法の実務と理論(下巻)』(金融財政事情研究会,2013年)494頁を参照。

② 在法人债务人的场合,随着破产清算程序的结束法人人格消失[参照日本《破产(清算)法》第35条],剩余债务也必然消失。

③ 过去,对于具备不可免责事由的破产人,能否根据裁量不一概性地许可其债务免责而只许可一定范围的债务免责,曾展开过讨论。在2004年修订前的旧法下也有过肯定部分免责的观点,实践中也出现了承认这一做法的下级判例。但当下的实务及学说都对这种做法持消极态度。参见伊藤眞ほか『条解破産法』(弘文堂,第2版,2014年)1611-1612頁,伊藤眞『破産法・民事再生法』(有斐閣,第4版,2018年)770-771頁参照。

负担的程序(同法第 253 条第 1 款主文正文)。[①] 免责程序可以避免个人债务人的债务危机问题在社会上被搁置,通过法院的干预和适当处理,有望可以解决上述一系列问题。

(二)免责制度在日本的引进和发展

日本在 1890 年(明治 23 年)制定的《商法》(法律第 32 号)中规定了第 3 篇"破产",其后,从 1922 年(大正 11 年)专门制定了《(旧)破产(清算)法》[法律第 71 号,1923 年(大正 12 年)1 月 1 日施行],到 2004 年(平成 16 年)全面修改该法,施行至今已有约 80 年。但是,《(旧)破产(清算)法》最初并没有规定免责制度,该制度是在第二次世界大战结束后,于 1952 年(昭和 27 年)对该法进行部分修改时引进的。当时,在美国法的影响下,制定日本《公司更生法》的同时,为确保以个体经营者为主的个人债务人经济再生的目的,引进了免责制度。[②] 所以,最初引进免责制度,不是为了作为消费者个人债务人,而是为了个体经营者等商自然人在经济上获得新生。

虽然早在 1952 年引进了免责制度,但一直到 20 世纪 70 年代为止,日本全国适用免责制度的案件数极为有限。然而,从 20 世纪 70 年代至 80 年代,日本社会以住房贷款为主的消费者信用急速扩大,同时,信用卡也开始广泛普及,致使消费者因负担多重和收入不相符的债务而陷入债务危机,这也成了深刻的社会问题。因此,免责制度作为救济消费者的手段备受瞩目。[③] 在 20 世纪 80 年代,债务人自己以免责为目的申请破产清算程序的案件急剧

---

① 关于"免除责任"[日本《破产(清算)法》第 253 条第 1 款主文正文]这一许可免责裁定的效果,有两种观点,一种认为剩余债务是具有给付能力而丧失了诉讼能力的自然债务(自然债务说、责任消灭说)。与之相对的另一种认为剩余债务实质上已经消灭(债务消灭说)。日本《最高裁判所民事判例集》第 53 卷 8 号,第 1403 页所载 1999 年(平成 11 年)11 月 9 日案例和日本《最高裁判所民事判例集》第 72 卷 1 号 1 页所载 2018 年(平成 30 年)2 月 23 日案例,以自然债务说为前提。另外,许可免责裁定对破产债权人对破产人的保证人等拥有的权利和破产者以外的人(物上保证人)对破产债权人提供的担保不产生影响[日本《破产(清算)法》第 253 条第 2 款]。因此,即使主要的债务因免责而成为自然债务,保证债务仍具有从前的性质(这是保证债务从属性的例外)。

② 参见伊藤眞ほか『条解破産法』(弘文堂,第 2 版,2014 年)1602 頁,1604 頁,伊藤眞『破産法・民事再生法』(有斐閣,第 4 版,2018 年)763 頁参照。

③ 参见伊藤眞「破産免責の再構成」判タ429 号(1981 年)8 頁〔同『債務者更生手続の研究』(西神田編集室,1984 年)所収〕,同「サラ金問題と債務者の更生」ジュリ796 号(1983 年)37 頁,同「多重・多額債務者の救済と問題点」ジュリ841 号(1985 年)20 頁等が,都对当时的问题情况进行了阐述。

增加。① 此后,随着经济繁荣,虽然案件数量一度减少,但是消费者信用发展进一步扩大。1990年以后,随着泡沫经济的崩溃,个人破产的案件数激增(见表1、图1)。② 在2003年迎来超过24万件的高峰后,案件数开始减少,近年来从6万件增加到7万件左右。尽管案件数上有所减少,但不可否认的是,免责制度作为处理消费者破产的一项不可或缺的救济手段,已经在当今日本社会中广泛获得认可和适用。

表1 日本个人破产受理案件数年度数据

年份	受理案件数	年份	受理案件数
1989	9433	2000	139, 590
1990	11, 480	2001	160, 741
1991	23, 491	2002	214, 996
1992	43, 394	2003	242, 849
1993	43, 816	2004	211, 860
1994	40, 613	2005	184, 923
1995	43, 649	2006	166, 339
1996	56, 802	2007	148, 524
1997	71, 683	2008	129, 883
1998	105, 468	2009	126, 553
1999	123, 915	2010	121, 150

① 参见園尾隆司「破産法の役割の変化と破産法の運用における裁判所の審理の在り方」園尾隆司ほか編『新・裁判実務大系　新版・破産法』(青林書院,2006年)3頁,特に4-7頁参照。根据日本最高裁判所《司法統計年報〔民事・行政編〕》,申请破产的新受理案件数(自然人・法人等的总数),1980年为2877件,1981年为3221件,但1982年为5031件,1983年为17,878件,1984年为26,384件(1984年是80年代の案件数的高峰。那之后,到20世纪90年代,案件数减少)。另,债权人申立率,直到20世纪50年代几乎是100%,1983年是8.4%,1993年则落到1.3%,自己破产申立率急增。另,根据日本最高裁判所《司法統計年報〔民事・行政編〕》,2017年自然人自己破产案件数为68,792件,而总案件数为68,995件,大约占99%。

② 参见佐藤鉄男「多重債務と消費者破産」ジュリ979号(1991年)26頁,青山善充〔司会〕=田中康久=宮川知法「〔鼎談〕破産免責制度の趣旨と運用上の課題」ジュリ1014号(1992年)8頁,宇都宮健児「消費者破産の現状と問題点」金法1475号(1997年)61頁等が,都对当时的问题情况进行了阐述。

续表

年份	受理案件数	年份	受理案件数
2011	100, 736	2015	64, 081
2012	82, 902	2016	64, 872
2013	72, 287	2017	68, 995
2014	65, 393		

注:根据日本最高裁判所《司法统计年报(民事·行政编)》的数据制作。

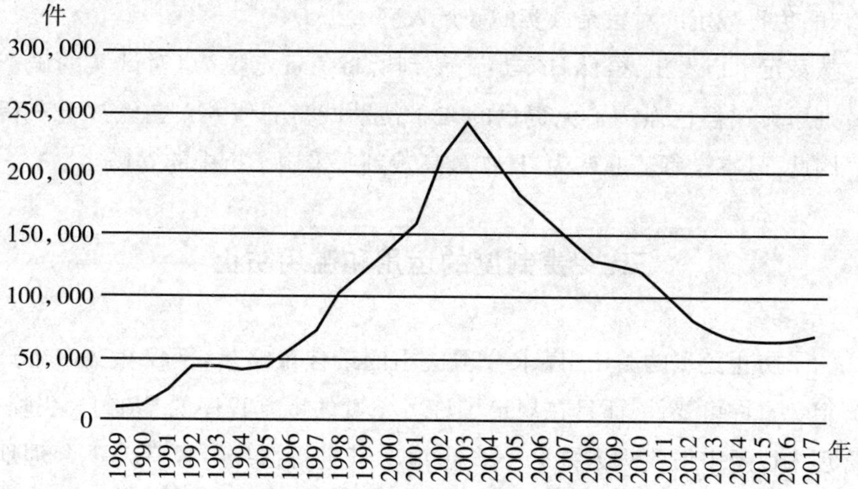

图1　日本个人破产受理案件数走势

(三)免责制度的理论依据

关于免责的理论依据,自2004年修改前的旧法时代就已经展开了讨论。理论上大致可以分为:强调免责作为对诚实的债务人特别恩典的特典说和强调免责作为(诚实的)债务人经济再生手段的再生手段说,①但两者不是对立的。

① 详见古関裕二「破産免責の論理と心理」竹下守夫先生古稀祝賀竹下守夫先生古稀祝賀『権利実現過程の基本構造』(有斐閣,2002年)571頁,長谷部由起子「免責の理念と根拠」高木新二郎＝伊藤眞編集代表『講座　倒産の法システム第2巻—清算型倒産処理手続・個人再生手続』(日本評論社,2010年)133頁等参照。

日本《最高裁判所民事判例集》1961 年 12 月 13 日 15 卷 11 号 2803 页①记载的裁定,对于免责理念的理解至关重要。裁定指出:“破产法中有关破产人免责的规定是对诚实的破产人的特别恩典,除特殊情形外,在破产清算程序中,免除破产人对破产财团无法清偿部分之债务所应承担的责任。(中略)日本《破产(清算)法(旧法)》第 366 条之 9[对应日本《破产(清算)法(现行法)》第 252 条]规定,债务人存在欺诈破产罪、过失破产罪等行为或该条款中其他不守信用的行为的,法院可以作出不许免责的裁定。从该条文的表述可以得知,免责裁定的对象是诚实的破产人。”

从裁定可以看出,虽然日本最高裁判所将免责定位为“对诚实的破产人的特别恩典”,但也强调了免责目的在于帮助诚实的债务人在经济上获得重生。因此,日本学者普遍认为,日本最高裁判所采用了折中的立场。

三、免责制度的运用和滥用防止

为了防止免责的滥用,谋求合理适用的最佳策略是,不仅在法律中严谨地规定免责许可要件,而且在规定了许可免责的审判程序的基础上,法院、破产管理人以及申请代理人要公正合理地对其进行适用。只有公正合理地适用程序,才能确保社会对免责程序的信赖,进而维持免责制度。

下文首先介绍免责程序中的审理方式和实务运用,其次对免责的许可要件进行论述。②

(一)免责程序的审理

免责程序与破产清算程序是不同的审理程序,③免责的审理属于免除破

① 该判例涉及破产免责制度是否符合日本《宪法》第 29 条关于财产权之规定的合宪性争议的案件,最终作出了合宪的判断。

② 以下是从裁判所的立场进行详细的解说及讨论,参见内田博久「免責の手続と免責不許可事由」竹下守夫＝藤田耕三編集代表『破産法大系　第 3 巻　破産の諸相』(青林書院,2015 年)39 頁参照。

③ 但是,在现行法中,债务人申请破产清算程序开始的情况下,除非做出反对的意思表示,否则视为在申请的同时申请了许可免责[日本《破产(清算)法》第 248 条第 4 款],实际上是谋求破产清算程序和免责程序的一体化。

产人责任的非诉讼案件。[①] 但由于免责许可裁定免除破产人责任，并导致债权人的实际权利变更，因此，对不可免责事由的审查[日本《破产（清算）法》第252条第1款]，法院应当在破产管理人的协助下，以严格的审理程序来进行裁判。

具体而言，法院可以要求破产管理人就不可免责事由以及裁量免责所涉及的情况[日本《破产（清算）法》第252条第2款]等展开调查，并就调查结果提交书面报告（同法第250条第1款）。另外，破产人应当协助法院和破产管理人对上述事项进行调查（同条第2款）。此外，对破产人是否应当作出许可免责的裁定，法院应当指定破产管理人及破产债权人能够向法院陈述意见的期间（意见申述期间）（同法第251条第1款）。在审判实践中，法院基于裁量，为了对破产人、破产管理人或者破产债权人直接进行审讯，一般会指定免责审讯日期（同法第8条第2款）。[②]

（二）同时终止案件与小额管理程序

在对是否有不可免责事由的调查中，法院指定的破产管理人[日本《破产（清算）法》第74条第1款]起到了重要的作用。但是在以往的个人债务人破产案件中，破产管理人报酬占到了破产费用的大部分（因此，最低也需要50万日元的预付款）。并且由于破产财产处于无法负担的状况，往往尚未指定破产管理人，就在裁定启动破产清算程序的同时终止清算程序[日本《破产

① 日本《最高裁判所民事判例集》第162号第117页所载1991年（平成3年）2月21日案例显示，“免责的裁判，不是以确定当事人主张的实体权利义务的存在与否为目的的纯粹诉讼案件的裁判，因为其性质实质上是关于非诉案件的裁判，且因为前记免责的裁判未经公开法定的审理，破产法的前记规定（※关于破产人审讯的旧破产法第366条之4第1款及关于破产人及异议申请人意见听取的该法366条之8）并不违反日本《宪法》第32条”。

② 免责审讯日期对破产债权人来说是重要的参与程序的机会，同时是法院在判断是否许可免责时可以与破产人直接面对面听取案件的机会。另外，有观点认为，对破产人的教育效果也值得期待。作为免责审讯的实施方法，有对破产人单独进行审讯的方法和对多数破产人集体同时进行审讯的方法（东京地方法院实施单独审讯）。在免责审讯日期中，法院拒绝说明要求说明的事项（包括不按期出庭的情况），或者虚假说明之时，课以在审讯中拒绝说明罪[日本《破产（清算）法》第271条]。同时，在这种情况下，适用不可免责事由（同法第252条第1款第11项）。

(清算)法》第216条第1款],即所谓的同时终止案件占总体案件数量的大部分。[①] 在没有指定破产管理人的情况下终止破产清算程序之后,破产人如不存在不许可免责事由等,有机会在短期内获得许可免责裁定。然而,同时终止制度的普遍适用不能排除破产人隐瞒财产的可能性,有可能导致债权人对此持怀疑态度从而对免责制度产生不信任感。因此,1999年至2004年日本《破产(清算)法》修改前,为实现信息披露,建构合理的破产清算程序及免责程序,东京地方法院民事第20庭(破产再生庭)在东京第一至第三律师协会的联动下,引进了费用较低的"小额管理程序"。小额管理程序中,只需缴纳低额的预付款(最低20万日元)即可指定破产管理人。此类案件简化了破产管理业务,只需集中对破产人的财产状况进行调查。[②]

根据东京地方法院民事第20庭(破产再生庭)的实践,[③]债务人的申请代理人[④]事先调查债务人的财产及有无不可免责事由后向法院提出申请,并在申请当天与法院进行会面(以下简称当日会面),决定作为小额管理案件或同时终止案件处理。在东京地区,现在60%左右案件数为小额管理案件。[⑤] 在小额管理案件中,法院裁定启动破产清算程序的同时,指定破产管理人[日本《破产(清算)法》第74条第1款],破产管理人目前只对破产人的财产及是否有不可免责事由进行调查[在此期间,保留破产债权的申报。日本《破产(清

---

① 同时终止制度[日本《破产(清算)法》第216条第1款]在比较法上罕见,被认为是日本法独有的制度。详见鈴木義和「少額管財手続」,高木新二郎=伊藤眞編集代表『講座倒産の法システム第2巻—清算型倒産処理手続・個人再生手続』(日本評論社,2010年)173頁。

② 園尾隆司等編著『少額管財手続の理論と実務』(経済法令研究会,2001年);鈴木義和「少額管財手続」,高木新二郎=伊藤眞編集代表『講座倒産の法システム第2巻—清算型倒産処理手続・個人再生手続』(日本評論社,2010年)169頁;中山孝雄=金澤秀樹編『破産管財の手引』(金融財政事情研究会,第2版,2015年)7-12頁参照。在东京地区,随着选任破产管理人的案件增多,现在不再特别使用"小额管理程序"的称谓,而只是称之为"财产管理案件",本文为方便仍使用"小额管理程序"的表述。

③ 中山孝雄=金澤秀樹編『破産管財の手引』(金融財政事情研究会,第2版,2015年)2-7頁;永谷典雄=上拂大作編著『破産実務の基礎』(商事法務,2019年)15-21頁[永谷典雄],40-42頁[上拂大作]。

④ 破产清算程序开始的申请代理,原则上由律师代理[日本《破产(清算)法》第13条准用的日本《民事诉讼法》第54条第1款正文]。

⑤ 如果债务人明显没有超过相当于管理人报酬的20万日元(现金为33万日元)财产,作为同时终止案件处理,但在明显存在不可免责事由且情节不轻微的场合,为了破产管理人进行调查,作为小额管理案件处理。

算)法》第31条第2款]。根据该财产调查的结果,如果发现存在可供分配的财产,就作为通常案件处理,如果无相关财产存在,即终止破产清算程序,简称“异时终止”[日本《破产(清算)法》217条1款]。[①] 同时,根据不可免责事由的调查结果,如果认为可以对破产人适用免责,经过免责审讯日期,法院即可作出许可免责的裁定(同法第252条第1款)。通过这一系列程序不仅可以确保程序的透明性,防止破产清算程序及免责程序的滥用,同时也可以帮助陷入债务危机的诚实的债务人通过免责获得稳定的救济。

东京地方法院在东京第一至第三律师协会的联动机制东下,拥有丰富的破产管理人候补律师,但在其他地区则未必具备同等条件。目前,日本全国范围内这种小额管理程序的运用正在得到推广。根据2017年的司法统计,日本全国自然人破产中同时终止案件比例从以往90%以上下降至60%左右,而异时终止的比例却增长到25%左右。

(三)不可免责事由

法院认为,破产人不具有下列不可免责事由的,可以作出许可免责裁定[日本《破产(清算)法》第252条第1款主文]。[②]

虽然没有公布准确的统计数据,但在实务中被判定为符合不可免责事由的案件数极少(最多1%左右)。[③] 这意味着,免责并不是仅作为对诚实债务人的例外型特殊恩典才被许可,而是只要破产人满足一定的要件——为了谋求其经济的再生,就会被许可免责,也可以说是作为权利被默认。[④] 不过,明

---

① 在大多数自然人破产案件中,即使有一定的破产财产,也是优先清偿[日本《破产(清算)法》第2条第7款、第151条]优先于破产债权的财团债权(除程序费用外,还有一定的劳动债权、租税债权等。同法第148条第1款各项、第149条),而不是对破产债权人进行清偿。

② 即使在确定了许可免责裁定的场合下,之后,在(1)诈骗破产罪[日本《破产(清算)法》第265条]确定了对破产人的有罪判决的场合下,或是在因(2)破产人的不正当方法(例如,对破产债权人或者破产管理人的欺诈、强迫、行贿或提供特别利益等)裁定了许可免责的场合下,破产债权人在该许可免责裁定后1年以内申请免责撤销时,法院可以依破产债权人的申请或者依职权作出免责撤销的裁定(同法第254条第1款)。

③ 参见原雅基「東京地裁破産再生部における近時の免責に関する判断の実情」判タ1342号(2011年)4頁,平井直也「東京地裁破産再生部における近時の免責に関する判断の実情(続)」判タ1403号(2014年)5頁を参照。

④ 参见伊藤真等『条解破産法』(弘文堂,第2版,2014年)1650頁。

确符合不可免责事由的债务人,本来就不会选择适用破产清算程序,或者有可能撤回申请,因此事实上很难准确地评价这种情况。

另外,在2004年修订前的日本《(旧)破产(清算)法》中,把符合各种破产犯罪的情形作为不可免责事由[日本《(旧)破产(清算)法》第366条之9第1项],但两者结合在一起的合理理由并不充分,故而现行日本《破产(清算)法》中将两者进行了区别对待。[①] 在当前的制度下,即使符合不可免责事由,也可能不构成破产犯罪,但是,大部分不可免责事由还是与日本《破产(清算)法》"第14章惩罚规则"第257条以下规定的各种破产犯罪的构成要件重叠,因此,存在不可免责的事由的情况下,破产人有不仅得不到免责反而有被科以刑罚的可能性。

不可免责事由可以分为以下三大类。[②]

1. 使债权人财产减少[日本《破产(清算)法》第252条第1款第1项至第5项]

根据日本《破产(清算)法》第252条第1款的规定,"使债权人财产减少"主要包括以下5种情形:(1)以损害债权人利益为目的,对属于或应属于破产财团的财产,进行隐匿、损坏、不利处分或其他不当减少破产财团价值的行为(第1项)。(2)为延迟破产清算程序启动时间,以显著不利条件负担债务,或通过信用交易购入商品后对之进行不利处分(第2项)。(3)为使特定债权人获得特别利益,侵害其他债权人利益,而为该特定债权人提供担保或清偿债务,或实施其他不属于债务人义务的行为(第3项)。(4)因浪费、赌博或其他射幸行为而使财产显著减少,或承担重大债务(第4项)。(5)从破产清算申请前1年至裁定启动破产清算程序之日期间,明知有破产清算程序启动原因之事实,为使他人相信无该事实而以欺诈方式,通过信用交易取得财产(第5项)。

上述类型的事由都是以损害破产债权人为目的,故意减少其财产的行为。这种类型的事由大多与各种破产犯罪的构成要件重叠。即第1项事由属于欺诈破产罪[日本《破产(清算)法》第265条第1项、第3项、第4项],第3

① 伊藤真『破産法・民事再生法』(有斐閣,第4版,2018年)775頁脚注(28)。

② 同上书,775-776頁。

项事由属于对特定债权人提供担保罪[日本《破产(清算)法》第266条],第5项事由则属于刑法上的欺诈罪(日本《刑法》第246条)①。

2. 妨碍程序[日本《破产(清算)法》第252条第1款第6项至第9项]

根据日本《破产(清算)法》第252条第1款的规定,"妨碍程序"的事由包括以下5种情形:(1)隐匿、销毁、伪造、变造有关营业事务及财产状况的账簿、文件及其他物件(第6项)。(2)提供虚假的债权人名册(第7项)。(3)在法院审理破产清算程序并进行调查时,拒绝履行说明义务,或作虚假说明(第8项)。(4)以不正当手段妨碍破产管理人或其代理人、保全管理人或其代理人执行职务(第9项)。(5)违反说明义务[日本《破产(清算)法》第40条第1款第1项]或者重要财产披露义务[日本《破产(清算)法》第41条],违反关于免责的调查协助义务等其他法律规定的义务[日本《破产(清算)法》第250条第2款](第11项)。

上述类型的事由属于破产人故意妨碍实现司法公正,并将破产人的不诚实暴露无遗。其中,第6项事由涉及隐匿、销毁与营业事务及财产状况有关的物件罪[日本《破产(清算)法》第270条],第8项事由涉及在审讯中拒绝说明罪[日本《破产(清算)法》第271条],第9项事由涉及妨碍破产管理人执行职务罪[日本《破产(清算)法》第272条],第11项事由涉及违反说明义务时拒绝说明检查罪[日本《破产(清算)法》第268条],以及违反重要财产披露义务属于拒绝公示重要财产罪[日本《破产(清算)法》第269条]。②

3. 禁止反复适用[日本《破产(清算)法》第252条第1款第10项]

根据日本《破产(清算)法》第252条第1款第10项的规定,"禁止反复适用"主要包括3种情形:(1)许可免责裁定已确定的,自该许可免责裁定确定之日起7年内,不得提起免责申请。(2)工资所得者等(《民事再生法》第239条第1款)的再生计划获得执行的,自批准该再生计划的裁定确定之日起7年内,不得提起免责申请。(3)《民事再生法》第235条第1款(包括该法第244条准用的情况)中规定的免责裁定已确定的,自批准该免责裁定相关的再生计划的裁定确定之日起7年内,不得提起免责申请。

---

① 伊藤真等『条解破産法』(弘文堂,第2版,2014年)1648頁。

② 同上书,1649頁。

债务人一旦获得免责或准许其债务减免后,在短期内,如果允许该规定反复申请免责许可,债务人容易产生依赖免责制度的道德危机,为了在政策上防止滥用,法律特将其规定为不可免责事由。① 不过,即使符合此事由,与其他不可免责事由的情况一样,根据具体情况,也有可能通过下述裁量免责[日本《破产(清算)法》第252条第2款]而获得免责许可。

(四)裁量免责

在日本,即使具备不可免责事由,法院根据启动破产清算程序裁定的审理过程以及其他综合情况,认为许可免责具有合理性的情况下,可以作出许可免责的裁定[日本《破产(清算)法》第252条2款],②这被称为裁量免责。在2004年日本《破产(清算)法》修订之前,通过法院的裁量许可免责在实践中已经得到普及,学说和地方法院案件中也认可了这一做法,最终该制度经立法得到了确认。③

不可免责事由只不过类型化且定型化地列举了妨碍免责的、被认为恶意或者不诚实的事由。但应当承认,即使破产人在形式上具备不可免责事由,根据其程度和具体的情况,也不乏可以允许其获得免责许可的情况。并且,在除了许可免责以外没有其他方法可以帮助债务人实现经济性再生的情况下,如果仅以形式上符合不可免责事由为理由而一律不可免责的话,将违背免责制度的理念,无法实现"确保债务人经济生活的重新开始"[日本《破产(清算)法》第1条]这一破产法宗旨。

(五)不免责债权

不免责债权,是指根据政策性考量,规定免责的效力不及于该部分的特

---

① 参见伊藤真等『条解破産法』(弘文堂,第2版,2014年)1649頁。

② 关于法院在承认裁量免责时应当考虑的要素和判断基准的应有状态,島田正人「裁量免責」山本克己ほか編『新破産法の理論と実務』(判例タイムズ社,2008年)462頁,東京地裁破産再生実務研究会編著『破産・民事再生の実務[第3版]破産編』(金融財政事情研究会,2014年)573頁;伊藤真等『条解破産法』(弘文堂,第2版,2014年)1669-1671頁等参照。原雅基「東京地裁破産再生部における近時の免責に関する判断の実情」判タ1342号(2011年)4頁,平井直也「東京地裁破産再生部における近時の免責に関する判断の実情(続)」判タ1403号(2014年)5頁を参照。

③ 参见山本和彦『倒産処理法入門』(有斐閣,第4版,2018年)134頁。

定债权。具体包括:(1)租税等的请求权[日本《破产(清算)法》第252条第1款第1项]。(2)破产人基于恶意实施侵权行为产生的损害赔偿请求权(第2项)。(3)破产者因故意或重大过失损害他人生命或身体健康的侵权行为的损害赔偿请求权(第3项)。(4)基于亲属关系义务的请求权(第4项),包括夫妻间的扶助义务(日本《民法》第752条)、婚姻费用分担义务(日本《民法》第760条)、子女监护义务(日本《民法》第766条等)、扶养义务(日本《民法》第877条至第880条)及类似的义务,以及基于契约的义务。(5)基于雇佣关系产生的用人请求权及用人单位的存款返还请求权(第5项)。(6)破产人知情却未在债权人名单上记载的请求权(第6项)。(7)罚金等的请求权(第7项)。

四、结　　语

自免责制度被引进到日本,至今已历经70年,作为个人债务人重新出发的有效救济手段,这一制度如今在日本社会中得到广泛适用。①

在适用个人破产和免责案件数激增的20世纪80年代至90年代,与推动积极适用免责制度的观点相对,站在债权人立场的金融业者强烈支持对该制度的消极性、怀疑性评价以及对制度抑制论。今时今日,免责制度的适用能够在日本扎根的主要原因是,法院在与债务人代理律师和破产管理人的协同合作下,通过合理公正的审判程序有效防止了免责的滥用,最终赢得了社会信赖。

尽管如此,恐怕很难说完全消除了滥用免责制度的风险。但是,如果将陷入经济困境的个人债务人置之不理,债务人将无法获得经济生活的重生,持续被社会排斥,很有可能成为威胁社会稳定的因素。为了使债务人在经济生活上获得重新开始,并能够作为经济社会的一员回归,在合理的法律规定之下,免责制度应当作为一个国家救济债务人的不可或缺的基础性司法制度。

① 参见伊藤真『破産法・民事再生法』(有斐閣,第4版,2018年)763頁。

法国商法典中的商自然人破产保护制度及其启示

季中旭*

根据世界银行营商环境的排名,2019 年法国"办理破产"指标排名第 28 位,在世界 190 个经济体中属于办理破产先进国家。① 根据法兰西银行发布的年度报告数据,2018 年法国破产案件总计有 6 万件上下。② 这 6 万件案件中有 90% 是中小企业主破产,而这些中小企业主有一大部分为商自然人,这使如何更好地保护失败的企业主权益成为法国破产学界一直在探讨的问题。而法国社会中也不乏有部分商自然人借用破产程序的手段,恶意逃避税收、缴纳社保等义务的现象。如何平衡好破产实践中存在的这两种现象,也是拟议改革中的法国破产法修法要考虑的问题。我国在起草 2006 年《企业破产法》过程中,作为大陆法系破产法代表的法国破产法,曾是我国立法的重要参考;一如法兰西的国家格言——"自由,平等,博爱",法国破产法以其拥有的制度复杂性,对企业可挽救价值的看重性与人道关怀性等特点,在年月的流淌中仍散发有很强的吸引力,其发展出的诸多司法经验和制度设计值得我国借鉴。

市场主体退出制度是我国当下供给侧结构性改革中的重要环节。2019

---

* 光正大(上海)律师事务所律师,巴黎第一大学国际及比较法学系法学硕士,香港城市大学法学硕士。本文启发于与罗结珍教授(《法国商法典》译者)、周光律师、种林教授等师长的交流,在此一并致谢。

① 资料来源:https://french. doingbusiness. org/zh/rankings,最后访问日期:2019 年 8 月 1 日。

② 资料来源:https://www. banque-france. fr/en/page-sommaire/business-surveys,最后访问日期:2019 年 8 月 2 日。

年7月中旬,国家发展和改革委员会、最高人民法院等13家单位联合印发《加快完善市场主体退出制度改革方案》(以下简称《方案》)。《方案》要求"分步"建立自然人破产制度,而对此进行细分,便是两类自然人:一类是商自然人,另一类是非商自然人。《方案》强调这是一个"逐步"过程有其必要性,制度的构建应当是一个有先后顺序的过程。当前,兼具商属性与自然人属性的商自然人破产制度在我国并未得以确立。只有处理好构建好商自然人破产制度,才能继续深入对自然人破产制度的探讨,这是一个逐步扩大适用的顺序。而商自然人破产制度的适用问题,应列入探究自然人破产制度的第一要序也是重要一步。

法国作为大陆法系的发源地之一,较好也较早起步的市场经济使其早在十五六世纪便对破产进行了立法。个人破产制度发端于古罗马时期,而法国的个人破产制度对于罗马法有着较好的继承与兼并,这也使法兰西破产制度在数世纪的时代更迭中始终闪烁着它独特的高卢魅力。① 个人破产法也是所有市场经济国家破产制度现代化的一项重要标志。纵览中国学界对于各国破产法的研究,大多集中在英美法系的英美两国,大陆法系的德日两国;然而,针对法国商自然人破产制度乃至破产法的研究相较上述他国并不是很多,故无论在纵深或是广度上,法国法均有着较多的挖掘空间。本文试图通过比较和借鉴法国商自然人破产制度在实务中的适用,以期为将来商自然人破产制度在我国的建构提供一些参考。

一、法国破产制度概览

"破产"一词源于拉丁文,彼时如果货币兑换商因资金缺乏被迫中断业务时,他们就会被拆掉条凳,这种做法在拉丁文被很形象地写作 *bancarupta*。在18世纪以前的西方,欠债不偿的法律后果亦极严重。② 正如傅秉常所言,"依罗马法,破产为一大罪恶,无论动机善恶,均须严惩":在罗马共和国时代,债

① Kohler, Lehrbuch, S. 8 U. S. W.; Thaller, Des faillites, 1, No. 5 à 12; Perceron, Des faillites et des banqueroutes, No. 5 à 37.

② See Rafi Efrat, "Legal Culture and Bankruptcy: A Comparative Perspective", 2 *Bankr. Dev. J.* 20, 2004, p. 351.

务人若欠债不偿不仅要背负“骂名”,还要受人身罚,甚至到被处死的境地。[①]到公元前313年,帕特利亚(Poetelia)法才完全废除了将债务人处死或卖作奴隶的做法,但对限制债务人人身自由和减损债务人人格的做法仍予以了保留。这类规范持续了相当长时间。同样,在16～17世纪的意大利帕多瓦(Padua),欠债未偿者要被脱光衣物甚至赤身裸体地站在帕多瓦正义殿中,以其臀撞“耻辱之石”3次,并须面向公众高声宣布自己破产。[②] 16世纪的法国各商业城市,在制定的处理逃债和欺诈债务人财产的法律上,也多以中世纪意大利城市法为蓝本。破产债务人以逃债或欺诈手段使自己破产的,法律将处以严酷的刑事处罚并没收其全部财产。[③]

最早的法国破产法应该能够追溯至公元536年的南特敕令;1673年,法国《商事法令集》专章率先规定了破产制度。[④] 其后,1804年《拿破仑民法典》直接吸收了古罗马财产委付制度,创立了法国近代民法的“全部财产让与”制度。[⑤] 1955年,法国开始对破产法进行修订。1967年7月,法国颁布全称为《关于司法清理、财产清算、个人破产和破产犯罪的法律》,此法案被部分学者认为对法国整体的破产法律制度进行了具有变革性的全面改革:一是法国破产法由传统的商人破产主义转变为一般破产主义;二是破产程序得到了进一

① 根据《十二铜表法》(前451年)第三表(执行)的规定,在债务人无力清偿时:(1)对于自己承认或经判决的债务,有30日的法定宽限期;(2)期满,债务人不还债的,债权人得拘捕之,押其到长官前,申请执行;(3)此时如债务人仍不清偿,又无人为其担保,则债权人得将其押至家中拘留,系以皮带或脚镣,但重量最多为15磅,愿减轻者听便;(4)债务人在拘禁期间,得自备伙食,如无力自备,则债权人应每日供给谷物粉1磅,愿多给者听便;(5)债权人得拘禁债务人60日,在此期内,债务人仍可谋求和解;如不获和解,则债权人应连续在3个集市日将债务人牵至广场,并高声宣布所判定的金额;(6)在第三次牵债务人至广场后,如仍无人代为清偿或保证,债权人得将债务人卖于台伯河外的外国或杀死之;(7)如债权人有数人时,得分割债务人的肢体进行分配,纵未按债额比例切块,亦不以为罪。

② See James Q. Whitman, “The Moral Menace of Roman Law and the Making of Commerce: Some Dutch Evidence”, 105 *Yale L. J.* 1841, 1873 (Fn. 114 – 16), 1996.

③ 参见何勤华:《法国法律发达史》,法律出版社2001年版,第283页。

④ Kohler, Lehrbuch, S. 15 U. S. W.; Thaller, Des faillites, 1, No. 5 à 12; Perceron, Des faillites et des banqueroutes, No. 5 à 38.

⑤ 参见何勤华、李秀清:《外国民商法导论》,复旦大学出版社2000年版:(第1265条至第1270条)全部财产让与甚至被人当作了立法者创制的针对债务人破产的程序。事实上,自1538年以来,法国只有商事破产程序,一直反对将破产制度适用于非商人。《拿破仑民法典》所确定的全部财产让与,同破产制度不能相提并论,但是,全部财产让与所坚持的“免受民事拘留”和“不免责主义”的精神,确实为法国近代立法所吸收。1807年,法国《商法典》规定破产制度,但仅适用于停止清偿状态的商人,一度被视为“商人破产法”。

步完善,区分开了一部分破产程序的适用问题;三是破产法的适用范围在这部法案亦得到扩大。但是,笔者认为,法国法是否已经走上和英美法系一样的一般破产主义,这点是存疑并且有待考证的。因为许多法国法学界的学者可能是从1985年法律第2条这一条文中的几个"一切"(任何)判断而得出一般破产主义的结论,但"忽视了这些人是采取什么样的法律形式(商事公司性质还是民事性质)从事他们的职业活动"。[①]

这个疑问可能也与法国商法典在这方面上的微妙处理有关。例如,法国《商法典》在定义商事行为时,把农业活动等排除在外。但是,法国《商法典》第210条第1款又规定了只要采取股份公司、有限责任公司等形式的公司,都是商事公司,而从事农业活动,自由职业也都可以采取这类公司形式,于是又回到了商事重整的范畴。

商法调整的对象应为商事关系,而不从事职业活动的非商人自然人不能也不应纳入商法的适用范围。而通常我们所说的法国破产法(《困境企业司法重整和清算法》)归属于法国《商法典》第六卷,法国破产法属于法国商法的范畴;对于不从事职业活动的非商人自然人,是不能纳入商法的适用范围。也就是说,不从事职业活动的非商人自然人并不属于法国破产法规制的范畴。

而对于非商人自然人的资不抵债,法国法上有所谓的"民事重整"去解决。是故,从一定意义上来说,法国破产法并未改变其商人破产主义的属性,而是在民事立法的其他方面对于非商人自然人作出了规定。而由于我国不采民商分立立法体系,部分学者可能会先入为主,以民商合一的角度去审视法国法,这亦是笔者认为在研究法国法乃至民商分立体系国家法律时学界应当尤为注意的问题。

经与罗结珍教授等学者探讨,笔者尝试将法国破产制度归纳为"商事破产主义为原则,民事重整为例外"。这种表述应当更为贴切,也更加符合法国当前的立法。因此,基本问题还是我国不采民商分立的立法体系,造成学界对法国破产制度的理解困扰。[②]

---

① 来自《法国商法典》译者罗结珍教授与笔者的对话整理。具体参见法国《商法典》第210-1条。

② 来自《法国商法典》译者罗结珍教授与笔者的对话整理。

1985 年法国颁布了《困境企业司法重整和清算法》。① 同时,1967 年法律被废止。该法创设了一套以清算为辅、重整为主的债务清理新型制度。司法实践充分表明,该法尽管有对债权人保护不力的明显缺陷存在,但在挽救企业和维持就业方面成效显著。

1994 年 6 月,法国颁布了《企业困境防治法》,该法得到了实务界的广泛应用。② 2001 年,法国将 1985 年破产法律制度修改完善后,纳入法国《商法典》第六卷《困境企业》。2003 年之后,法国又针对破产法多次进行了修改。③

目前,大量存在的破产就像是法国这个高福利国家背上的暗疮,破产致使法国的失业率居高不下,也使国家的福利经费赤字累累,阶级矛盾日益严重。从 2014 年年底开始,大量的法国国有企业遭遇破产危机:先是法国著名的阿尔斯通公司遭遇财务危机,被美国通用电气收购;2015 年 10 月,法国航空公司又出现了员工因为不服裁员围攻公司高管的恶性事件。④ 2018 年年底,法国发生大规模的"黄马甲"街头抗议运动,其深层原因是低迷的经济、上升的失业率与企业的大量破产。截至 2018 年 9 月底,法国有 52,410 家企业破产;尽管这一数字低于 2009～2016 年的水平,但从 2017 年 5 月达到的低点(52,113 家破产)开始,这一数字有持续上升态势。⑤ 为了让更多的商自然人能够更好地生活,法国政府仍一直致力于修改破产法案。

---

① 根据该法第 2 条规定,该法适用于所有商人、农业生产者、手工业者、以及所有私法法人。雇员不超过 50 人、不含税营业额低于法定限额的自然人和法人,适用该法第二编规定的简易程序。按照该法规定,法国破产法主要有三大程序:企业破产保护程序(观察程序)、重整程序与清算程序。另外,在此三大程序之前有预防破产和解制度。

② 该法总结了以往的经验教训,不仅修订了第 84～148 号法律的和解制度,加大了早期治理困境企业的力度,而且修正了第 85～148 号法律,加强了对债权人的保护。

③ 参见韩长印:《破产法学》,中国政法大学出版社 2007 年版,第 258～259 页。"这些修改的指导思想包含四点:一是修改后的破产法要符合法国的实际情况;二是破产法要与其他法律相配套,解决现实中的问题;三是突出预防破产的要求;四是破产程序许要更具有透明度。修改的主要内容之一即是破产法适用主体由商人、手工业者和私法法人扩大到律师、医生等自由职业者。"

④ See Air France: salariés et syndicats victimes du *lynchage* médiatique, par Benjamin Lagues, Frédéric Lemaire, mercredi 7 octobre 2015.

⑤ 参见李曙光:《法国归来话破产》,载澎湃新闻网:https://www.sohu.com/a/302623221_260616,最后访问日期:2019 年 3 月 20 日。

二、法国商自然人破产保护立法实践

法国是一个民商分立的国家,且法中两国法律使用的概念和含义均有不同。笔者之所以强调这一点,是因为如果不站在一个适当的位置去审视,会对法国法产生诸多的误解。如法国《商法典》中的 faillite personnelle 可直译为“个人破产”,然而其与我国赋予个人破产的含义并不相同,法国的个人破产指的是在司法重整或清算程序中,对特定的自然人依照法国《商法典》第 6 卷第 3 章个人破产及其他禁止行为规定下的制裁行为。[①] 而在下文的探讨中亦会存在类似的一些问题。

由于在法国实践中,法国的商自然人很大程度上指向的是法国个体企业主,故本文对法国商自然人的研究作一个限缩,仅以法国个体企业主作为本文的研究对象。[②] 不同于我国的法例,需要指出的一点是,法国个体企业主仍然为“有限责任”,这样的出发点是为了鼓励创业,保护小企业。法国个体企业用特定(指定)财产从事职业,且不另设法人。而在中国,个体户也没有法人资格,但不一样的是中国的个体户商自然人需要以个人全部财产去承担无限责任。而中国的一人有限公司是拥有法人的主体,法国的个体企业在性质上与之又有不同。是故,法国的商自然人既不同于我国特有的个体工商户,也不同于我国的一人有限公司,但又拥有着两者的一些属性。

由于个体企业商自然人的特殊性质,法国商法中对于个体企业主予以了单独且特殊的规定。有限责任个体企业主在法国《商法典》的特殊规定具体表现主要集中于法国《商法典》第 6 卷(也即通常我们所说的法国《困境企业司法重整和清算法》)第 2 编保护程序第 4 章、第 8 编、第 5 编的第 3 章;第 5 卷第 6 章第 2 节也对有限个体责任企业主的保护作了规定。[③]

---

① 关于法文“个人破产”(f ai Ⅱ te personnelle)的限定含义,应当明确指出它是对因管理中的过错导致公司司法清算的领导人的制裁措施——在特定年限内被禁止领导商事公司。

② 法国《商法典》还有“一人有限责任公司”以及《消费法典》调整的自然人资不抵债(个人超额负债)两种不同情况,不是本文研究的范围,本文不做讨论。

③ 资料来源:https://www. legifrance. gouv. fr/affichCode. do,TITRE V:Des responsabilités et des sanctions. Chapitre III:De la faillite personnelle et des autres mesures d' interdiction,最后访问日期:2019 年 8 月 5 日。

其中第6卷第8编整编都是论述适用于有限责任个体企业主的特别规定,以L680-1条为例:

"L680-1条(2010年12月9日第2010-1512号法令第8条)本卷第1编至第6编关于有限责任个体企业主债务人的经济状态,权利或义务的规完在因有限责任个体企业主从事的职业活动而得到适用时,应当对该个体企业主的每一项概括财产各自分开适用。"

法国《商法典》第L680-2条[①]与第2编保护程序第四章适用于有限责任个体企业主的特别规定也都提到了"概括财产权"(les biens patrimoniaux),法国法中的"概括财产权"可以理解为"直接包括在一个人的概括财产内的各种权利"。这些权利是:包括主物权与从物权在内的物权,有体物与无体物的所有权和用益权,"物的担保"(suretes reelles,即我们通常所说的"担保物权");此外还包括所谓的对人权,即债权,以及智力权利或者知识产权、文学艺术所有权、工业产权等。

随着社会经济的发展,法国民法上的"概括财产"理论也不断受到冲击。[②]近几年法国为此不断在立法层面上突破这一传统观念:逐渐承认了同一个人可以有多项概括财产,他能够选择用"某一概括财产"设立一个法人,也可以将一项"概括财产"整体用于托管。此外,法国《商法典》经过2011年的改革,[③]规定即使不创设新的法律人格,同一个人也可以有多项概括财产。个体企业主可以仅在从事职业活动时以其"指定专门用途的概括财产"(patrimoine d'affectation)组成的权利义务整体作为担保,承担有限之责任,

① 第L680-2条(2010年12月9日第2010-1512号法令第8条)除另有规定之外,本卷第一编至第六编关于有限责任个体企业主债务人的经济状态,权利或义务的规定,应当理解为"这些规定仅针对债务人为从事现在发生困难的职业活动而指定用途的概括财产的组成要素";如果个体企业主在从事职业活动时没有专门指定用途的概括财产,应理解为"这些规定仅针对该企业主没有指定专门用途的概括财产的组成要素"。

② 参见《法国商法典(中)》,罗结珍译,北京大学出版社2015年版,第630页。许多学者早就提出不同见解,尤其是对"任何人必然只有一份概括财产"的绝对论断提出了种种批评,认为这一理论严重妨碍了人们将其部分财产"整体"用于"设立具有法人资格的基金会",也妨碍设立"一人有限责任公司"。

③ 2011年法国《商法典》改革,规定"任何有限责任个体企业主均可将与其本人的概括财产分开的一项概括财产专门用于从事职业活动,且无须另设法人"。

从而可以避免侵害他/她本人的概括财产。[①]

而中国如果推行商自然人破产制度，对于破产的商自然人财产的限定也是我国下一步立法需要改变的方向。因为制定商自然人破产免责制度需要以明晰确立商自然人破产后的自由财产制度为重要前提，而在实现这一重要前提前就得先要对概括财产权作一个明确的定义，这将会是一个制度逐步完善的过程。

三、我国商自然人破产保护制度的构建

我国将来的商自然人破产制度的构建无须从头做起，已有的企业破产制度可作为地基。通过比照和借鉴法国法，落实商自然人破产制度在我国的适用，最主要的是完善我国立法中现有商自然人形式、区分概括财产、建立自由财产制度，建立人格限制和破产复权制度、确立破产免责制度和征信机制。

（一）完善我国立法中现有商自然人形式，建议专章规定

根据我国《民法通则》的规定，个体工商户等商自然人不属于法人。[②] 依照相关法例，包含个体工商户在内的商自然人破产后须以个人财产对所欠债务承担无限责任，而我国的商自然人主体大多是小本经营的个体工商户、手工业企业，这显然不利于对我国弱小商自然人的保护。

而依照法国法，“法国商自然人的破产制度应当是有限责任一人公司或企业。而且正是为了保护这些小本的个体工商户，手工业企业，才准许他们在破产后不负无限责任，免于倾家荡产。商自然人对共用于从事职业的财产需要申明，仅以此财产承担责任，这实际上相同于有限责任公司仅以注册资

① 参见《法国商法典(中)》，罗结珍译，北京大学出版社2015年版，第631页。法国立法的新规定，在一定程度上修正了“概括财产是法律人格的延伸”的传统理论，应当指出的是，“准许个体企业主仅以专门用途的概括财产承担有限责任”的制度尚待实践的考验，这种制度也是对个体企业主诚信度的一种考验”。

② 参见《民法通则》第26条：“个体工商户的定义：公民在法律允许的范围内，依法经核准登记，从事工商业经营的，为个体工商户。个体工商户可以起字号”。

本承担亏损和责任”。[1] 同时在法国《商法典》第 L653 - 1 条[2]中我们可以看到规定也适用于其他所有从事独立的职业活动中括从事受法律与条例特别规范,名称受到保护的自由职业的自然人。

笔者认为,在现有我国的法律基础上,可以考虑借鉴法国商法典的做法,以专章形式给予商自然人以一个单独特殊的法律地位。在目前阶段,如中国立法者无法就个人破产制度进行单独的立法,对于涉及商自然人的破产保护制度,可以修订补丁的方式补充纳入我国的商事破产法律制度框架内。

(二)区分概括财产,建立自由财产制度

法国《商法典》经过 2011 年的改革,规定了即使不创设新的法律人格,同一个人也可以有多项概括财产。个体企业主在从事职业活动时,可以仅以其“指定专门用途的概括财产”承担有限之责任,从而可以避免侵害其本人的概括财产。[3] 概括主义在我国目前主要于遗产法和婚姻法上得到了适用(如概括继承),我国现行的商事立法对于概括财产还未有特别明确的定义,故可以借鉴法国经验,尽快从法律层面上明晰我国语境下的概括财产,同时加强相关立法显得格外重要。

自由财产制度的设立初衷是为了保障债务人及其抚养家属的生存需求和发展需求,帮助债务人开始“二次人生”。对于自由财产的范围,不同国家和地区规定并不一致,但是多数国家都认同应该赋予破产债务人维持其生活基本水平的“水准”,具体包括两个方面:一是不可转让、专属于人身的财产性权利,如赡养费、精神损害赔偿等;二是有法律明文规定不得扣押,满足破产人生活最低要求的财产,如债务人生活所必需的住所、家庭用品等。[4] 对于这个标准的制定衡量也是考验一个国家立法水平的标尺。在我国构建商自然

---

① 来自与《法国商法典》译者罗结珍教授的谈话。

② 法国《商法典》第 L653 - 1 条:“一、在实行司法重整或司法清算程序时,本章之规定适用于下列人员……1. 从事商业或手工活动的自然人,农业生产者”,以及其他所有从事独立的职业活动中括从事受法律与条例特别规范,名称受到保护的自由职业的自然人……”

③ 资料来源:https://www.legifrance.gouv.fr/affichCode.do,TITRE V:Des responsabilités et des sanctions. Chapitre III:De la faillite personnelle et des autres mesures d’interdiction,最后访问日期:2019 年 8 月 6 日。

④ 参见陈娅:《试论建立和完善我国个人破产制度》,载《商场现代化杂志》2009 年第 28 期。

人破产制度的过程中，确认自由财产制度是一条必经之路，同时立法者也可以借鉴其他国家对于自由财产制度所作的规定。

（三）建立破产失权与复权制度

破产法上所谓的失权，也可以被称作人格减损，是指破产人因破产宣告所受的破产程序以外的资格限制或公私权力限制等一系列被外部社会所给予的负面性评价，其资格和权利将会受到一定程度上的限制。例如，我国香港特别行政区和台湾地区的债务人被宣告破产后只能够拥有基本生活的保障，其高消费等商业行为将被禁止，这也是一种常见的人格限制。破产失权是对破产人的一种责任拘束。当然这些权利破产人并不是永久性地失去了，在一定的条件下这些权利能够被恢复，这便称为破产复权。对此，法国《商法典》在第 L653－9 条至第 L653－13 条文中有所体现。① 对于失权与复权制度，我国法律法规层面已经有了一些基础的初步规定，而伴随信息时代所诞生运用的诸多现代技术，亦使这一制度有了落地的空间，这些均为构建商自然人破产制度创造了一定的条件。

（四）确立破产免责制度和完善征信机制

破产免责制度是指在破产程序完结后，对于符合法定免责条件并且诚实的债务人未能依破产程序清偿的债务，在法定范围内予以免除其继续清偿的责任的制度。② 确立破产免责制度有利于债务人主动申请破产并积极地配合破产程序的进行，也有利于保护小企业，鼓励商自然人创业。征信机制的建立有利于破产免责制度的实行，按照法国《商法典》中的破产法律规定，在商事破产重整或者清算中，商自然人一旦有违反第 L653－1 条至第 L653－8 条

---

① 资料来源：https://www.legifrance.gouv.fr/affichCode.do, Chapitre III: De la faillite personnelle et des autres mesures d'interdiction，最后访问日期：2019 年 8 月 6 日。

② 参见沈贵明：《破产法学》，郑州大学出版社 2004 年版，第 67 页。

文规定的不诚信行为,将会被法院宣告破产或者宣告商法典规定的严重后果。① 这样的事实监管需要法国强大的司法行政力加以监管,这和一国完备征信监管机制密不可分。反过来说,破产免责制度的构建要以完善的征信机制作为基础,这也是我国《企业破产法》没有纳入个人破产制度的重要原因之一。值得一提的是,随着我国征信体系的不断完善,自然人债务人的"诚信"也成为我国温州和台州地区个人债务清理试点实践中的一项重要指标,相信随着个人诚信度和征信机制的逐步接轨,我国的商自然人破产制度能早日构建完成。

四、结　　语

通过商自然人破产制度的构建,我国现行企业破产制度的部分"空白"将得到填补。构建商自然人破产制度,将有利于我国的破产制度的完善,而对法国商法典的借鉴有利于完善我国立法中现有商自然人形式、有利于确立概括财产和自由财产制度,也能够使我国在发展破产失权复权制度、确立破产免责制度和征信机制方面得到提速,从而实现我国社会主义市场经济的和谐稳步发展。

在1986年《企业破产法(试行)》实施期间,苏力教授在《法治及其本土资源》书中提到了破产法实践存在的难题,他提到了某市第一个企业破产时的情形,市委书记、市长都亲临一线,虽然破产最后成功进行但是消耗了巨大的人力财力,他认为中国的破产法是非高效的甚至是非经济的。② 这或许可以

① 资料来源:https://www.legifrance.gouv.fr/affichCode.do;Chapitre III:De la faillite personnelle et des autres mesures d'interdiction,最后访问日期:2020年7月8日。法国《商法典》第L653-5条内容可供参考:"一旦发现下列事实之一的任何人,法院可裁定发出第L.653-1条所述人士的个人破产:(一)违反法律的禁止规定,从事商业、手工或农业活动,或管理或管理法人的职能;(二)为逃避或者拖延司法救济或者清算程序的,以低于价格购买转售或者使用破坏性手段获取资金的;(三)鉴于公司或者法人的情况,在订立协议时未经考虑,代表他人作出在作出认为过于重要的承诺时;(四)在终止支付并明知付款后,已支付或者支付部分债权人的,损害其他债权人的;(五)自愿不与程序机构合作,妨碍其正当行为;(六)会计凭证消失,在适用文本规定的情况下,不保存会计,或者根据适用规定,保守虚构会计、明显不完整或者不规范的;(七)明知故犯地代表债权人宣布据称的债务。"

② 参见苏力:《市场经济对立法的启示》,载苏力:《法治及其本土资源》(第3版),北京大学出版社2015年版,第95~134页。

用来解释1986年之后至2007年《企业破产法》中间的这一段立法“断带”;但是,纵观中华人民共和国成立后任何一部成功的立法,都经历了数年甚至数十年的时间沉淀,这离不开几代法学家、法律工作者的辛勤努力与付出,相信在未来,我国的商自然人破产制度也将迎来其“怀胎十月”后的大丰收。

八、跨境破产

跨境破产国际规则：联合国国际贸易法委员会破产法工作组工作纪实

王欣新*

跨境破产，是任何一个市场经济的国家都会遇到的问题。当位于一个国家内的企业或自然人债务人进入破产程序时，其财产可能存在于多个其他国家或法域地区，由此便会产生一国破产法的域外适用效力问题，即一国的破产程序对破产人位于其他国家或法域地区的财产是否有效。破产程序的域外效力问题发生在跨境破产的情况下。跨境破产，也称为跨国界破产，是指同时涉及本国与外国或其他法域地区因素的破产程序，通常导致跨境破产形成的实质因素是债务人的财产位于两个以上的国家或法域地区。如果不能妥善的解决上述问题，就可能会出现不同国家或法域地区之间破产法适用的冲突，甚至可能导致债务人利用这种冲突在不同国家之间转移财产、逃避债务，个别债权人则借此获得偏袒性清偿，出现各种违背破产法立法宗旨和基本原则的现象。

过去各国主要采取缔结双边协定或多国国际条约的方法，解决外国破产程序在本国的法律效力问题。为了能够普遍、统一、高效且规范地解决这一难题，1995 年联合国国际贸易法委员会承担起了为各国破产立法尤其是跨境破产立法提供示范法、立法指南以及建议、解释性法规的工作。目前在联合国国际贸易法委员会下共设有 6 个工作组，分别负责不同的立法制定工作。各组的分工如下：第一组：中小微企业；第二组：争议解决；第三组：投资人与

* 中国人民大学破产法研究中心主任，教授，博士研究生导师，北京市破产法学会会长；联合国国际贸易法委员会第五工作组（破产法）中国代表团成员。

国家间争议解决的改革;第四组:电子商务;第五组:破产法;第六组:司法拍卖船舶。当一个工作组完成一项立法主题后,就会按照贸法会的指示转换到其他立法主题工作上。如第六组原来是研究担保交易问题的,在工作完成后立法方向已经转换为司法拍卖船舶。

负责破产法制定工作的第五组,是在 1995 年根据联合国国际贸易法委员会第 28 次会议的决定,于其 1995 年 10 月底第 18 届会议开始破产法立法工作的。在破产法之前该组的立法研究主题是"新的国际经济秩序"。破产法工作组设立后,除 2000 年的研究主题是国际合同惯例外,至今为止其他年度的各次会议均是研究破产法立法问题的。根据 2019 年的贸法会文件,破产法工作组由下列 60 个成员国组成:阿尔及利亚(任期截至 2025 年)、阿根廷(2022 年)、澳大利亚(2022 年)、奥地利(2022 年)、白俄罗斯(2022 年)、比利时(2025 年)、巴西(2022 年)、布隆迪(2022 年)、喀麦隆(2025 年)、加拿大(2025 年)、智利(2022 年)、中国(2025 年)、哥伦比亚(2022 年)、科特迪瓦(2025 年)、克罗地亚(2025 年)、捷克(2022 年)、多米尼加共和国(2025 年)、厄瓜多尔(2025 年)、芬兰(2025 年)、法国(2025 年)、德国(2025 年)、加纳(2025 年)、洪都拉斯(2025 年)、匈牙利(2025 年)、印度(2022 年)、印度尼西亚(2025 年)、伊朗伊斯兰共和国(2022 年)、以色列(2022 年)、意大利(2022 年)、日本(2025 年)、肯尼亚(2022 年)、黎巴嫩(2022 年)、莱索托(2022 年)、利比亚(2022 年)、马来西亚(2025 年)、马里(2025 年)、毛里求斯(2022 年)、墨西哥(2025 年)尼日利亚(2022 年)、巴基斯坦(2022 年)、秘鲁(2025 年)、菲律宾(2022 年)、波兰(2022 年)、大韩民国(2025 年)、罗马尼亚(2022 年)、俄罗斯联邦(2025 年)、新加坡(2025 年)、南非(2025 年)、西班牙(2022 年)、斯里兰卡(2022 年)、瑞士(2025 年)、泰国(2022 年)、土耳其(2022 年)、乌干达(2022 年)、乌克兰(2025 年)、大不列颠及北爱尔兰联合王国(2025 年)、美利坚合众国(2022 年)、委内瑞拉玻利瓦尔共和国(2022 年)、越南(2025 年)和津巴布韦(2025 年)。工作组成员国到期后可以继续连任,如中国在 2019 年任期届满后又得到连任至 2025 年。并非每个成员国都会参加每一次的工作组会议,总会有一些国家经常缺席,根据我在会场上的观察,估计有 1/5 左右的国家缺席。除工作组成员国外,参加第五组会议的还有获长期邀请以观察员身份参加会议和工作的非会员国以及国际政府间组织(如欧盟)。此外,接到邀请的国际非政府组织(如国际破产协会、世界银行、美国律师协会等)也可以作为观察员出席本届会议,并可就各自组织拥有专门知识或国际经验的事项发表意见,以推动会议对法案的审议工作。在对立法法案发表意见的权利与地位方面,工作组的成员国、非成员国以及其他观察员组织实际上是完全相同的。

工作组的每次会议都需要通过提名选举产生会议主席。在第55届会议之前,会议主席通常是由泰国的 Prof. Wisit Wisitsora-At 先生担任(在其出席会议的情况下)。韦西(Wisit)先生是泰国司法部常务次长,在破产法工作组担任主席近20年,同时他还是联合国国际贸易法委员会2019年度主席。韦西先生担任泰国司法部常务次长后,因国内工作事务繁忙,参加第55届会议后,退出了破产法工作组。2019年第56届会议的会议主席由新加坡的参会代表显永·哈罗德·夫先生(Mr. Xian Yong Harold FOO)担任。这虽然是他第一次担任破产法工作组的会议主席,但主持会议很有经验和成效,我估计以后一段期间内,他可能将持续担任会议主席了。工作组设有专职的秘书处及负责立法事务工作的秘书,由秘书处负责相关立法文件的文字起草工作,并负责根据会议的讨论情况对文件案文进行修改。在每届会议结束前的最后一次会议,则要通过工作组对本届会议的会议报告。

我是从2015年第48届会议开始参加破产法组的工作,此后作为中国代表团的成员一直参加其工作至今。破产法组每年开两次固定性会议,5月的会议在纽约,12月在维也纳,具体日期每年略有差异。其中,纽约是联合国的总部,而维也纳则是国际贸易法委员会的总部。由于维也纳是国际贸易法委员会的总部,在这里可以找到贸法会公开出版的所有法规文件,包括中文版、英文版等,可以免费领取,但有时候会缺货。现在已经是第56届会议,我共参加了工作组的9次会议。工作组设立的早期,因为会议工作事项较多,每次会议日期在11天左右。到我参加工作组工作时,每次会期基本上是5天,个别会议事项少的时候则是4天。每天开会的时间为6个小时,如第56届会议是从上午9时30分至中午12时30分、下午2时至5时,具体时段每届也不完全一致。其中,第一天的会议会比其他会议晚半个小时开会,以便参会代表办理安检以及领取出入证件等手续。会议向与会者提供全程的列入联合国工作语言的多种语言同声传译,这对于英文水平很差的我来说很是方便。

破产法工作组对法案通常是采取逐条逐项审查的方法。在主席提议进入对某一条款规定的审查程序后,各参会国及各个参会单位有意见的就可以立牌请求发言,发言由主席批准后进行。发言以国家和组织为发言单位,一国可以由多个代表分别发言,但每次只能由一人发言。会议的讨论有时会十分激烈,一个条款可能讨论一两个小时。客观地讲,会议的发言主体主要还是发达市场经济国家,这也是因为这些国家的破产立法比较发达,实践经验比较丰富。从会议整体上看,基本上属于一个破产法科学的专业研讨会,不存在固定的观点联盟,也不存在对某一方的歧视,而是以大多数人接受的专业观点论英雄。会议通过的示范法等文件,也只是对各国起到指导和借鉴作用,没有强制性,各国在接受示范法时还可以对其中的部分条款予以保留。

在联合国的会议工作除了倒时差的痛苦外,再一项比较难受的是令人不习惯的伙食。在纽约联合国总部,基本上没有国内物美价廉的单位内部工作餐厅之类的场所提供餐饮,更不用说是否适合中国人的口味。在维也纳,倒是有一个很大的国内大排档式的内部工作餐厅,价格也还算便宜,但是口味就不敢恭维了。尽管这里的大排档也提供一些不同国家风味的餐食,如日餐等,但唯独没有中餐,大概是因为中餐的制作太麻烦了。我每次中午吃饭时,要先把各个排档上出售的饭菜全部视察一遍,然后再到尚可接受的摊位去排队购买。此外还有个高级些的小型西餐厅,价格贵一些是必然的,但吃饭通常需要预约而且等候上菜的时间很长是令人难以接受的。在联合国的大楼里,也有一些出售纪念品的小卖部,其中较有特色的是联合国的各种纪念邮票,其他地方是没有销售的,还有一些有联合国标志的其他生活物品。在维也纳的会议大楼中央有一个圆形的空场,有时候会举办一些活动,如临近圣诞节时会有一些唱诗唱歌等活动,或是与联合国一些主题日相关的活动,也是很有特色的。

在工作组的立法过程中,制定的文件包括示范法、立法指南和建议、解释性法规文件3类,有时示范法与解释性的颁布指南会颁布在同一个文件中。目前已经制定出台的示范法包括:《企业集团破产示范法及颁布指南》(2019年7月)、《关于临近破产期间企业集团公司董事的义务》(2019年7月)、《贸易法委员会关于承认和执行与破产有关判决的示范法附颁布指南》(2018

年)、《贸易法委员会跨国界破产示范法》(1997 年);立法指南和建议包括:《贸易法委员会破产法立法指南》(共四部分,分期制定完成,第一、第二部分 2004 年完成,第三部分 2010 年完成,第四部分 2013 年完成);《贸易法委员会跨国界破产示范法:司法角度的审视》、《贸易法委员会跨国界破产合作实务指南》(2009 年)。由此形成的公开出版物有:《贸易法委员会跨国界破产示范法及立法指南》(1997 年);《贸易法委员会破产法立法指南》(第一和第二部分,2004 年);《贸易法委员会跨国界破产合作实务指南》(2009 年);《贸易法委员会破产法立法指南,第三部分:破产企业集团对待办法》(2010 年);《贸易法委员会破产法立法指南,第四部分:临近破产期间董事的义务》(2013 年);《贸易法委员会跨境破产示范法(1997 年)与颁布及解释指南(2013 年)》;《贸易法委员会关于承认和执行与破产有关判决的示范法附颁布指南》(2018 年)等。

目前破产法组正在制订的文件是《微型、小型和中型企业的破产:简易破产制度》,其中实质性的重点是小微企业的简易破产程序。这一文件原拟作为破产法立法指南的第五部分,但也有较强意见主张将其作为独立的示范法,这一项目估计在 2020 年内完成。下一步可能启动的新立法项目,由工作组成员建议,联合国贸法会决定。在 2019 年 5 月的纽约会议上,欧盟提出的立法议题是“破产法律的协调”,美国建议的立法项目是“跨境追缴债务人财产的合作”,最后启动什么项目将由贸法会在 2020 年确定。

目前由《跨国界破产示范法》等示范法以及立法和实务指南形成的跨境破产体系已被美国、加拿大、墨西哥、英国、澳大利亚、日本、韩国、新加坡等 40 多个国家采用,①形成国际上跨境破产问题解决体系中最大的规则共同圈(此外影响较大的还有欧盟国家在《欧盟破产规则》下形成的欧盟内部国家跨境破产规则圈)。

在跨境破产问题上,世界主要国家正在努力实现法律与实践的统一化,并在联合国等国际组织的推动下取得了显著的进展。联合国国际贸易法委

① 参见“Status UNCITRAL Model Law on Cross-Border Insolvency(1997)”,资料来源:http://www.uncitral.org/uncitral/en/uncitral_texts/insolvency/1997Model_status.html,最后访问日期:2018 年 5 月 27 日。

员会颁布了《跨国界破产示范法及立法指南》《跨国界破产实务合作指南》《跨境破产示范法颁布及解释指南》等文件,以指导各国破产立法和司法实践。2018 年,联合国国际贸易法委员会通过《跨国界承认和执行与破产有关判决的示范法》。这一新示范法的制定,是因为在《跨国界破产示范法》中所明确承认的外国破产程序,是破产程序本身启动的判决,而对于其他破产程序启动判决之外的与破产案件有关的判决是否属于其适用范围则规定不明。《跨国界承认和执行与破产有关判决示范法》制定的目的,就是要解决这一调整空白问题。所谓与破产有关判决,在我国通常包括破产程序中受理裁定以外的其他裁定和破产衍生诉讼的判决。对这类判决的承认和执行,有助于避免因在破产程序考虑外对涉破产判决的单独承认可能造成的裁决结果出现不合理的差异。

我国《企业破产法》第 5 条对跨境破产问题采取了有限制的普及主义原则。《全国法院破产审判工作会议纪要》在其第 9 部分"跨境破产"中对此作有一些原则性指导性规定,但其中也有一些规定存在问题。如其第 50 条规定:"依照企业破产法第五条的规定,开展跨境破产协作。人民法院认可外国法院作出的破产案件的判决、裁定后,债务人在中华人民共和国境内的财产在全额清偿境内的担保权人、职工债权和社会保险费用、所欠税款等优先权后,剩余财产可以按照该外国法院的规定进行分配"。此条规定的制定理念上存在问题。如它要求所有我国破产法规定具有不同优先权或优先清偿顺位的境内债权,包括职工债权、社会保险费用和所欠税款等债权,均优先于境外债权分配,包括优先于外国担保债权清偿。这不仅存在对外国债权人的不平等歧视,对担保债权权益的侵害,还存在对我国债权人"合法权益"保护的过度误读,与《企业破产法》的基本原则不符。如按此操作,可能就只剩下无任何优先权的普通债权一种债权去接受对外国破产裁判的承认与执行效力。如果各国均按此操作模式与我国"互惠"执行,所谓对外国破产裁判的承认与执行的效力范围就会大幅缩小,会在很大程度上失去承认与执行破产裁判的实际意义,不仅不符合其第 49 条中规定的"同类债权同等保护的原则",不利于公平维护全体债权人的权益,而且会严重影响对我国营商环境的评价和正常的国际经贸往来。

展望我国跨境破产立法与制度的建立与完善,提出以下建议。

第一，将对外国的破产案件判决、裁定以及与破产有关的判决裁定一并纳入承认和执行的范围，以避免各国破产程序适用中的重叠与冲突，顺利实现对跨境债务人和债权人救助等目的。

第二，充分研究并借鉴联合国贸法会关于《跨国界破产示范法》《跨国界承认和执行与破产有关判决示范法》等相关示范法和立法指南的规定，将我国承认和执行破产及与破产有关判决的制度建立在世界各国立法智慧、经验与共识的基础上，甚至可以直接承认这些示范法（不排除作出一定保留条款的规定）。这不仅有助于加快立法进程、提高工作效率和立法水平，而且可以在今后的司法实践中与其他国家在跨境破产问题上的相互承认、执行与协助方面提供更好的实施基础和更多的制度共识。

第三，在制定的条款与内容方面应当采取"宜细不宜粗"的原则，要强调全面、具体、程序简单快速和具有充分可操作性，确保能够在司法实践中得到全面、准确的适用。特别是要保证有权受理对外国破产判决与裁定承认和执行案件的下级法院及审理法官，能够依据出台的法律文件完全独立的及时迅速作出正确裁判，不需要不断向各级上级法院请示汇报、寻求解释、征求意见、报请批准。目前我国《企业破产法》第 5 条的规定已经是十分抽象原则化，如果新的立法或司法解释仍然是原则化的内容，不具有足以解决实际问题的详尽具体规定和充分可操作性，就完全没有制定的意义了。立法的目的是"用"，而不是"看"，更不能让人"猜"。法律规定是为了解决问题的，而不是安慰自己、防范官位风险的。在有关外国破产案件裁判承认和执行的问题上，破产案件的性质客观上决定了其特别需要强调时效性，如果对承认申请的审查拖延时间过长，导致本可以通过对债务人财产中止执行、解除查封和扣押等强制措施获得保护的全体债权人公平清偿利益和债务人挽救利益无法及时实现，即使最终得到承认也会失去实际意义，因为当事人的权益已经受到无法弥补的损害。据了解，我国曾接收到其他国家破产管理人提出的承认和执行申请，但后来当事人又撤回了申请，或许迟迟得不到回复，乃至使承不承认都已经没有意义了，也是撤回申请的原因之一。所以，在跨境破产问题上，我们要本着快速、高效，减少、取消审批层次，受理案件法院独立裁判，上级法院在审批外监督的原则，予以妥善解决。

我国在参与联合国国际贸易法委员会破产法立法包括跨国界破产立法

方面是积极的,也得到了各国与会人士的好评。我们应当放开眼界、解除顾虑,在深入改革开放的过程中,积极地汲取世界各国在跨境破产方面的立法与实务经验,完善我国的跨境破产立法制度,进一步提升我国的营商环境。

热点聚焦:跨境破产与不良资产处置*

季　诺**

季诺律师是我国最早从事破产法专业领域的律师之一,见证了我国企业破产法的自"初生降临"到"逐渐成长"再到"蓬勃发展"的全过程。季诺律师在大量破产重整及清算案件中担任破产管理人或清算组成员,并代表投资人或者债权人参与了市场上诸多知名破产案件,其中还包括了"雷曼欧洲"等涉及跨境破产因素的全球性重大破产案件。2019 年以来,季诺律师率领的方达破产团队也活跃在全国多个大型的破产项目中,季诺律师结合近期相关热点及案件实务工作就中国破产法的发展趋势分享了其个人的经验和感悟,以下为交流实录。

问题 1:季律师,您好!希望借这个机会向您请教一下跨境破产的相关发展。中国法院目前正在积极探索跨境破产领域,而其中一项重要内容即为域外破产案件判决和裁定的承认与执行,我们了解到方达破产团队近期在市场上参与了多个大型的涉及跨境因素的破产案件,可否请您结合事务工作分享一下该等领域近期的发展?

季诺:谢谢,跨境破产是我长期关注的一个领域,其中的一个重要问题是互惠关系的认定问题,所以我想先谈一下这个问题近期的一些发展。

---

* 本文由方达律师事务所王灵奇、李亦然、涂光泽、易明洋律师根据与季诺律师的交流内容整理,部分语言为了本文目的作了相关调整。本文整理于 2020 年 1 月,本文内容仅能反映截至该时间的情况。本文脚注均为整理本文时由整理者根据具体情况添加。

** 上海市方达律师事务所合伙人,第十一届上海市律师协会会长,中国人民大学破产法研究中心兼职研究员。

这里需要先大致介绍一下域外破产案件承认与执行的主要路径。通常而言,若被申请法域采纳了联合国国际贸易法委员会于1997年发布的《跨境破产示范法》,并相应制定了本法域的跨境破产立法,则可直接依据该等法律申请承认与执行。比如,美国是采纳了《跨境破产示范法》并转化为了国内立法(美国《破产法》第15章)的国家,在2014年的尖山光电案及2019年的洛娃集团案中,中国的破产管理人均是依据美国《破产法》第15章的规定向美国法院申请承认与执行中国的破产程序的。由于中国目前尚未采纳《跨境破产示范法》并进行专门的跨境破产立法,这个路径暂不适用。

我国现行法律中关于域外破产程序承认与执行的条文主要见于《企业破产法》第5条第2款,即要求我国与被申请法域之间存在国际条约或者互惠关系。目前,可以适用于域外破产程序承认与执行的条约比较有限,主要可能还是要基于互惠关系。据我所知,目前我国应当还没有根据《企业破产法》第5条承认与执行域外破产案件的案例。最近我们正代表一家外国公司申请其在注册地所在国的破产程序在中国的承认与执行,希望能取得这方面的突破,后面我还会简单提及这个案件。

就互惠制度而言,近几年在域内和域外都可以看到一些积极的发展。在域内方面,近年来,随着中国国际经贸战略的推进,互惠制度正在进行宽松化改革,鼓励中国法院突破严格的"事实互惠"立场,在互惠关系的认定中采取更为宽松的标准,例如,"法律互惠"或"推定互惠"。举个例子,2015年6月,作为破冰严格的"事实互惠"立场的第一步,最高人民法院发布了《关于人民法院为"一带一路"建设提供司法服务和保障的若干意见》,提出"要在沿线一些国家尚未与我国缔结司法协助协定的情况下,根据国际司法合作交流意向、对方国家承诺将给予我国司法互惠等情况,可以考虑由我国法院先行给予对方国家当事人司法协助,积极促成形成互惠关系,积极倡导并逐步扩大国际司法协助范围"。2019年12月,最高人民法院发布《关于人民法院进一步为"一带一路"建设提供司法服务和保障的意见》,明确提出"采取推定互惠的司法态度,以点带面不断推动国际商事法庭判决的相互承认与执行"。

具体就破产领域而言,最高人民法院于2018年4月发布的《全国法院破产审判工作会议纪要》第50条专门就跨境破产语境下互惠关系的认定鼓励法院"探索互惠原则适用的新方式,加强我国法院和管理人在跨境破产领域的合作,推进国际投资健康有序发展"。

在国外方面,有一些国外法院已经承认和执行了我国破产案件的相关裁定,例如前面提到的美国法院承认的尖山光电案及洛娃集团案。在美国法院承认洛娃集团案之后仅几个月,我国香港特别行政区高等法院于 2020 年 1 月 13 日经过聆讯作出判决,认可上海市第三中级人民法院(上海破产法庭)受理的上海华信破产清算案的破产清算程序以及该案破产管理人身份,判令破产管理人有权在我国香港特别行政区行使相关职权,并中止了针对上海华信的相关法律程序。这个案件是我国香港特别行政区法院认可内地破产程序的首例案件,值得大家关注。这些案例可以说是为我国法院承认与执行域外破产程序提供了良好的基础。

问题 2:谢谢季律师,可否请您再详细介绍一下上海华信这个案件?您觉得这个案件对中国内地的破产事业及破产法的发展有什么重大意义?

季诺:上海华信是在 2019 年 11 月被上海市第三中级人民法院裁定受理其破产清算程序的,方达所被指定为该案件的联合管理人之一。此后,上海华信管理人发现,上海华信债权人向我国香港特别行政区高等法院对于一笔上海华信在香港特别行政区的债权申请了绝对债权扣押令(garnishee order absolute),香港特别行政区法院即将对该等申请进行听证。为阻止该名债权人就该笔债权个别受偿,上海华信管理人向香港高等法院申请认可上海华信的破产程序和破产管理人身份。我认为香港特别行政区高等法院随后作出的认可判决是具有重要意义的,主要体现在以下两个方面。

一方面,香港特别行政区高等法院夏利士法官在该案判决中提到的跨境破产的目的和意义值得我们关注。夏利士法官认为,认可和协助域外破产程序是为了针对同一债务人只有单一破产程序,并在该单一破产程序中统一处置债务人的财产、审查债权以及向债权人等比例分配财产。也就是说,不仅一个法域内对于债务人只能有一个破产程序,并且即使债务人在该法域外也有财产和债权人,该法域也应当坚持单一破产程序。这体现了香港特别行政区法院对于现代跨境破产制度的理解。

另一方面,该判决中也提到内地对于跨境破产司法协助要求互惠原则作为基础,且不清楚内地法院目前对于跨境破产司法协助的态度如何,但尽管如此,香港特别行政区法院仍愿意采取开放的态度。虽然如此,该判决最后也提到,对于今后是否可以对内地的破产管理人提供更大程度的司法协助仍需要根据个案情况判断,同时也很有可能取决于内地法院对于跨境破产司法协助的态度。这实际上是向内地法院释放了一个信号,即香港特别行政区法院对于跨境破产司法协助是持开放态度的,但也希望内地法院也可以采取同样开放的态度。

问题3:谢谢您的精彩分析,前面您也提到最高人民法院在2019年发布的《关于人民法院进一步为"一带一路"建设提供司法服务和保障的意见》,您对其中关于跨境破产协调机制的最新表态有什么看法?

季诺:这个问题非常好。我注意到,该意见中第31条明确:"完善跨境破产协调机制,探索主要破产程序和主要利益中心地制度的适用,依法保护债权人和投资人权益。"其中,主要破产程序及主要利益中心地是《跨境破产示范法》的基础性制度。这也是最高人民法院首次在正式司法文件中明确提及这个概念,体现了最高人民法院进一步推进跨境破产协调机制的态度与决心,也反映出《跨境破产示范法》对于跨境破产司法实践日趋重要的参考价值。

问题4:季律师,您前面提到我们正代表一家外国公司在中国申请域外破产程序的承认与执行,可否请您介绍一下这个案件中有什么值得我们关注的问题?

季诺:好的。由于我国破产法对于承认与执行域外破产程序的约定还是比较原则的,且在先案例非常有限,因此实操过程是会遇到一些问题的。我举一个例子,大家知道,《企业破产法》第5条要求域外破产案件的判决、裁定"不损害中华人民共和国领域内债权人的合法权益",那么中国法院应当如何审查中国债权人权益保护的问题呢?是否应当让中国债权人也参加中国法院的承认与执行程序?反过来,如果中国法院通知了中国债权人,是否可能导致其在中国采取法律行动,保全或执行债务人在中国的财产,从而可能影响债务人在域外的破产程序?我认为,这个问题可以从以下几个方面进行分析。

首先,我们需要认识到,承认申请审查阶段通知债权人与申请承认与执行域外破产程序的目的可能存在矛盾之处。跨境破产中申请承认与执行域外破产程序的主要目的之一就在于使债务人位于被申请法域的财产得以被保全而不被被申请法域的债权人个别执行,从而能够将债务人位于不同法域的财产统筹规划与处置。如果中国法院在尚未作出承认与执行的裁定的情况下即通知中国债权人,无疑会引起中国债权人的注意,个别债权人可能会在中国寻求单方面行动,保全债务人在中国的资产。在国外破产程序的进行期间,如果债务人在中国境内的资产被个别保全或处置,将严重影响该域外破产程序,对于破产重整程序而言甚至可能破产重整失败。除此之外,债权人参与承认与执行程序也很可能拉长程序的时间,可能导致债务人在中国境内的财产在承认裁定作出前被执行的风险大大增加。

其次,对中国债权人的利益保护也不应当过分扩大。《企业破产法》第5条第2款要求的"不损害中华人民共和国领域内债权人的合法权益"主要是指该判决和裁定对中国债权人没有给予不公平待遇,没有歧视。[①] 此外,《全国法院破产审判工作会议纪要》第49条和第50条主要针对的是中国优先权债权人的利益保障。我国破产法并未要求域外破产程序给予中国债权人相比其他债权人更加有利的地位,也并非要求相比单独提起法律行动,中国债权人可以通过该等域外破产程序获得更高的清偿。就针对中国境内财产单独提起行动而言,事实上域外债权人也可以在中国提起个别行动,从而可能损害其他中国债权人的利益;且如个别中国债权人在中国单独提起行动,也可能损害其他中国债权人的利益。

中国《企业破产法》以及相关司法解释对于承认和执行域外破产程序的规定非常原则,缺少操作层面的具体规则,这给中国法院带来了不小的考验和挑战,不过同时也留下了制度创新的空间。法院在决定如是否以及何时通知债权人等具体操作事项时,根本出发点应当是公平、公正且合理地平衡债务人财产保护、债权人平等受偿以及程序公正等法律所保护的利益。我认为,就承认申请审查阶段而言,保护债务人在中国境内的财产的完整性是相对而言更加重要的任务。此种情况下比较合适的处理方式应为,在承认申请审查阶段不通知债权人,但是在作出承认域外破产程序的裁定后允许债权人采取救济措施。退一步说,如果中国法院仍然认为在承认申请审查阶段有必要通知债权人,则应当在该阶段同时采取有效的临时救济措施,例如财产保

---

① 参见安建主编:《中华人民共和国企业破产法释义》,法律出版社2006年版,第17~18页。

全等。

问题5:关于您提到的这个问题,中国的破产法是否可以借鉴国外较为成熟的立法和实务经验?

季诺:是的,可以先看一下联合国的《跨境破产示范法》,其未明确要求债权人参与承认申请审查阶段的程序。联合国国际贸易法委员会官方发布的《贸易法委员会跨境破产示范法与颁布及解释指南》在论及该问题时指出,"实践中存在着不同的解决办法。在一些法域,承认某项外国破产程序重要性的决定只有在听取了有关各方的意见之后才能作出。然而,在另一些国家,则认为有关承认外国程序的申请需要加以迅速处理(因为它们常常是在存在资产挥霍或隐匿等迫在眉睫的危险的情况下提出的),因此,就不要求在法院做出任何有关承认的决定之前发出通知。在这些情况下,强加这种要求将导致不必要的拖延,而且也与第17条第3款的规定不符,该款规定应尽早对一项承认外国程序的申请做出决定。"[①]因此,联合国国际贸易法委员会特别指出,"有关此类通知的程序性事项不由《跨境破产示范法》解决,而由颁布国法律的其他条款加以处理"。[②]

我们可以再来看一下采纳了《跨境破产示范法》的日本是如何操作的。日本于2000年采纳《跨境破产示范法》,并将其制定为《外国破产程序承认与协助法》。《外国破产程序承认与协助法》第6条规定了,法院可以不进行口头辩论即作出外国破产程序的承认与协助相关的裁定。由此可见,日本法允许法院在不与债权人等利害关系人进行面谈的情况下即作出承认裁定。另外,日本法通过允许债权人等利益相关方事后提出即时抗告,而非在该判决(裁定)作出前通知的方式,以平衡日本国内债务人财产的保全和债权人权利利益的保护这两个要求。根据我和日本律师的交流,日本的承认申请审查阶段中,法院通常会与债务人进行面谈,而不会与债权人等利害关系人进行面谈。这主要还是考虑到前面所说的,日本法院希望迅速处理有关承认外国程序的申请,并尽量避免债权人知晓该程序而单独采取法律行动,进而导致无

① 参见联合国国际贸易法委员会:《贸易法委员会跨境破产示范法与颁布及解释指南》,联合国出版物2014年版,第67页,第135段。

② 同上书,第136段。

法达到保护日本国内债务人财产这一目的。

我再来谈谈破产法制比较发达的美国的情况。美国也于 2005 年对其《破产法》进行了改革，采纳了《跨境破产示范法》，将其纳入美国《破产法》第 15 章辅助及其他跨境程序。美国《破产法》在第 1506 条笼统地提到“经通知及听证”，但并未提到通知及听证的对象是谁。同时，为了防止债权人对债务人在美国境内的财产采取个别执行程序，第 1519 条特别规定了申请人在申请承认时可一并申请的临时救济措施，临时救济的适用期间一般为外国代表人向美国法院提交承认申请至美国法院对该申请作出判决之前，适用于紧急需要给予救济以保护破产财产及债权人利益的情形。举个例子，2014 年 8 月 12 日，美国新泽西州破产法院签署命令，批准在中国浙江省海宁市中级人民法院进行破产重整程序的“浙江尖山光电股份有限公司”代表人提交的申请。美国新泽西州破产法院在承认申请审查阶段即对债务人在美国的财产予以临时救济。另外，值得注意的是，依据美国《破产法》第 1517(c) 条规定，法院应当在尽可能短的时间内对承认申请作出决定。尖山光电重整案从提交申请(2014 年 7 月 16 日)到美国法院作出承认决定(2014 年 8 月 12 日)历时不到一个月。

从国际实践可见，其他国家一般不要求法院在承认申请审查阶段通知债权人，即使需要通知债权人，也会辅以相关临时救济措施，例如，美国《破产法》，从而可以保护债务人在美国境内的财产，且要求法院在尽可能短的时间内对承认申请作出决定。

目前，最高人民法院也在积极推动《企业破产法》的修改，将就跨境破产管辖权，外国破产代表及债权人的地位与待遇，对外国破产程序提供司法协助的条件和方式，对外国破产程序中的其他判决、裁定的认可和执行等方面予以进一步规范和细化。针对这个问题未来可能也会有一些具体的规则。

问题 6：中国与美国签订的中美经贸协议对于中国破产法或者说中国破产相关领域会产生什么影响？

季诺：中美的贸易协定约定中国需进一步扩大金融领域的对外开放和市场准入，包括取消证券、保险、基金管理和期货服务的外资股比上限和歧视性审批许可及营业年限要求等。实际上，自 2019 年 1 月开始，我国就开始积极推进了金融业的开放，主要有三个方面：一是大幅放宽外资在中国金融企业的持股比例限制;二是稳步推进资本市场双向开放;三是放开企业征信、评级、支付等领域的准入限制。2019 年 7 月 20 日国务院正式发布的《关于进一步扩大金融业对外开放的有关举措》,党中央、国务院对于本次在中美经贸协议中的部分金融业开放内容早已作出了相应的安排和部署,金融业的开放和市场化是我国未来经济发展的重要举措。

此外,本次中美贸易协议还包括了一项重要内容,即中国将允许美国金融服务供应商申请资产管理公司许可证,该许可证将允许其直接从中资银行获取不良贷款。从实务上说,破产是处置“不良资产”的一种重要方式。据银保监会的数据显示,2019 年第三季度末,商业银行不良贷款余额为 2.37 万亿元,较上季末增加 1320 亿元,关注类贷款余额为 3.82 万亿元,不良资产的市场可谓是一个非常巨大的市场。外资自 2000 年以来,就开始介入我国的不良资产行业领域,在 2002 年我国大规模的政策性不良资产剥离时期,其是主要的活跃参与方。但在“政策性不良资产处置完毕”后,我国逐步开始实行不良资产“市场化”处置,但不良资产的一级市场由于法律法规限制较多,一级市场几乎由四大持牌资产管理公司把持,部分由地方持牌资产管理公司承接地方商业银行的不良资产,外资只能通过二级市场购售不良资产。而中美经贸协议允许外资不良资产管理公司持牌进入一级市场,将为中国的不良资产市场带来更多先进成熟的管理和投资经验,注入新的活力,有助于提升中国不良资产业务管理水平和处置效率。在竞争更加充分的情况下,也有助于促进本土金融资产管理机构提升行业研究等各方面能力,从而助其提高竞争力和国际化程度。对于破产行业以及相关的不良资产行业而言,中美贸易协议的签订将会对市场产生巨大推动作用,一个新的破产及不良资产投资时代即将拉开。

问题 7:刚刚您提到了不良资产的投资问题,不良资产市场与破产紧密相关,那么不良资产的类型和市场形势发展状况如何?

季诺:进入 2019 年,国际整体的宏观经济形势面临巨大考验,加之中东石油危机、中美经贸摩擦、香港问题、日韩贸易摩擦等重大国际事件,经济进一步的承受压力。而已经成为世界第二大经济体的中国,宏观经济增速放缓,实体经济持续累积了巨大的偿债压力,逾期及不良信贷风险日趋严重,我国的不良资产市场将进一步的扩大。

不良资产类型很多,市场广阔,传统意义上对于不良资产的定义比较窄,往往定义为"逾期的银行贷款"的"债权类"不良资产。但从目前市场上来看,不良资产的类型以债权人及债务人两个视角解读,总结分为两个大类,即第一种,传统类型上债权类和第二种"壳类"不良资产。该两种类型从债权债务的法律关系上讲,以债权人的角度而言,"债权"本身就是一类资产,而就债务人的角度而言,其作为债务人实体的股权或股票(可能存在特殊资质或持有特定财产或拥有良好的经营团队等)或者实体持有的实物资产(主要为房产、大型动产设备等)可作为"壳",也是一类不良资产,可以处置变现,具备市场价值。

在此特别要强调的是,"壳类"不良资产在市场上受重视程度越来越高,主要为公司的股票及股权以及公司持有的实物资产(房产、大型机器设备、船舶等)。实物资产的处置较为传统,而近几年来,一方面,随着我国资本市场的扩大,我国上市公司的数量大量增加,但我国仍未全面开放"注册制",主板A股的上市公司"壳"依然是稀缺资源,具备很好融资平台,因此该类公司的股票具备市场价值;另一方面,具备特殊资质的公司股权也是重要的壳类不良资产,如汽车制造牌照、证券等金融业牌照、支付牌照、建筑施工牌照等;公司股权及股票的壳类不良资产,交易模式相对复杂且全面。收购方往往是推动债务人的整体重组或者在破产重整中以投资人的身份参与的方式,往往为"通盘重组"处置不良资产。从信达及华融两家的上市公司财报中可以发现,壳类不良资产(财报上为非金融不良资产)收购业务近期呈现了爆发式的增长。

问题8:外资在不良资产市场的参与度及参与方式目前情况如何,未来又会有怎样的发展?

季诺:国外不良资产市场启蒙较早,也催生了大量的"特殊机会基金",2008年以来,国际上的不良资产投资活动越来越活跃。2009年至2014年,特殊机遇类基金年度募资额由155亿美元增长至281亿美元,但相对于整个不良资产的规模,还是相对较小的。

对于不良资产的处置方式,刚刚也提到,债权类不良资产的一级市场基本上由四大AMC把持,但随着持牌AMC的资质对于外资放开,外资亦将参与到一级市场的竞争中来。而债权类资产中,近期"债券违约"频发,"刚兑神话”被打破,我国的不良债券市场大有可为。在国外,违约债的不良资产市场非常繁荣,在国外有一个非常贴切的名号“垃圾债市场”,大量的不良资产基金以及资产管理公司都活跃在此市场中。因为其具备标准化的特点,金额大、流动性很强,并且价格市场化公开透明,大量的基金会瞄准其中认为回收概率大的,通过“错配”模式(不良资产中错配:债权持有人对于债权的回收把握及债务人的还款能力较强,但因资产处于查封或者破产状态,回收的周期较长,很多债权持有人存在出表或者其他因素需要流动性及现金,不良资产基金通过以较大折扣的方式在现阶段现金购买债权的方式,形成时间上的错配,并通过重组或者推动处置的方式获取最终较高的回报),最终完成不良资产的处置清收。

对于“壳类”不良资产的处置,“破产重整”已经逐渐作为“工具化”进行使用。国家也积极推动破产法庭的建立,社会、大众及市场对于企业破产普遍能够接受,并且越来越多的公司选择破产重整的方式来化解风险,有的上市公司实现“摘星脱帽”“破茧重生”。实践证明,破产重整作为一种市场化工具,能够有效保护公司、债权人和股东的利益并实现最大化。

此外,随着我国对于金融业开放程度越来越高,在华外资可依法投资境内银行业金融机构。银行业对于外资开放以后,外资设立银行的同时,资管子公司等亦可同时设立,开设专门部门来处置自身不良资产以及其他商业银行的不良资产。

外资作为参与我国不良资产处置最早的一批机构及主体,拥有丰富的不良资产处置经验,尤其是就市场上老牌并且专注于不良资产行业的部分特殊机会基金及资产管理公司而言,未来无疑将成为它们在中国进行不良资产投资的新时代。

香港高等法院承认上海华信国际集团有限公司破产程序的裁决书及命令*

香港德辅大律师事务所　译

一、申　　请

1. 上海华信国际集团有限公司(以下简称公司)在中国内地已因无力偿还债务进入破产清算程序而其却在中国香港特别行政区(以下简称香港)拥有大量资产有待债权人执行。公司在中国内地[①]的破产管理人为——(1)北

* 香港特别行政区高等法院原讼法庭民事杂项案件2019年第2295号有关上海华信国际集团有限公司破产事宜(于中华人民共和国内地进行破产清算)和有关法院固有管辖权的裁决书。本案为我国《企业破产法》实施至今,香港特别行政区高等法院首次承认我国内地破产程序效力的案例。主审该案件的乔纳森·夏利士(Jonathan Harris)法官在裁决书中对香港特别行政区以及整个普通法关于跨境破产基本原则的发展做了简要的介绍,对于我国《企业破产法》第5条关于跨境破产的规定以及司法实践中相关的裁判案例做了专业的分析,最终做出了承认上海市第三中级人民法院审理的上海华信国际集团有限公司的破产清算程序的效力,并承认了上海市第三中级人民法院指定的联合管理人即北京市金杜律师事务所上海分所、上海市方达律师事务所和上海市锦天城律师事务所作为公司的联合且连带清算人的法律地位,赋予其行使香港特别行政区《公司(清盘及杂项条文)条例》(第32章)项下的部分权力。此案对于推动中国内地与香港特别行政区在跨境破产方面的合作,以及中国与其他国家和地区的跨境破产合作,都具有非常重要的意义。

本裁决书及其命令的中文版本,由香港德辅大律师事务所(Des Voeux Chambers, Hong Kong)的专业团队翻译并授权《破产法茶座》刊发。该裁决书的中文版本仅供学习研究参考之用,如本中文译本与其英文正本有任何歧异,概以英文正本为准。特此说明并致谢。

本案基本信息如下:申请人:上海华信国际集团有限公司联合及连带清算人。主审法官:乔纳森·夏利士,香港高等法院原讼法庭法官。聆讯日期:2019年12月18日。裁决日期:2019年12月18日。裁决理由书日期:2020年1月13日。案例编号:HCMP 2295/2019 [2020] HKCFI 167 裁决书英文版本下载地址:https://legalref. judiciary. hk/lrs/common/search/search_result_detail_frame. jsp? DIS = 126607&QS = %2B&TP = JU。

① 该部分指中华人民共和国除香港以及澳门特别行政区以外的地区。

京市金杜律师事务所上海分所;(2)上海市方达律师事务所;(3)上海市锦天城律师事务所(以下合称管理人)。[①] 前述管理人由上海市第三中级人民法院(以下简称上海法院)任命,并在香港法院寻求承认和协助,使其能够在香港行使职能,尤其是保护公司香港资产免受债权人执行。前述管理人扮演着在香港法律体系中清算人相似的角色。本席将在第23~24段详细讨论他们的职能。

2. 尽管香港的法院经常承认和协助其他司法管辖区法院所任命的当地公司的破产清算人,本案是本席目前所知的第一次由内地破产管理人在普通法下寻求承认破产管理人承认以及司法协助的申请。当然,该申请也是香港首例。但是,这并非首宗在海外申请承认内地破产程序的案例。根据本席所知,曾有两宗根据美国《破产法案》第15章进行承认的案例。第一宗案例发生在2014年,美国新泽西联邦破产法院于2014年8月12日在浙江尖山光电股份有限公司(Zhejiang Topoint Photovoltaic Co,Ltd)破产程序的效力案中予以承认。[②] 第二宗时间更为接近,美国纽约南区联邦破产法院于2019年10月在债权人反对的情况下依然对洛娃科技实业集团有限公司(Reward Science and Technology Industry Group Co,Ltd)的破产程序予以承认。[③]

3. 随着中国经济的发展,中国企业遇到的金融问题也越来越多,同时越来越多中国企业亦拥有海外资产。鉴于此,该申请可谓是非常重要,而处理本申请亦需要考虑诸多细节和相关原则。而香港法院在如何应对内地注册公司就上述领域的问题方面已有长足的发展,但中国内地与香港原本的经济和法律模式有很大的不同。该申请也促使我们思考,在考虑英国上议院加尔布雷斯诉格雷肖(Galbraith v Grimshaw)[④]一案裁定的原则后,一个在域外破产程序开始之前获得的暂时债权扣押令,在域外破产命令颁下后,法院应否将其转为绝对债权扣押令。本文将在第16~21段对该问题进行详细讨论。

---

① "该管理人"。

② 案件号14-24549。

③ 案件号19-bk-12908。

④ [1910] AC 508.

二、背　　景

4. 本案公司是一家在中国内地注册的投资控股公司,也是一家企业集团的一部分,该集团业务包括资本融资、石油炼制和基础设施建设。2019 年 11 月 15 日,根据上海法院依《中华人民共和国企业破产法》(以下简称《企业破产法》)作出的裁定,公司进入破产清算程序。2019 年 11 月 24 日,上海法院任命了破产管理人。

5. 公司在香港的资产包括对其香港子公司上海华信集团(香港)有限公司(以下简称香港子公司)的索赔,总额约为 72 亿港元(以下简称香港应收款)。由于香港子公司在香港也进入了清算程序,公司提交了一份对于香港子公司清算时对香港应收款的债务申报。在管理人被委任之后,他们发现了以下情况:2018 年 8 月 24 日,恰当时代全球投资特殊目的公司—恰当时代价值投资基金(Right Time Global Investment SPC-Right Time Value Investment Fund SP,以下简称恰当时代基金)在香港获得一项针对公司的缺席判决,判决金额约为 2900 万欧元(以下简称缺席判决)。2019 年 8 月 12 日,为了执行上述缺席判决,Right Time Fund 获得了一份针对香港应收款的暂时债权扣押令(garnishee order nisi)。关于前述扣押令的聆讯于 2019 年 12 月 11 日在聆案官(Master)席前召开。

6. 为了防止恰当时代基金获得绝对债权扣押令(garnishee order absolute),管理人向本庭紧急申请承认和协助,并要求聆案官延后扣押令程序,直至管理人的承认申请得到裁判结果为止。2019 年 12 月 11 日,聆案官将扣押令程序延期至 2020 年 1 月 8 日。

7. 鉴于上述事件的紧迫性,上海法院于 2019 年 12 月 10 日发出了一份协助管理人申请承认的请求函,而本席于 2019 年 12 月 18 日下午就该申请进行了聆讯。[①] 本庭批准相应的命令,并于此附上了相关命令的条款。

---

① 何禄赞大律师与张东伟大律师在聆讯中代表管理人。

三、与本次申请相关的承认域外清算程序的原则

8. 正如本席提及的,本院近几年已处理了大量来自不同司法管辖区有关承认及协助申请。这些司法管辖区大多为普通法系区域,例如,开曼群岛、百慕大和英属维京群岛,而这也表明许多香港的上市公司注册于这些司法管辖区的其中一个。本院准许的其中一份申请为一个由日本法院委任的日本破产受托人针对在日本所注册公司的案例,而日本是大陆法系区域(例如,Re Takamatsu)。[①] 从这些裁决中产生了下列法院批准承认和协助之前必须满足的标准:

(a)域外破产程序是集体破产程序:Re Joint Provisional Liquidators of China Lumena New Materials Corp;[②]

(b)域外破产程序在公司注册地进行:Re Joint Liquidators of Supreme Tycoon Ltd。[③]

9. 若上述条件得到满足,那么法院便可以承认一项大陆法系区域的破产程序(Re Takamatsu)。[④]

10. 域外破产程序一经确认,法院会根据香港的破产法给予域外相关公职人员(officeholders)相应的协助,霍夫曼(Hoffmann)勋爵在英国枢密院判决 Cambridge Gas Transportation Corpn v Official Committee of Unsecured Creditors of Navigator Holdings plc[⑤] 案中已阐述有关原则。

11. 然而,公司法庭(Companies Court)并没有授予其所承认的域外清算人《公司(清盘及杂项条文)条例》(第 32 章)(以下简称《条例》)项下清算人拥有的所有的权力。关于界定普通法下限制协助权力范围的原则,萨姆新(Sumption)勋爵在 Singularis Holdings Ltd v PricewaterhouseCoopers[⑥]案件中

① [2019] HKCFI 802;[2019] 5 HKC 505.

② [2018] HKCFI 276.

③ [2018] HKCFI 277;[2018] 1 HKLRD 1120 第 12 段。

④ [2019] HKCFI 802;[2019]5HKC 505.

⑤ [2006] UKPC 26;[2007] 1 AC 508 第 22 段。

⑥ [2014] UKPC 36;[2015] AC 1675 第 25 段。

作出了解释：

(a)协助权主要用于帮助域外法院克服因各国法院权力的地域限制而使得公司在全世界范围清算受限的问题。因此，域外相关公务人员不得利用协助的权力行使在委任他们的法律下所不能做的事情。

(b)只有在需要行使域外相关公务人员的职能时才能给予协助权。

(c)给予协助的命令必须符合协助法院所在地区的实体法律及公共政策。

12. 因此，在 Re Joint Liquidators of Supreme Tycoon Ltd 一案中，①本席裁定："如果清算人是被与香港具有类似清算制度的司法管辖区所委任的，那么法院给予域外清算人的协助可扩展至与香港清算人实质上非常类似的权力。"

13. 正因为现在香港在这个领域的原则已比较成熟，因此法院也对承认具有了标准格式命令，以为申请人提供预见和指导，该份命令是根据 Re Joint and Several Liquidators of Pacific Andes Enterprises(BVI)Ltd 案所设立，②并由本席在 Re Joint Provisional Liquidators of Hsin Chong Group Holdings Ltd ③案件中加以修改，在该案中，本席允许百慕大法院委任的软性(soft-touch)临时清算人就一家在百慕大注册并在香港联合交易所主板上市的有限公司通过香港的债务偿还安排计划来推动公司债务的重组。

14. 现在申请通常都是以书面方式提出，并普遍用于需要紧急处理的情况下。这种申请并不罕见，域外破产管理人申请紧急承认和协助，如暂缓执行程序的情况，也可以在其他司法管辖区找到先例。④

---

① [2018] HKCFI 277；[2018] 1 HKLRD 1120 第 12 段。

② Unrep，HCMP 3560/2016，2017 年 1 月 27 日。

③ [2019] HKCFI 805.

④ Samsun Logix Corporation v DEF [2009] EWHC 576(Ch)；[2009] BPIR 1502 第 11 段；D/S Norden A/S v Samsun Logix Corporation [2009] EWHC 2304(Ch)；[2009] BPIR 1367 第 7 段。

四、具体协助——中止程序

15. 法院的标准格式命令具有中止在香港针对债务人的程序的效力,就犹如债务人在香港进行清算,而债权人可以申请解除对程序的中止。在撰写本裁决前,虽然本院已经发出了相当数量的承认和协助令,但至今仍未有过类似的申请。近年来,这些承认和协助令最常见的用途是协助离岸司法管辖区注册成立的香港上市公司进行债务重组。[①] 中止令的主要是为法院监督债权人在香港的行为提供一种机制,以推动有序清算或重组,正如《条例》第186条对本地清算所规定的那样。

16. 由于本次申请作出时已有一份暂时债权扣押令申请,因此考虑本命令对暂时债权扣押令程序的影响是很有帮助的。如果债务人在香港进行清算,无论债权人在清算前或清算后是否获得暂时债权扣押令,该扣押令程序均不能继续进行。[②] 本席认为,如果债权人在域外破产程序开始后在香港启动债权扣押程序,则应终止债务扣押程序,这显然符合承认外地破产程序的原则。这在英国是已将近250年来的法律。霍夫曼(Hoffmann)勋爵在Cambridge Gas案件中解释道:[③]

> 英国普通法历来认为,债权人之间的公平状态要求,理想情形下,一个具有普遍适用的破产程序。应该有一个单一的破产程序能够让债权人都有资格去证明自己的权力。任何人都不应该因为其恰好身在资产较多或债权人较少的区域而拥有比别人多的优势。例如,在Solomons v Ross(1764)1 H Bl 131n一案中,阿姆斯特丹一家公司宣布破产,并任命了受让人。一名英国债权人在伦敦提起诉讼并要求扣押这家荷兰公司

---

① Re Z-Obee Holdings Ltd [2018] 1 HKLRD 165.

② 2. Roberts Petroleum Ltd v Bernard Kenny Ltd [1983] 2 AC 192,209(B-G)以及213(F-H);Credit Lyonnais v SK Global Hong Kong Ltd [2003] 4 HKC 104 at [8(4)];SCK Serijadi v Artison Interior [2019] SGCA 5;[2019] 1 SLR 680 第31段,第32段和第34段。

③ [2006] UKPC 26;[2007] 1 AC 508,第16页;CCIC Finance Ltd v Guangdong International Trust and Investment Corp [2005] 2 HKC 589。

在英国1200英镑的应收款。但是代表法院的Bathurst法官裁定,破产已经将该公司所有动产(包括英国债务人所欠下的债务)都授予了前述荷兰受让人。这名英国债权人不得不放弃这一关于债权扣押令的所得,并在荷兰破产程序中申报其债权。

即使一个债权人在域外破产程序开始之前取得暂时债权扣押令,法院对于是否给予绝对债权扣押令的问题留有拒绝颁予绝对债权扣押令的自由裁量权,而一般而言法院亦应按本席以上所述之原则予以拒绝。这也是布里尔顿(Brereton)法官在新南威尔士最高法院于ML Ubase Holdings Co v Trigem Computer案件中所采取的方法。[①] 该法官在该案判决的理由也说明了将所有债务人的资产置于域外清算人的控制之下,并由域外清算人按照当地法院承认的程序进行管理是可取的。

17. 何大律师也提醒了本席另外一种论点,即如果债权人在域外破产程序开始之前获得暂时债权扣押令,则该扣押令应被允许执行,而这个论点也在上议院于20世纪早期的Galbraith v Grimshaw[②] 案的裁定中得以支持。

18. 在Galbraith v Grimshaw[③] 案中,债权人对某债务人在苏格兰获得了一份经济赔偿判决,根据《1868年判决延伸法》(Judgments Extension Act 1868),该判决也在英格兰发生效力。随后该债权人针对一家对上述债务人在英国负有债务的公司启动了债权扣押程序。在送达债权扣押令之后,债务人在苏格兰被判决破产并导致其财产被隔离及转移至苏格兰的破产受托人处。该苏格兰破产受托人随后在英格兰提起了一项互争权利的诉讼,以确定该受托人和债权人之间对扣押债务方面的权利归属问题。英国上议院最后判决,因苏格兰破产清算程序发生在英格兰的债权扣押令程序之后,因此在该次债权人与苏格兰破产受托人之间的纠纷中,前者胜诉。洛本(Loreburn LC)勋爵的理由如下:

---

① [2007] NSWSC 859 第76~77段。

② [1910] AC 508.

③ [1910] AC 508.

在英国,如果域外破产程序的外地受托人首先提出有关资产已经授予受托人管理,那么对于该部分财产的查封要求将无法被批准。但如果查封要求发生在外地破产程序起始之前,那么本席不认为其会受到外地破产受托人之权益的影响;原因是外地法使受托人相关的权益追溯到他们自己不能干涉的交易的原则在英格兰并不适用,而英格兰法律的追溯原则亦只适用于英格兰的破产,因此受托人会发现自己陷入两难(正如本案)。[①]

19. 在本席看来,这种分析和当代的跨境破产法是不一致的,而且其推理也已经不适用于现代普通法的跨境破产协助。Galbraith v Grimshaw 案的判决在沃克(Walker)勋爵代表枢密院颁下的 Al Sabah v Grupo Torras SA[②] 判决中亦有所提及。正如沃克勋爵所指出的,Galbraith v Grimshaw 案中主要涉及英国《1883 年破产法》第 117 条款(及某程度上涉及第 118 条款),该条款涉及在英国各地执行破产命令。香港并无等同的相关条文,而且香港与内地之间亦没有立法或协议用以处理中国各地法院发出的破产令互相承认的事宜。

20. 正如沃克(Walker)勋爵所提到的(第 41 段和第 45 段),Galbraith v Grimshaw 一案的判决受到了许多学术界的批评,而此些批评同时也被其他法官承认具有一定的说服力。也正如诺里斯(Norris)法官在 Re Atlas Bulk Shipping A/S[③] 中所指出的,对于 Galbraith v Grimshaw 案的批评推动了现行的普通法跨境破产协助方式在 Cambridge Gas [④]案中的发展,并在 Rubin v Eurofinance SA[⑤] 案中得到了英国上诉法院的支持。

21. Galbraith v Grimshaw 案的推论实际上是狭隘的,且只反映了追溯原则的运用,即当时破产案件中的苏格兰信托人试图依靠苏格兰破产法的规定去规避对位于英格兰的财产进行扣押。本席同意布里尔顿(Brereton)法官在 ML Ubase Holdings 案件中的观点,即 Galbraith v Grimshaw 案的判决只代表

---

① [1910] AC 510.

② [2005] UKPC 1;[2005] 2 AC 333.

③ [2011] EWHC 878(Ch);[2012] Bus LR 1124 第 30 段。

④ [2006] UKPC 26;[2007] 1 AC 508 第 84 段。

⑤ [2011] Bus LR 84 第 84 段。

了一个观点,即"虽然地方法院承认域外破产(和类似的管理程序),但他们并不承认与外地的追溯原则"。[①] 在 Galbraith v Grimshaw 判决时,现今的跨境破产协助原则仍没有被确立及演变。正如布里尔顿(Brereton)法官的结论所述,Galbraith v Grimshaw 案并不阻碍法院协助韩国破产程序并因此拒绝作出绝对债权扣押令,即使债权人在韩国破产程序开始之前已经获得暂时债权扣押令。在本席看来,Galbraith v Grimshaw 的裁定并没有排除香港法院协助内地破产程序,并拒绝将在内地破产程序开始之前获得之暂时债权扣押令转换为绝对债权扣押令。

五、申请人申请之命令是否符合承认和协助的原则

22. 本席已经在第 8 ~ 11 段就相关原则作了解释。那么本案是否符合上述原则呢?

23. 公司在中国内地的清算无疑是一个集体破产程序。清算程序包含债务人的所有资产这一事实证明了这一点(《企业破产法》第 30 条)。事实上,在上海法院请求函的支持下,破产管理人提出了本次承认申请,以维持集体性原则和同等清偿原则。因此,承认公司在中国内地的清算符合本法院的现行做法。

24. 管理人所寻求的权力与中国内地破产法以及 Re Joint and Several Liquidators of Pacific Andes Enterprises 和 Re Joint Provisional Liquidators of Hsin Chong Group Holdings Ltd 案所确立的标准是一致的。特别值得一提的是,《企业破产法》的以下条文显示中国内地破产法和香港破产法之间的对应关系:

① [1910] AC 508 第 65 段。

(a)第25条[①]规定了破产管理人的权利义务,而其亦对应香港清算人的权利义务。

(b)第19条[②]规定了一个中止令,而其亦对应香港清算程序里的中止令。

(c)第113条[③]规定了对债务人资产同等清偿的要求。

25. 普通法中承认和协助的原则不需要证明互惠的存在;[④]虽然据本席所知,就中国内地而言,一般来说承认域外法院命令的先决条件是有与域外司法管辖区有互惠关系。本席在第16段中引用了霍夫曼(Hoffman)勋爵在Cambridge Gas案中的一段话,他解释了这一现象的根本原因。承认和协助外地清算的目的是使得破产债务人的资产得以变现、债权人的索赔要求得以确认并在同一个破产清算体系内被委任的破产管理人的监督下在平等权利的基础上分配可用资产。由此可见,在考虑域外司法管辖权问题时,不仅需要看该管辖区是否拥有一个与香港类似的破产清算体系,还需要考虑当破产公司的资产和债权人不在该司法管辖区的情况下,其是否仍旨在促进单个完整的破产。如果在其他多个司法管辖区都需要进行单独清算,那么将破坏提供承认和协助的逻辑依据。目前尚不清楚在《企业破产法》的框架下,如果在中国内地拥有资产和债权人的境外公司在其注册地或在与之有强烈联系的其

---

① 管理人履行下列职责:(1)接管债务人的财产、印章和账簿、文书等资料;(2)调查债务人财产状况,制作财产状况报告;(3)决定债务人的内部管理事务;(4)决定债务人的日常开支和其他必要开支;(5)在第一次债权人会议召开之前,决定继续或者停止债务人的营业;(6)管理和处分债务人的财产;(7)代表债务人参加诉讼、仲裁或者其他法律程序;(8)提议召开债权人会议;(9)人民法院认为管理人应当履行的其他职责。本法对管理人的职责另有规定的,适用其规定。

② 人民法院受理破产申请后,有关债务人财产的保全措施应当解除,执行程序应当中止。

③ 破产财产在优先清偿破产费用和共益债务后,依照下列顺序清偿:(1)破产人所欠职工的工资和医疗、伤残补助、抚恤费用,所欠的应当划入职工个人账户的基本养老保险、基本医疗保险费用,以及法律、行政法规规定应当支付给职工的补偿金;(2)破产人欠缴的除前项规定以外的社会保险费用和破产人所欠税款;(3)普通破产债权。破产财产不足以清偿同一顺序的清偿要求的,按照比例分配。破产企业的董事、监事和高级管理人员的工资按照该企业职工的平均工资计算。

④ Re BJB Career Education Co Ltd [2017] 1 HKLRD 113 第11段;同时请参考[2011] Bus LR 84 第84段。

他司法管辖区域进行清算时,中国内地法院将会持有何种态度。[1]

26. 尽管本席没有从大陆法专家那里得到任何关于这个问题的证实,但本席之前在处理案件时有过相关的经验。内地专家没有争议的一点是没有任何与上述问题相关的法律条文或最高人民法院的判决,这说明中国内地系统对于是否支持和促进一个在跨国环境下的破产清算以及实践中的做法并无明确规定。我们目前找到的最接近的内容为《企业破产法》第 5 条,[2]该条文作出了如下规定:

> 依照本法开始的破产程序,对债务人在中华人民共和国领域外的财产发生效力。
>
> 对外国法院作出的发生法律效力的破产案件的判决、裁定,涉及债务人在中华人民共和国领域内的财产,申请或者请求人民法院承认和执行的,人民法院依照中华人民共和国缔结或者参加的国际条约,或者按照互惠原则进行审查,认为不违反中华人民共和国法律的基本原则,不损害国家主权、安全和社会公共利益,不损害中华人民共和国领域内债权人的合法权益的,裁定承认和执行。

27. 据本席所知,中国内地法院尚未依据上述第 5 条承认一起国外破产程序。本席知道有一些案件中存在承认的元素,但本席的理解是,他们并不被中国内地法官视为涉及外国清算程序的正式承认,但本次申请作出的命令却是如此。本席会在第 29 ~ 32 段进行详细描述。

28. 中国内地直到 2014 年才建立了司法判例集中公布系统。[3] 这意味着在实践中,2014 年以前的大部分判决信息都是由对这个领域感兴趣的律师通

---

① 香港法院对于外地注册公司的清算原则已在多个案例中得到考量。虽然当局主要处理的是由偿债能力的公司,但终审法院在 Kam Leung Sui Kwan v Kam Kwan Lai(2015)18 HKCFAR 501 中的判决仍属主导。

② 该法于 2007 年 6 月 1 日起施行。

③ 2014 年 1 月 1 日,最高人民法院《关于人民法院在互联网上公布审判文书的规定》正式实施。该司法解释明确,最高法院在互联网上设立网站,公布各级人民法院的生效的裁判文书。中西部地区基层人民法院在互联网上公布审判文书的时间进度,由高级人民法院确定,并报最高人民法院备案。裁判文书的公布在如下网站:http://wenshu. court. gov. cn。该网站包括 2014 年之前的一些决定。

过撰写的文章和评论所收集的。因此,关于本席下面各段所提到的案件资料可能并不完全准确。

29. 2001 年广东省佛山市中级人民法院被要求根据米兰法院 1999 年 9 月关于 E N 集团公司(E N Group)的判决确定 B&T 陶瓷集团有限公司(B&T Ceramic Group)是否已经成为纳塞提·埃托雷公司(Nassetti Ettore)的股东,而 E N 集团公司也已经在 1997 年 10 月进入破产清算程序并卖给了 B&T 陶瓷集团有限公司。佛山市中级人民法院根据《中意民事司法协助条约》承认了米兰法院 1999 年 9 月所作出的判决有效。但这并非是对负责破产清算的管理人所作申请的承认。

30. 2012 年 7 月,SP 管理有限公司(SP Management GmbH)的破产受托人萨沙·塞豪斯(Sascha Seehaus)向武汉市中级人民法院申请承认蒙塔鲍尔(Montabaur)地区法院在 2009 年所作出的破产判决,该判决委任了该名受托人接管破产人的债务并管理破产程序。武汉市中级人民法院裁定,基于简短的理由(with limited reasons),法院承认德国的法院命令。然而,我们尚不清楚武汉市中级人民法院是否批准了任何实体性的救济,也不清楚当时受托人为何会提出这一申请。

31. 2014 年 6 月,最高人民法院民四庭开庭审理了中华环保科技集团有限公司(Sino-Environmental Technology Group)诉大拇指环保科技集团公司(Thumb Environmental Technology Group)案(以下简称 Thumb Environmental 案)。华环保科技集团有限公司(Sino-Environmental)是一家正在新加坡破产清算的新加坡公司,其清算人提出了对该公司一家子公司大拇指环保科技集团(Thumb Environmental)的控制权要求。而大拇指环保科技集团公司管理层拒绝承认清算人对该公司的控制权,并起诉母公司要求其支付 4500 万元人民币的出资额。大拇指环保科技集团在福建省高级人民法院一审胜诉。最高人民法院在承认现有管理层作为注册公司董事和拥有公章人士有权提出诉讼的同时,认为法院也应该考虑实际情况并承认新加坡清算人有权代表母公司。该判决并未涉及对清算人的普遍承认,也未涉及按照本席在本案中所授予的权力类型来提供协助。

32. 这些判决对于中国内地法院如何回应根据《企业破产法》第 5 条所提出的承认申请几乎没有任何指导作用。然而,显而易见的是,《企业破产法》

第5条的设想是，鉴于许多内地企业开展跨国业务，将来会有域外清算人获得承认之情形。

六、结　论

33. 因此，本席认为，本次申请符合有关原则，并有理由按照这些原则以及附录中所载示的传统条款作出承认和协助的命令。对于未来能在多大程度上为中国内地的破产管理人提供协助，将根据案件具体情况进行具体分析，同时也将受到未来中国内地法院是否能像香港法院一样推动统一跨境破产之态度的影响。

乔纳森·夏利士(Jonathan Harris)
原讼法庭法官
香港特别行政区高等法院

何禄赞大律师与张东伟大律师在薛冯邝岑律师行的延聘下代表本案的申请人

附件：命　令

1. 上海华信国际集团有限公司的破产清算(在中华人民共和国内地进行破产清算)(以下简称公司)以及被委任的破产管理人：(i)北京市金杜律师事务所上海分所，上海市徐汇区淮海中路999号上海环贸广场写字楼一期17层200031；(ii)上海市方达律师事务所，上海市石门一路288号兴业太古汇香港兴业中心二座24楼200041；(iii)上海市锦天城律师事务所，上海市浦东新区银城中路501号上海中心大厦9、11、12层200120作为公司的联合且连带清算人(以下简称联合清算人)(郝朝晖、李凯以及朱林海先生为授权代表)获本法院承认。

2. 上述联合清算人在香港特别行政区拥有并可行使以下权力：

(1)向第三方要求并索取有关公司及其市场推广、成立、业务往来、账目、资产、负债或其他事务(包括破产原因)的文件和资料。

(2)在本法院所在的司法管辖区内寻找、保护、保全、占有和控制所有公司有权或看似有权获得的财产和资产。

(3)寻找、保护、保全、占有以及控制账簿、文件和公司记录,包括在本法院所在的司法管辖区内的会计和法定记录,并调查公司资产以及导致破产的事务。上述账簿、文件和公司记录包括:(a)公司与其审计师,以及其他第三方之间的电子邮件往来和其他通信;以及(b)公司向其审计师提供并由审计师向公司提供的与审计工作有关的文件和信息。

(4)采取一切必要措施以防止处理公司资产的行为,特别是在本法院所在管辖区内以公司名义或在公司控制下的任何银行账户上取得任何余款。

(5)以公司的名义代表公司经营、开立或关闭任何银行账户,以收集资产并支付联合清算人的成本和开支。

(6)聘用大律师、事务律师、其他律师和/或联合清算人认为合适的其他代理人和专业人士,以建议或协助他们行使本命令下的权力和职责。

(7)当有必要补充和执行本命令所述的权力时,可以其本人名义或者是代表公司利益使用公司名义向本法院提出申请,包括:(a)要求披露、提供文件和/或审查第三方的法庭令,以协助联合清算人调查公司的资产和事务,以及导致公司破产的情况;和/或(b)任何其他附属救济,例如,冻结令、搜查令、检获令等法律程序。

3. 联合清算人授权或者要求完成的工作均可由所有或任何一名“上海华信国际集团有限公司管理人”的授权代表,以利用联合清算人标有“上海华信国际集团有限公司管理人”之印章盖印来完成。

4. 只要公司在中华人民共和国内地进行清算,除非获得法院许可并根据法院所订下的条款,任何第三方(联合清算人除外)不得针对公司、其事务、物业或财产,于本司法管辖区进行或展开任何诉讼或法律程序。任何相关的许可申请应在第一时间使用书面方式向公司法官提出,如无法联系到公司法官,则应向另外一名法官提出。

5. 联合清算人有提交申请的自由。

6. 本次申请的费用将从公司资产中扣除,作为清算费用的一部分。

香港法院审理公司清盘案件情况综述*

乔纳森·夏利士(Jonathan Harris)** 著 王 芳*** 译

一、引 言

今天我将探讨中国香港特别行政区(以下简称香港)注册的境外公司在香港清盘和重组案件中涉及的一些重要法律问题。对于那些为规避披露内部管理架构而选择在离岸地(如英属处女群岛)注册成立的公司,在香港从事主要经营行为,但又因无力偿债而被香港法院裁令清盘的情况,属于简单案件。香港法院在审理这类案件时,并未遇到法律难题,其原因在后面的演讲内容中会涉及。

近年来,香港高等法院公司法庭受理的复杂案件数量逐年增多。而这些复杂案件的处理情况才是我今天演讲的重点。举个典型的例子:某营业地主要在内地的集团公司,为了在香港上市,而在加勒比海域的某个知名地区成立了控股公司。此后,该(控股)公司在香港上市,并在美国纽约州以银行票据的方式举债。不久,该公司陷入财务困境。在该等情况下,香港公司法庭可能会收到3类申请:(1)(有关主体)针对该控股公司向法院申请清盘令;(2)该公司在成立地被清盘,成立地法院向香港法院申请司法协助,如要求特定人士交出文件(开示证据)等;(3)向法院申请对该境外公司启动重组程序

---

* 本文根据作者2016年11月17日在香港大学举办的讲座材料整理。英文版发表于《香港法律学刊2017》("Understanding Cross-Border Insolvency in the Hong Kong Context",47 *Hong Kong Law Journal* 55,2017,pp.1－19),感谢作者授权《破产法茶座》刊发该文的中译版本。

** 香港特别行政区高等法院原讼法庭法官。

*** 香港大学普通法硕士,深圳市中级人民法院破产法庭法官。

(scheme of arrangement)。不同的申请可能会引发不同的法律问题。

二、境外公司的清盘

总体而言,在香港对一个境外公司(注册成立在境外的公司)启动清盘程序是极其个别的情况。其法律渊源基于国际私法原则:(1)公司成立及存续的有效性应适用公司注册地法;(2)公司成立地法院对公司启动清盘程序并指定清盘人的,香港法院可承认该清盘人的身份。根据英国法律渊源之一的判例——英国上诉法院的判例 Stocznia Gdanska SA v Latreefers Inc(No 2)案[①]——的规定,对境外公司启动清盘程序是例外情形(非主流做法)。主流的教科书对该问题也持相同的观点。[②] 终身法院首席法官马道立(Chief Justice Ma)和终审法院非常任法官苗礼治勋爵(Lord Millett)在香港镛记案(Kam Leung Sui Kwan v Kam Kwan Lai)的判词第 17 段中写道"公司清盘程序的最合适管辖地应当为公司注册登记地法院"。虽然两位法官认为这一表述并不具有实际意义,但我认为他们实际上确认了这一观点。

然而,很显然,根据香港《公司(清盘及杂项条文)条例》(Cap. 32)第 327 条之规定,香港法院可以对境外公司启动清盘程序。问题在于,适用该原则的条件是什么?香港终审法院在镛记案判词第 20 段中明确了原则,即满足如下 3 个"核心条件"时,香港法院可对境外公司行使清盘管辖权:(1)该公司与香港有足够的关联性;(2)如香港法院对该公司发出清盘令,申请人一方有合理的可能会因此而获得实际利益;(3)香港法院需对参与公司资产分配程序中的一人或多人享有管辖权。

香港终审法院确认了我在一审时的观点,即援引郝廉思法官(Lawrence Collins J,现为郝廉思勋爵)在 Re Drax Holdings Ltd 案[③]判决第 24 段所述之原则:上述 3 个核心条件属于法院自由裁量权的范畴,而不是对司法管辖权的规定。镛记案是一个关于正常经营的公司(非无力偿债公司)股东间争议纠

---

① [2001]2 BCLC 116.

② 例如,Lan Fletcher,*The Law of Insolvency*,Sweet & Maxwell,2009,第 30 - 025 段;Robert Hollington,*Shareholders' Rights*,2013 年,第 12 - 05 段所述。

③ [2004]1 WLR 1049.

纷之案件,因此,该案对于判断无力偿债状态下的公司是否具备"足够的关联性"这一事实的复杂性缺乏足够的关注与考量。在镛记案判决第26段,马道立法官和苗礼治勋爵也承认,争议的性质不同会导致当事人申请清盘令的目的不同。但是,该判决确定了如下规则:(1)如果当事人关于关联性的陈述,足以说服法官对一个表面上看是在域外成立的公司启动清盘程序,那么第一个核心条件应视为已成就;(2)若该公司在香港有重大资产,则通常视为条件成就。但这并非必要条件;(3)如债权人能够证明存在如下事实,即可视为有足够的关联性:有合理的理由可以相信申请人会在境外公司的清盘程序中获得足够利益——无论是在财产分配程序或其他程序中。

我需要强调的是,最后一个原则并非如表面那么明确。在公司无力偿债的情况下,如果申请人可以从清盘程序中获益,那几乎必然是由于该公司与香港有足够的关联性,比如,公司在香港有资产。但反之并不亦然。例如,我即将要在新年审理的一个案子即非常有趣,该案中,境外公司是在香港上市这一事实构成与香港的充分关联性,但是申请人在清盘程序中的获益情况却值得商榷。

从中国医疗技术公司案(Re China Medical Technologies Inc)①(一审判决的结果被维持,具体的判决理由尚未公布)中可以看出这一问题的复杂程度。该公司在开曼群岛注册成立,在美国纳斯达克上市,主要经营研究、制造和销售高级医疗器械,其主要的营业地是在内地,即通过在内地的子公司进行盈利。2005年至2010年,该公司在纽约通过发行股票和三次发行可转换债券(convertible notes)的方式举债6.77亿美元。此后,公司因约4亿美元被挪用而陷入无力偿债境地。

该公司被开曼群岛法院和美国纽约州南区破产法院均裁令清盘。开曼群岛的清盘人向香港法院提出对该公司的清盘申请。审理案件之初,我倾向于受理该清盘申请。我认为该公司具备如下因素,足以判令公司与香港有足够的关联性:第一,该公司的投资总监常驻香港并有办公室。第二,该公司在香港多次召开股东会议,公司的审计人员、两名重要董事都居住在香港。同

① [2014]2 HKLRD 997 and(HCCW 435/2012,[2014]HKEC 1438)(二审判决,2014年8月28日)。

时,我也认为申请人可能会在清盘程序中获益,具体而言,开曼群岛法院指定的清盘人可以(借由香港的清盘程序)获得在港调查权,进而可以就是否存在公司欺诈行为进行调查。但是,我认为该公司无法满足“核心条件”中的第三个条件,即申请人无法证明除申请人之外,还存在可由香港法院管辖的其他任何法律主体可能在程序中可能获得实际利益。

此前,我曾在审理先锋钢铁集团案(Re Pioneer Iron and Steel Group Co Ltd)①中时认为,上述核心条件其实是为法院如何适当行使自由裁量权审查申请人所述之理由提供了指引,而在境外公司与香港的关联性足够充分且法院对该境外公司下达清盘令有确有必要的时候,即使第三个条件未能成就,香港法院仍可能会对该境外公司启动清盘程序。比如,一个境外公司的主要营业活动都发生在香港,但是由于其营业的性质问题,使其主要债权人都不在香港,但香港法院仍有可能对其启动公司清盘程序。除此之外,境外公司清盘与香港本地公司清盘的程序特点基本相同。

正如我在中国医疗技术公司案中指出的那样(香港终审法院镛记案在判决第21段中也确认这一观点),法院所关注的是裁令对境外公司适用香港清盘程序是否公正,而这一论断在香港破产界普遍适用。显然,境外公司与香港的关联性越充分,利益相关方实际受益的可能性越大,香港法庭就会越倾向于裁令对境外公司启动清盘程序,而无论核心条件的第三条件是否成就。实践中,关联性越强,利益相关方实际受益的可能性就越大,反之亦然。

如前所述,我最开始是不同意对中国医疗技术公司启动清盘的,该案正常听证并草拟了裁决书,但在裁决送达当事人之前,开曼群岛的清盘人进一步提交证据,用以证实该公司利用在香港虚构收购业务和香港账户进行欺诈。经审查新证据后,我认为我被说服了,该公司与香港的关联性是充分的,而且申请人在清盘程序中受益的可能性非常大,故而应当认为对该公司签发清盘令是公正的。

---

① HCCW 322/210,[2013]HKEC 317,第27段。

三、司 法 协 助

在中国医疗技术公司一案中,外国清盘人申请香港承认其清盘程序的主要目的是希望获取香港《公司(清盘及杂项条文)条例》(Cap. 32)的第221条①规定的管理人的权力,即有权在香港获取公司重要资料,并盘问公司欺诈行为的可能知情人。但这类申请费用很高,而且耗时较长,那么问题来了:是否有一个成本较低、耗时更短的替代性机制能够及时获得法院的许可协助清盘人调查呢?

英国《1986年破产法案》第426条赋予法院对域外破产法院提供司法协助的职权,但是香港并无类似的对应条款。而且遗憾的是,最新的香港《公司(清盘及杂项条文)条例》修订案中也未能增加此类条文。而在国际上提高跨境破产效率的呼声日益高涨的大环境下,香港作为国际金融中心居然对该事项一直未予立法,我不得说这是香港特别行政区政府有逃避其社会责任之嫌。有鉴于此,破产从业者和法院不得不在普通法规范里面寻求解决路径。

早在1929年,香港高等法院即有为外国清盘人提供协助的案例——俄亚银行案。② 正如案件名称所显示的那样,这个银行是在俄罗斯成立的。俄国十月革命后,苏维埃政府成立,俄亚银行的营业和资产均被没收,但是并没有证据显示这家银行被解散或者被纳入过任何传统意义上的清算程序。在俄国革命前夕,俄亚银行分别在伦敦、香港和上海开办了分支机构。后来,这家银行在香港被启动清盘程序。香港债权人获得了足额清偿后,仍有300,000元英镑的资产尚未分配完毕,由香港破产管理署(Official Receiver)保管。同期,这家银行在伦敦也被启动清盘程序。俄罗斯大革命之后,俄亚银行在上海的营业事务由原有管理层控制,并成立了一家新的法律实体。但是随后,这家新的法律实体也进入了清算程序。该银行在伦敦的清盘人和在上海的破产管理人均就上述在香港的剩余资金主张所有权。上海的破产管理人认

---

① 根据修订后的香港《公司条例(清盘和杂项)》(Cap. 32),原s221条现为s286条。——译者按

② Re Russo-Asiatic bank, (1929 - 1930) 24 HKLR 16.

为,在香港开启的清盘程序应当被视为是上海破产程序的辅助程序,因为上海的分支机构是在俄罗斯大革命后成立的新的法律实体,而香港分支机构在进入清盘程序之前隶属这个新法律实体。但(承办法官)亨利·歌伦爵士(Sir Henry Gollan)驳回了上海清盘人这一意见。他认为本案不适用国家私法中“域外公司的破产管理人权力适用公司成立地法”的原则,因为上海的破产管理人不是公司注册成立地法院指定的清盘人。他认为关于香港分支机构的清盘程序属于辅助程序的规则也同样不适用于本案,因为上海启动的清盘程序不是公司成立地法院启动的清盘程序。他随后驳回了上海破产管理人(主张剩余价款所有权的)申请,但却允许伦敦的清盘人代表其清盘程序中的债权人提交证据资料。但是为何上海、伦敦案情类似却区别对待,原因不明。

在国际商业信贷银行诉国际商业信贷银行澳门分行案①中,上述原则也同样被适用。国际商业信贷银行在开曼群岛注册成立,并在中国澳门特别行政区(以下简称澳门)设立分行。该银行在香港有一笔存款,而澳门的清盘人和开曼群岛的清盘人均对该笔存款主张权利。上诉法院对此认为:“开曼群岛清盘人主张的受偿权应优先于澳门清盘人主张的债权”(309G)。

香港法院还可能基于上述原则,承认域外破产程序具有中止在香港的诉讼和执行程序的法律效力:如 Modern Terminals (Berth 5) Ltd v States Steamship Co 案②(因美国加利福尼亚州联邦法院对一内华达州成立的公司启动美国《破产法》第 11 章的重整程序,香港法院据此中止了对该公司在港资产的执行);如中芝财务公司诉广国投案(CCIC Finance Ltd v Guangdong International Trust and Investment Corp)③(因内地法院对国有企业广国投公司启动破产清算程序,故香港法院裁定中止对该公司的诉讼);Hong Kong Institute of Education v Aoki Corp 案④(如果香港本地的债务人在境外的债务获得重组,则香港法庭可酌情中止在香港本地的生效判决对债务人资产的执行行为)。

尽管上述判决不断提示了境外清盘人援引普通法向香港法院申请司法

---

① BCCI(OVERSEAS) Ltd v BCCI(Overseas) Ltd-Macau Branch, [1997] HKLRD 304.

② [1979] HKLR 512.

③ [2005] 2 HKC 589.

④ [2004] 2 HKLRD 760.

协助的路径,但是破产从业者适用这一路径的案例仍然少之又少。伊恩·弗莱彻(Ian Fletcher)在《国际私法视角下的资不抵债》(*Insolvency in Private International Law*)一书中对英国为何缺乏这类案例作了如下解释:“不过,即使涉及跨境的清盘案件逐步增长,仍然有一些因素阻碍了英国法院较多行使司法协助权。一个因素可能是由于英国法院提供跨境破产司法协助的理念并没有广为宣传。此外,那些提供司法协助的裁判理由往往隐含在古老的案例中,而对于这些先例的不熟悉,或对于英国法庭在此问题上立场的不了解,可能是导致英国法院跨境破产司法协助未能被充分利用的另一个理由……”

从我的审判经验来看,Ian Fletcher 分析的上述原因是正确的。具体到香港的情况,我认为,实践中还有其他的一些因素影响到上述普通法先例被适用。通常,申请人会在香港提起对境外公司清盘,是因为这些公司在香港有资产。而一般境外公司的股东都喜欢用境外公司(而不是香港公司)作为实际经营的主体,这么做的理由当然是为了获得一些经营优惠,比如,可以获得更低的税率,可以更容易变更公司内部架构,可以减少公司股东和公司控制权的情况的披露等,而不是这个公司真的有多少涉外因素。因此,正如在镛记案中援引的 Re Beauty China Holdings Ltd 案①的理由那样,如果没有利害关系方就申请人的清盘申请提出异议,那么法院可以依据上述“核心条件”径行作出裁判。据我所知,法院裁判的首宗拒绝对域外公司在香港清盘的案件是 Re Gottinghen Trading Ltd 案。② 该案是一个关于股东纠纷的案件,在我的提议下,本案驳回了请求香港法院对域外公司行使司法管辖的请求。

在中国医疗技术公司案中,申请人先是提出了清盘申请,但被驳回。申请人听取了我的意见后,改变了直接申请清盘的做法,而是向香港法院提出申请要求承认域外破产清盘程序并出具相关法律文书。这构成了申请人请求我重新考虑其清盘申请的新证据。正是这份承认外国清盘程序的申请使我作出了 Joint Official Liquidators of A Co v B 案③判决(A Co 就是 China Medical 公司)。该案为指导境外清盘人向香港法院提出外国清盘程序的承

① [2012] 3 HKLRD 453.

② [2012] 3 HKLRD 453.

③ [2014] 4 HKLRD 374.

认和协助申请提供了指导原则。

国际私法的确立有一个原则:如果依据公司成立地法律指定了公司清盘人,则本地法院亦应承认该清盘人的法律地位。据此,一旦公司成立地法院指定了清盘人,则该公司的有人员应当像接受香港清盘人询问那样,配合并接受该境外清盘人的询问。实际上,他们更应当像接受公司董事会询问那样来回复清盘人的询问。我在判决的第 4 段中阐释了这一观点:"如果香港境内的自然人收到境外公司清盘人的要求或者指令,一旦核实该清盘人是公司成立地法院合法任命之清盘人,则该自然人应立即对清盘人的请求或者指令作出回复,就像其应该回应公司董事会的要求或指令一样。但实践中并非如此简单,银行或其他当事人往往回复境外清盘人称,该境外清盘人的法律地位未经香港法院承认,对香港人不具有法律效力。本案即属于这类情况。"

但是后来我发现我犯了一个错误。在 Bay Capital Asia Fund LP v DBS Bank(Hong Kong)Ltd 案①(以下简称 Bay Capital Asia 案)中,我在上述判决第 4 段陈述的观点引发争论,有意见认为:如果我作为法官真是这么认为的,那么之前的案件中,我就应该会驳回申请人的申请,而不是作出承认外国清盘人地位的裁决。对此,我希望在 Bay Capital Asia 案的判决中进一步明确阐明我的观点:类似银行这样的当事人,显然是有能力自行判断设立在开曼的公司是否有效授权某人去开立账户并代为经营管理的。既然如此,银行也当然有能力根据境外清盘人提交的证据来判断其是否确系企业成立地法院指令的清盘人,从而按照其要求向该境外清盘人移交有关破产企业账户的文件。当然,也不排除银行可能因对某些司法辖区的规定不甚了解,无法作出上述判断,这种情况下就需要求助于司法审查并根据法院令来行事,但我理解这种情况应当是属于一般原则的例外情况,应较少适用。

如上所述,对于类似要求银行提交账户资料这样比较简单直接的事项,境外清盘人无须先向香港法院申请协助,可径向银行提出申请。但对于要求其他主体提交资料或信息的事项,则另当别论了。郝廉思勋爵在 Rubin v Eurofinance SA 案②中,全面陈述了跨境破产的国际合作和协助问题,他解释

① (HCMP 3104,[2016] HKEC 2377).
② [2013] 1 AC 236.

说很多司法辖区都在通过国内立法或承认示范法的方式来解决这一问题。但是如前所述,香港并未有此立法或适用示范法,所以我们需要退回到普通法的原则下讨论香港法院对境外破产程序(insolvency proceedings)的协助。事实上,为境外破产程序提供司法协助并非司法的一项新职权。早在1764年的Solomons v Ross案[①]中,英国法院即承认在荷兰开启的破产程序,并授权荷兰财产监管人(curator)——其职能类似于英国法上的破产受托人——在英国收债。自该案后,英国法院即通过多种形式为破产人户籍或成立地所在地法院任命的清盘人提供司法协助。郝廉思勋爵在判案书第32~33段对该项原则的具体适用进行了充分论述和举例。

然而在香港,我们至今仍停留在申请法院提供司法协助的最初级阶段。自从A Co案以来,香港法院受理了一系列境外清盘人请求司法协助的多项请求,香港法院由此发展出了一套同意及提供司法协助的标准裁定范本。我在审理Re Centaur Litigation SPC案[②]时,在作出同意协助的裁决的同时,我在裁决书的附录中附上了协助事项的格式,以期作为香港法院作出该类命令的判决先例。该判决明确授权外地清盘人可径行行使如下清盘人的权力而无须香港法院另行授权:接管和控制破产企业在港资产;调查破产企业公司的在港有关事项;以及为方便上述职权的行使而以清盘人的名义提起法律程序。该命令一经作出,即自动产生禁止启动或自动中止对该公司的诉讼或执行程序的法律效力。作出这一裁决的意图在于:赋予境外清盘程序类似于香港本地清盘程序的法律效果,这样当事人可不必在香港另行提起清盘申请,香港的清盘体系也无须介入这一程序,从而节省清盘程序的时间和费用成本。

但在实务操作中有一个重要的问题是,普通法下赋予境外清盘人的权能中,除了本地清盘人惯常运用的、要求移交重要文件的权力之外,是否还应延伸至《公司(清盘及杂项条文)条例》(Cap. 32)第221条[③]规定的权力事项?也即香港法院有权责令有关人员出具与公司相关的文件,或传唤任何涉嫌占有破产企业资产或了解特定事实的高管或其他人员到法庭接受询问。

---

① (1764)1 H B1 131.

② (HCMP 3389、3391 and 3393/2015,[2016] HKEC 576).

③ 译者按:根据修订后的香港《公司(清盘和杂项条文)条例》(Cap. 32),原s221条现为s286、s286B、s286C条。

在英国枢密院作出 Singularis Holdings Ltd v Price water house Coopers 案[①](以下简称 Singularis 案)判决之前,共有两宗判例涉及英国法院援引普通法下提供的司法协助——要求有关人员提供公司资料或有关信息,即南非最高法院(Supreme Court of South Africa)作出的 Moolman v Builders & developers(pty)Ltd 案[②]判决和曼岛高等法院(High Court of the Isle of Man)作出的 Re Impex Services Worldwide Ltd 案[③]判决。在 Singularis 案判决中,枢密院议会认为:上述两个判决原则上是正确的,但是对于判决中援引本国成文法赋予境外清盘人询问权的说理部分,则持保留意见。

Singularis 案判决第 25 段中,桑普顿(Sumption)法官阐述了法院援引普通法提供司法协助——命令有关人员提供口头或书面文件的限制性适用条件。具体如下:

(1)协助国法院提供司法协助的目的是,消除破产启动国法院在审理跨境的清盘案件过程中,因地域限制造成的、其司法职权无法延伸至他国而带来的程序性的障碍。因此,提供司法协助国法院不得授予境外清盘人超越其本国清盘人职权范围之外的其他职权。

(2)法院提供司法协助不应违反提供协助国现行法律法规和政策。

(3)司法协助不适用于为非清盘所需的其他目的而提出的信息披露的申请。

(4)不得利用司法协助获取的资料参加正在进行的诉讼或拟进行的诉讼。

明天我会送达 BJB Career Education Co Ltd 案[④]的判决。该案中,涉案公司是在开曼群岛注册成立后,又在开曼群岛被强制清盘。临时清盘人持(开曼群岛)西格尔(Segal)法官出具的请求信,向香港高等法院申请承认其自动清盘程序并提供司法协助,包括请求香港法院授权开曼群岛的清盘人向公司

---

① [2015] AC 1675.

② [1990] 2 All SA 77.

③ [2004] BPIR 564.

④ [2017] 1 HKLRD 113;也请参见 Re Pacific Andes Enterprises(BV1)Ltd 案(HCMP 3560/2016,[2017] HKEC 146)(2017 年 1 月 27 日),该案的判决是在本讲座和先锋钢铁集团案(Re Pioneer Iron and Steel Group Co Ltd)的日期之后作出的。

主要董事要求移交公司文件、回答质询和接受口头盘问等权力。基于上述理由,我作出了承认并协助的命令。简言之,我认为该案达到了桑普顿法官在 Singularis 案中确立的条件。

从上述案例中可以很明显地看出,香港的法律渊源赋予了香港法院广泛的提供司法协助的权力。而香港公司法庭能够并且乐于为境外清盘人提供司法协助。该原则一旦被确立,则那些为境外清盘人提供法律意见的人则可以慎重考虑首选向香港法院申请承认与协助境外程序的方式,而不再首选向香港提起对境外公司清盘程序的方式。

在考虑核心条件的第二个条件是否成就时,某个司法辖区内的法院给予境外清盘人司法协助的能力是一个重要考量标准。我个人对此的看法是,如果申请人(对境外公司)提起清盘的目的是使清盘人获取香港《公司条例(清盘和杂项)》(Cap. 32)第 221 条所规定的有关权力,而同时又存在另一个高效率的、可以作为替代方案的解决方式,那么申请人能否因法院启动清盘程序而实际获益则是必须被纳入考虑的问题。如果,正如终审法院确认的那样,对一家公司启动清盘程序的最恰当管辖地应为公司成立地法院,那么我认为,对于公司成立地法院任命的破产清盘人,其在香港请求对该公司启动清盘,却无法在香港的清盘程序中获取相较于其成立地清盘程序而言更多的利益,则这种案件就不适合在香港启动清盘。如果这一理念正确,那么未来,再遇到中国医药公司等类别的案件时,可能会作出完全不同的裁判。

四、债务重组计划

本部分内容我会将视角转入跨境破产的另一个不同领域:即通过运用债务重组计划(Scheme of arrangement, SOA)[①]的方式实现债务重组。香港在这一领域中的经验是非常丰富的。自 1997 年至 1998 年亚洲金融危机开始,破产实务中即开始适用香港《公司条例》(Cap. 622)第 673 条确立的制度对在香

---

① Scheme of arrangement, SOA。有些人直译为债务安排,或者偿债安排等,译者认为 SOA 在香港是公司法上对公司进行调整的一种制度,其功能并不仅限于债务重组,也不仅限于针对不能清偿到期债务的公司(insolvent),但是考虑本文探讨的主要内容是跨境破产,故笔者考虑到全文的宗旨以及中文阅读习惯,暂用债务重组计划这种翻译方式,故采取此种翻译方法。——译者注

港上市的域外公司进行债务重组。20 世纪 90 年代开始,随着内地集团公司在香港上市逐渐掀起一股风潮,对那些以香港为中心进行资本运作和举债的公司进行有效债务重组的需求越来越旺盛和急迫。这一需求的重要性还可以从中央政府已经开始着手解决困境企业问题(无论是国有企业还是民营企业)这一现象中窥知一二。2016 年 9 月,中央人民政府在杭州举办的 G20 峰会公报中《中美元首杭州会晤中方成果清单》中,即关注并陈述了这一问题。[①]

在 G20 峰会的公报中,中央人民政府对这一问题多有涉及,可见政府对债务重组的重视程度。我引述其中的一段话用来证明我这一观点:"中方高度重视运用兼并重组和破产重整、破产和解、破产清算制度和机制依法解决产能过剩问题。在解决产能过剩问题过程中,中方将通过继续建立专门的破产法庭、不断完善破产管理人制度以及运用信息化手段等方式推进破产法的实施。中美双方承诺最早从 2016 年开始,以论坛或互访等方式定期和不定期地就双方各自破产法的实施进行沟通和交流。"

很显然,对于在香港上市的内地企业而言,香港扮演着十分重要的角色。近期的有关案例为那些日渐普遍的涉跨国、跨区域的重组项目提供了一个债务重组计划适用路线图。

我们所关注的主要是离岸债务的重组问题(境内债务则依据内地法律制度单独处理)。对此司法管辖的主要情形包括:(1)公司注册地(通常是在开曼群岛或者英属处女岛)法院管辖;(2)控股公司上市地法院管辖;(3)与债务有足够关联(或称关联性,connection)的地区(一般是香港、美国和/或英国)的法院管辖。这一类问题,首先需要解决的法律问题是,涉及不同司法管辖区域的债务应如何重组?在普通法下,一个发生在域外的债务和解并当然不免除域内的债务,而只有当该债务适用的准据法规定其应当被免除的,该债务才能够合法免除,这一原则在 Antony Bibbs & Sons v La societe industrielle et commerciale des metaux[②]案中被确立。而且至少在现阶段,普通法系国家和地区还是会遵循这一规则(包括英国、香港、澳大利亚、新西兰和加勒比海

① 感激富而德律师事务所的何禄赞律师告知我此事。正好借此机会推介他的新书,书名平实无花巧:*Cross-border Insolvency:Principles and Practice*,Sweet and Maxwell,2016。

② (1890)25 QBD 399.

辖区,但不包括新加坡),因此,由有权管辖涉案债务的法院启动并裁定重组计划是十分必要的。

香港、开曼群岛、英属处女群岛、澳大利亚百慕大岛、新西兰和英国的法律制度中都有 SOA 制度。香港法院在承认境外的 SOA 时,首先要审查的条件是,该境外法院是否对该公司的启动 SOA。这个问题在香港法院的三个案例里有详尽的阐述:LDK Solar Co Ltd 案;[①]Winsway Enterprises Holdings Ltd 案[②]和 Kaisa Group Holdings Ltd 案。[③] 其中,LDK 案由原讼法庭法官林云浩主审。简要案情如下:LDK 公司是在开曼群岛成立、在纽约上市的跨国公司。该公司的债务主要是因多种金融产品(notes)导致的金融债,其中有些金融产品是依照香港法律设立的。该公司的一名金融债权人对重组计划持异议。该债权人所持有的债权依据是一些可赎回/可转换的优先股,且上述优先股设立的准据法是香港法律。该债权人认为:香港《公司条例》(Cap. 622)第 673(2)条的规定应当作如下解读:只有当上述 3 个核心要件均已满足,香港法院才可以适用香港《公司条例》(Cap. 622)第 673(2)条对境外公司行使清盘的管辖权。但是在 LDK 案件中,上述 3 个核心要件并未全部成就。林法官驳回了这一异议,并且引用了 Drax Holdings 案的观点。林法官认为重组计划的制订地点在香港这一事实,即充分赋予了香港法院出具裁定确认境外公司的重组计划的权力。

在判决的第 40 至 41 自然段中,林法官指出:该债权人的主张错误地混淆了"法院对境外公司启动清盘程序的管辖权"与"法院裁定确认境外公司重组计划的管辖权"的概念。两者在的立法目的上有着根本不同,因此在具体适用时的条件也不同。清盘令的法律效果是对境外公司全盘适用香港的清盘程序;而裁定确认债务重组计划具有一定的针对性和局限性。因此,在考量香港法院是否可以对境外公司的重组计划行使管辖权时,主要应当考量重组计划及其执行的效果与香港是否存在足够的关联。这种关联的紧密程度可能不满足"核心条件"的第一条,从而不足以成为对境外公司启动清盘程序的

① 【2015】1 HKLRD 458.
② 【2017】1 HKLRD 1.
③ 【2017】1 HKLRD 18.

条件,但往往是足以成为法院裁定确认重组计划的条件。

而公司的重组与债务重组计划被确认密切相关,是判断香港法院是否可对境外公司重组计划的行使管辖权的另一个要件。这一“密切相关”可以通过多种方式予以证明,如证明:香港法院裁定确认一个在香港上市的境外公司的重组计划,可以暂停所有在香港司法辖区内对该公司启动的强制执行程序。Winsway 案和 Kaisa 案在审理过程中,均认为上述意见足以满足“密切相关”的要件。

但是 Winsway 案和 Kaisa 案也揭示了另一种证明香港法院有充分的理由对境外公司的重组计划行使管辖权的方式。在该两案中,两公司的大部分负债均是因适用美国纽约州法律发行债券而形成的债务。而众所周知,美国破产法并没有一个与债务重组计划相类似的制度。但是,美国纽约州破产法院都承认(在香港法院启动债务重组计划程序的听证程序之前):基于两公司在香港上市这一事实,对该两公司启动债务重组计划程序,可构成美国《破产法》第 15 章规定的“外国非主要破产程序”。美国纽约州破产法院的这一裁判可能发生的法律后果为(而事实证明的确如此):如果我,作为香港法院的法官,裁定确认该两公司的债务重组计划,那么纽约法院将会根据申请而裁令承认债务重组计划的条款在美国具有法律约束力。通过这一非直接的方式,该公司的债务重组计划即可以对纽约州债券持有人发生法律效力。

还有一种常见足以证明有足够“密切相关”的情况是:债务人的负债系根据香港法律规定所形成的债务。当然,单纯具备这一条件并不足以赋予香港法院对境外公司启动清盘程序的管辖权。如前所述,根据香港法律规定,债务重组安排并不当然对以域外法律为准据法而形成的债务(以下简称域外债务)发生法律效力,仅有当根据该域外法规定上述债务可以被重组安排所免除时,该域外债务方可予以免除。如戴维·理查兹(David Richards)法官在 Re Magyar Telecom BV 案(以下简称 Magyar 案)①所说,这种联系的重要性在于:根据香港法律规定对债务作出的调整,有可能会被外国法院承认并在其司法辖区内发生法律效力。“根据哪国法律举债,债务重组安排即应被哪国承认”,这一原则的重要性在一系列的英国法例,包括 Magyar 案,中均得到了

① [2014] BCC 448.

体现,特别是在 Re Apcoa Parking(UK)Ltd 案(以下简称 Apcoa 案)[①]理查德·希利亚德(Richard Hildyard)法官作出的判决中得到充分阐释。Apcoa 案是多个关联公司的集团公司合并债务重组案,共涉及九个债务重组计划,其中,只有两个关联公司是在英国本地成立的公司,该集团公司的主要利益中心地也不在英国当地。该集团公司的主要债务产生于德国法律规定下的融资协议。根据这些融资协议的约定,协议适用的法律和约定管辖法院可以依约变更为英国法律和英国法院。希利亚德法官认为,基于上述事实,有关外国法院有可能会认可其所作出的确定债务重组安排的裁定。他认为,债务所适用的法律和约定管辖的法院与英国构成"密切联系",英国法院有充分的理由可对该集团公司的债务重组计划行使管辖权。

根据哪国法律举债,即根据哪国法律制订债务重组计划,而这一债务重组计划更有可能会被该国法院承认法律效力,并阻止有关债权人在该国对债务人启动强制执行程序。这一点对于与英国存在较少联系或没有联系的债务人公司极为重要。正如郝廉思勋爵在 Drax Holdings 案判决第 30 段所述:

对于在跨国债务重组的案件中,如果债务重组计划涉及调整根据外国法律规定下合同的债权债务关系,那么该债务重组计划的域外效力,不仅取决于公司成立地法院对该债务重组计划的确认,还取决于上述外国法院对该债务重组计划的所调整的合同权利义务的确认。否则,反对该债务重组计划的债权人,很有可能会强制执行公司成立地所在法域之外的公司资产。

我认为,如上所述,根据普通法原则,Gibbs 案确立的规则,即"债务重组安排并不当然对他国债务发生法律效力,仅有当根据该他国法律的规定该等债务重组安排可以免除他国债务时,该他国债务方可予以免除",是近年来伦敦推动公司重组的基础性原则。该规则是基于这样一种假设而成立的:基于一地法律而形成的债务应根据该地区法律进行债务重组,而该国法院也有充分理由对该债务重组计划行使管辖权。但是,Gibbs 案确立的规则近年来也受到一些批判。其中,Pacific Andes 案[②]中卡纳安·拉梅什(Kannan Ramesh)司法委员作出的判决内容具有代表性。在判决中,他的批判意见大多采信了

---

① [2014] 4 All ER 150.

② [2017] HKEC 146.

何禄赞大律师的观点[①]。

概言之,批判 Bibbs 案的主要意见集中在认为 Gibbs 案过于局限于合同条款的讨论:当事人同意在香港法律规定下进行交易,那么香港法院当然具有排他的管辖权,则资不抵债的一方当事人也应遵循这一约定。在各方当事人都属于资可抵债的状态下,这一个说法当然是没问题的。但是当有一方当事人不能清偿到期债务的时候,情况则不一样了。当有一方当事人清盘,债权人在清盘前的债权金额应由成文法确定的清盘规则确定,而不再受双方自然状态下的合同条款的约束。

破产法庭的命令通常会被认可并遵照执行。破产法庭作出的确认债务和解的裁定也同样应被认可,否则即是与修正普及主义的潮流背道而驰。我所谓的"修正的普及主义"是指由一个(地域)法院适用一个套单一的破产法律程序来主导办理跨境破产案件[如柯林斯(Collins)勋爵在 Rubin 案第 16 段所述]。

鉴于此,下述观点也是较为公平的:在审理类似 Aoki 这样的案件中,法庭一直希望通过中止本地债权人的执行程序的方式来限制 Gibbs 案的影响,以防止该案被本地债权人作为获取优先于外国债权人受偿的手段。但在清盘案件中,坚持这一观点似乎略显刻意。

卡纳安 · 拉梅什司法委员认为伊恩 · 弗莱彻教授在《国际私法视角下的资不抵债》(*Insolvency in Private International Law*)一书里对 Gibbs 规则的另一种解读值得借鉴:

如果某一合同义务的准据法为英国法,则由此应当派生出一个规则,即如果合同一方当事人在与其营业有密切联系的地域内(通常是成立地或者营业地)被启动破产程序,那么应当认为该合同关系成立时,各方当事人均应预见到合同当事人有可能因进入破产而导致合同义务的原准据法不予适用。

但是,这一重新解读对于香港的债务重组来说作用有限,因为香港的债务重组安排并不是破产程序:与其相关的条款并不是规定在香港《公司(清盘及杂项条文)条例》中,而是规定在香港《公司条例》中,而且债务偿还安排计划(如 Winsway 案和 Kaisa 案)也可以用于公司的其他债务和解事项,而非仅

① [2004] BPIR 564.

用于破产重组。Winsway 案和 Kaisa 案那样)。

正如 LDK 案、Winsway 案和 Kaisa 案所述,Gibbs 规则在香港并不构成公司重组的实质障碍。这一规则在近期频繁被关注,其主要原因可以在 Pacific Andes 案的判决中第 51 段中找到:

Gibbs 规则的最新解读对于处理跨境破产案件十分重要,且契合时代要求,否则,Gibbs 规则可能会造成"选择法院"(good forum shopping)的障碍。

什么是"善意选择法院"?纽维(Newey)法官在其 2015 年 12 月出具的 Re Codere Finance(UK)Ltd 案①判决中认为"善意选择法院"是试图实现如下目的的行为:

为债权人可得利益最大化(而非逃废债)之目的,(通过该行为)使其处于特定司法辖区法律的管辖状态。在允许选择法院地的情况下,那么应当认为其在选择法院时是出于善意理由。

这一观点在不同法域的重整法院之间竞争关系有限的情况下,是具有一定合理性的——比如,英国法院与欧洲法院或美国法院之间,在审理重整案件较少存在竞争关系,因为欧洲大陆所有法院和美国法院都不受理债务重组安排案件,而且在欧洲和美国也没有类似的司法重组程序——但是在香港或者加勒比海地区,情况就不同了。

五、结　　语

从一个司法的视角来看,目前最需要的是要加强合作,不断改进债务重组制度,为公司重整提供制度便利。而就我的角度而言,鼓励制度相似的司法辖区内的公司之间进行商业竞争,可能会事与愿违,应当慎之又慎。

---

① [2015]EWHC 3778(Ch),第 18 段。

图书在版编目(CIP)数据

破产法茶座. 第四卷 / 徐阳光, 张婷主编. -- 北京 : 法律出版社, 2020
(破产法文库)
ISBN 978-7-5197-4793-0

Ⅰ. ①破… Ⅱ. ①徐… ②张… Ⅲ. ①破产法-中国-文集 Ⅳ. ①D922.291.924-53

中国版本图书馆 CIP 数据核字(2020)第 135114 号

破产法茶座(第四卷)
POCHANFA CHAZUO (DI SI JUAN)

徐阳光 张 婷 主编

策划编辑 沈小英
责任编辑 沈小英 张泽华
装帧设计 马 帅

出版 法律出版社
总发行 中国法律图书有限公司
经销 新华书店
印刷 固安华明印业有限公司
责任校对 晁明慧
责任印制 吕亚莉

编辑统筹 法治与经济出版分社
开本 710 毫米×1000 毫米 1/16
印张 18.5
字数 320 千
版本 2020 年 8 月第 1 版
印次 2020 年 8 月第 1 次印刷

法律出版社/北京市丰台区莲花池西里 7 号(100073)
网址/www.lawpress.com.cn
投稿邮箱/info@lawpress.com.cn
举报维权邮箱/jbwq@lawpress.com.cn
销售热线/400-660-8393
咨询电话/010-63939796

中国法律图书有限公司/北京市丰台区莲花池西里 7 号(100073)
全国各地中法图分、子公司销售电话:
统一销售客服/400-660-8393/6393
第一法律书店/010-83938432/8433
西安分公司/029-85330678
重庆分公司/023-67453036
上海分公司/021-62071639/1636
深圳分公司/0755-83072995

书号:ISBN 978-7-5197-4793-0
定价:78.00 元